W0053239

Ihre Lieblingsrezepte

Ihre Lieblingsrezepte

340 tolle Rezepte
von Weltbild-Lesern

Inhalt

Vorwort

Liebe Weltbild-Leserinnen und -Leser!

Erinnern Sie sich noch? An den Weltbild-Leser-Wettbewerb? Wir suchten Ihr persönliches Lieblingsgericht. Mit Ihrem liebsten Haus- oder Familienrezept waren Sie dabei beim großen Weltbild-Gewinnspiel: ob raffinierte Suppe oder exotischer Salat, extravagante Vor- oder bodenständige Hauptspeise. Die Resonanz war überwältigend: Über 30.000 Einsendungen koch- und experimentierfreudiger Weltbild-Leserinnen und -Leser flatterten uns auf den Tisch!

So haben wir weder Mühe noch Kosten gescheut, um aus diesem unglaublichen Postkartenstapel 340 Rezepte auszuwählen und für Sie zu einem »Weltbild-Leser-Kochbuch« zusammenzustellen. Herausgekommen ist letztlich eine attraktive Rezeptsammlung mit den unterschiedlichsten und vielfältigsten Leibspeisen von Leserinnen und Lesern, in der sich sicherlich für jede Hausfrau und jeden Hausmann das richtige »Gustostückerl« findet. Von der exotischen »Bananen-Curry-Suppe« über den klassischen »Tafelspitz mit Dillsauce« bis hin zur raffinierten »Champagnercreme« - Ihren kulinarischen Variationen sind keine Grenzen gesetzt. Zwar werden Sie eine Reihe bekannter Gerichte entdecken, doch ebenso neue Ideen und Anregungen zum Nachkochen und Experimentieren. Kreieren Sie also Ihr »Menü à la Weltbild« ganz nach Ihrem persönlichen Geschmack, nach Lust und Laune.

All denjenigen, die ihren Namen und ihr Leibgericht vergebens im vorliegenden Buch suchen, sei vorab versichert: Weder küchentechnische Unzulänglichkeiten noch kulinarische Eintönigkeit oder gar Langeweile waren ausschlaggebend für die Nichtberücksichtigung des betreffenden Rezepts, sondern ausschließlich Platz- und Kostengründe. Auch wenn manch handschriftliche Einsendung durchaus die ganze Kreativität und Fantasie des Redaktionsteams erforderte, so waren wir sehr bemüht, so viele Rezeptideen wie möglich unterzubringen. Um jedoch all Ihre Lieblingsrezepte ausnahmslos zu berücksichtigen, hätte das »Weltbild-Leser-Kochbuch« etwa 15.000 Seiten umfassen müssen! So mussten wir uns auf einen – zugegeben subjektiven – Querschnitt durch die Vielzahl der eingegangenen Sendungen beschränken. Sollten Sie also Ihr eigenes Rezept in unserem Buch nicht wiederfinden, so hoffen wir, dass Sie trotzdem Freude beim »Häferlgucken« in anderer Leute Töpfe haben.

Allen Leserinnen und Lesern möchten wir an dieser Stelle noch einmal herzlich danken für ihr Interesse, ihre Teilnahme an unserem großen Rezeptwettbewerb und nicht zuletzt ihre Treue zu unserem Verlagshaus. Und nun wünschen wir Ihnen viel Spaß beim Lesen und natürlich auch beim Nachkochen.

Ihre Weltbild Verlag GmbH

Vorspeisen und Snacks

Birnensalat mit Speckwürfeln

Zutaten für 4 Personen

2 frische, nicht zu reife Birnen • 80 g Räucherspeck • 1 EL Himbeeressig

3 EL Walnussöl • Salz, schwarzer Pfeffer, etwas Zucker

160 g Feldsalat (geputzt und gewaschen) • 4 ganze Walnüsse

➤ **Vorbereitung:**
Birnen schälen, halbieren, der Länge nach fächern und auf einen Teller legen. Klein gewürfelten Speck in einer Pfanne anschwitzen, auf Küchenkrepp abtropfen lassen.

Aus Himbeeressig, Walnussöl, Salz, Pfeffer und Zucker ein Dressing anrühren. Die Birnenhälften mit etwas Dressing beträufeln. Vor dem Servieren den Feldsalat mit dem restlichen Dressing beträufeln und mit gemahlenem Pfeffer nachwürzen.
Die Birnenhälften mit den Speckwürfeln und den gehackten Walnüssen bestreut auf dem Feldsalat anrichten.

Marie-Louise Burkhardt, Griesheim

Champignon-Käse-Salat

Zutaten für 4 Personen

2 Frühlingszwiebeln • 100 g Emmentaler • 200 g frische Champignons

Saft von ½ Zitrone • Salz, Pfeffer • 1 Bund Petersilie • 4 Salatblätter

1 EL Balsamessig • 2 EL Olivenöl

➤ **Vorbereitung:**
Frühlingszwiebeln putzen, waschen und in Röllchen schneiden.
Den Emmentaler würfeln.
Champignons putzen, waschen, vierteln und mit Zitronensaft beträufeln. In etwas Olivenöl anschwitzen, mit Salz und Pfeffer würzen; abkühlen lassen.
Die gewaschene Petersilie hacken. Salatblät-

ter waschen und trockenschleudern.
➤ **Zubereitung:**
Aus Balsamessig, Olivenöl, Salz und Pfeffer ein Dressing bereiten. Zwiebeln, Käse, Champignons und Petersilie vermischen, nach Bedarf würzen. Auf den Salatblättern anrichten und mit dem Dressing beträufeln.

Birgitt Mooser, Passau

8

Feldsalat mit Lammfilet

Zutaten für 4 Personen

200 g Feldsalat • 1 Knoblauchzehe • 300 g Lammfilet

Salz, Pfeffer • 1 Eiklar • gemahlener Kardamom • 2 EL Weißweinessig

6 EL Sonnenblumenöl • 150 g Sahnejogurt

➤ **Vorbereitung:**
Feldsalat verlesen, waschen und trocken
schleudern. Knoblauch schälen.
Lammfilet in feine Streifen schneiden, mit
Eiklar, Salz, Pfeffer und Kardamom mari-
nieren.

➤ **Zubereitung:**
Lammfiletstreifen im restlichen Öl braten.
Salz, Pfeffer, Essig, 4 Esslöffel Öl und Jogurt
verrühren, Knoblauch dazupressen.
Feldsalat auf Teller verteilen, mit Dressing
beträufeln und mit den gebratenen Filetstreifen anrichten.

Gisela Weber, Wilnsdorf

Forellen-Nektarinen-Salat

Zutaten für 4 Personen

4 geräucherte Forellenfilets • 4 Nektarinen • 1 kleine Salatgurke

1 Schalotte • 1 kleines Bund Dill • Saft von 1 Zitrone

1 EL Olivenöl • Salz, Pfeffer

➤ **Zubereitung:**
Forellenfilets in kleine Stücke zupfen. Nektarinen schälen, halbieren, entkernen und in dünne Spalten schneiden. Gurke schälen, längs halbieren, die Kerne entfernen und das Fleisch in dünne Scheiben schneiden. Die Schalotte schälen und fein würfeln.

Dill waschen und fein zupfen. Aus Zitronensaft, Öl, Salz, Pfeffer und Dill ein Dressing zubereiten.
Alle Zutaten vermischen, auf Tellern anrichten und servieren.

Christiane Schäfer, Kaltenwestheim

Geflügel-Spargel-Salat

Zutaten für 4 Personen

400 g frischer Spargel • Salz, Pfeffer • Zucker

Saft von 1 Zitrone • etwas Weißwein

4 Hähnchenbrustfilets (à 100 g) • 1 Bund Suppengrün

5 Pfefferkörner • 5 Pimentkörner

1 Lorbeerblatt • 1 Bund Petersilie • 1 Bund Dill

➤ **Vorbereitung:**
Spargel schälen. Etwas Wasser mit Salz, Pfeffer, Zucker, etwas Zitronensaft und Weißwein würzen; den Spargel darin etwa 15 Minuten kochen. Den gegarten Spargel in Eiswasser abkühlen.
In der Spargelbrühe die Hähnchenbrüste mit Suppengrün, Pfefferkörnern, Pimentkörnern und dem Lorbeerblatt garen. Die gegarten Brustfilets aus der Brühe nehmen und kalt stellen. Die durchgesiebte Brühe einkochen

und abkühlen. Petersilie und Dill waschen; Petersilie hacken, Dill zupfen.

➤ **Zubereitung:**
Spargel und Hähnchenfleisch in mundgerechte Stücke schneiden, mit den Kräutern vermischen und mit eingekochter Brühe marinieren. Gekühlt anrichten und servieren.

Paskalia Kakoulidis, Grefrath

10

Kaninchenfleischsalat

Zutaten für 4 Personen

200 g gebratenes Kaninchenrückenfilet

2 kleine, säuerliche Äpfel

Saft von 1 Zitrone • 1 Knoblauchzehe • 100 g Majonäse

1 EL Ketschup • etwas Pernod (ersatzweise Kräuterlikör)

Salz, Pfeffer, Paprika • 20 g Kapern • 4 Salatblätter

➤ Vorbereitung:
Kaninchenfleisch in Streifen schneiden.
Äpfel schälen, vierteln und die Kerngehäuse entfernen; in Streifen schneiden und mit etwas Zitronensaft marinieren.
Knoblauch schälen.

➤ Zubereitung:
Aus Majonäse, Ketschup, Pernod und den Gewürzen eine Marinade herstellen.
Kaninchenfleisch und Äpfel mischen, Knoblauch darüberpressen, Kapern zugeben und mit der Marinade verrühren, eventuell nachwürzen. Auf den Salatblättern anrichten und servieren. *Ines Christoph, Neugersdorf*

Käse-Trauben-Salat

Zutaten für 4 Personen

250 g Leerdamer • 100 g Roquefort • 150 g blaue Trauben

4 Blätter Lollo rosso • 1 Orange • 1 EL Weißweinessig

3 EL Traubenkernöl • Salz, geschroteter Zitronenpfeffer

➤ Vorbereitung:
Den Leerdamer würfeln und den Roquefort leicht zerbröckeln.
Die Trauben schälen, halbieren und die Kerne entfernen.
Die Salatblätter waschen und trocken schleudern.

➤ Zubereitung:
Die Orange auspressen; aus dem Saft, Essig, Öl, Salz und Pfeffer eine Vinaigrette herstellen.
Käse und Trauben mischen, auf den Salatblättern anrichten und mit der Vinaigrette beträufeln.

Karin Schulz, Aachen

Lachssalat

Zutaten für 4 Personen

200 g Räucherlachs • 100 g frische Ananas (ersatzweise Konservenware)

2 Essiggurken • 4 Salatblätter • 100 g Maiskörner (abgetropft)

100 g leicht geschlagene Sahne • 1 TL scharfer Senf

1 EL Meerrettich • 100 g leichte Majonäse • Salz, Pfeffer aus der Mühle

Saft von ½ Zitrone

➤ **Vorbereitung:**
Lachs in Streifen schneiden.
Ananas und Gurken würfeln. Die Salatblätter waschen und trockenschleudern.

➤ **Zubereitung:**
Lachs, Ananas, Gurken und Maiskörner

mischen. Aus Sahne, Senf, Meerrettich, Majonäse, Salz, Pfeffer und Zitronensaft ein Dressing anrühren. Die Lachs-Gemüse-Mischung auf Salatblättern anrichten und mit Dressing beträufelt servieren.

Roland Hampel, Altötting

12

Matjes-Bohnen-Salat

Zutaten für 4 Personen

200 g Kartoffeln • 200 g frische, grüne Bohnen (ersatzweise Tiefkühlware)

Salz • 4 Matjesfilets (à 100 g) • 2 Schalotten • 100 g Majonäse

100 g Jogurt • 1 EL gehackte Petersilie • Saft von $\frac{1}{2}$ Zitrone • Pfeffer

➤ **Vorbereitung:**
Kartoffeln kochen, pellen und in Scheiben schneiden.
Die Bohnen in etwas Salzwasser nicht zu weich kochen und in Eiswasser abkühlen.

➤ **Zubereitung:**
Matjesfilets, Bohnen und Kartoffeln in Rauten schneiden. Die Schalotten schälen und

würfeln. Aus den restlichen Zutaten eine Marinade herstellen.
Matjes-, Bohnen- und Kartoffelrauten mit der Marinade mischen und im Kühlschrank durchziehen lassen. Gekühlt anrichten und servieren.

Kerstin Ilgunas, Gera

Meeresfrüchtesalat

Zutaten für 4 Personen

400 g gemischte Meeresfrüchte (Tiefkühlware) • 100 g Shrimps

200 ml Weißwein • Saft von 1 Zitrone • Salz, Pfeffer

2 Tomaten • 1 kleiner Zucchino • einige Schikoreeblätter • 1 TL Dijonsenf

1 EL Balsamico-Essig • 3 EL Walnussöl • Curry, Koriander, Paprika

➤ **Vorbereitung:**
Die Meeresfrüchte und die Shrimps getrennt in einer Mischung aus etwas Wasser, Weißwein, Zitronensaft, Salz und Pfeffer garen. Im entstandenen Fond abkühlen lassen.
Die Tomaten häuten, halbieren, aushöhlen und das Fruchtfleisch würfeln. Zucchino waschen und ebenfalls würfeln. Paprika von Stiel und Kernen befreien und in Würfel schneiden. Schikoree waschen und trocknen.

➤ **Zubereitung:**
Aus Essig, Öl und Gewürzen eine Marinade herstellen. Meeresfrüchte und Shrimps aus dem Sud heben, mit dem Gemüse und der Marinade vermischen. 2 bis 3 Stunden im Kühlschrank ziehen lassen. Gut gekühlt auf Schikoreeblättern anrichten und servieren.

Doris Ganss, Birstein

Mozzarellasalat

Zutaten für 4 Personen

200 g Mozzarella • 100 g Cocktailtomaten • 100 g Champignons

Saft von 1/2 Zitrone • 100 g Rauke • 1 TL Honig

2 EL Balsamico-Essig • 3 EL Olivenöl • 1 TL Senf • Salz, Pfeffer

➤ **Vorbereitung:**
Mozzarella in Würfel schneiden.
Cocktailtomaten waschen und vierteln.
Champignons putzen, waschen, in Scheiben
schneiden und mit Zitronensaft beträufeln.
Rauke putzen, waschen und abtropfen
lassen.

➤ **Zubereitung:**
Aus den restlichen Zutaten einen Dressing
anrühren. Mozzarella, Tomaten, Champignons und Rauke miteinander mischen. Auf
Tellern anrichten und mit Dressing beträufeln. Sofort servieren.

Alexandra Pfitsch, Birkenfeld

Puten-Spinat-Salat

Zutaten für 4 Personen

200 g geräucherte Putenbrust • 200 g Blattspinatblätter • 2 Orangen

2 Grapefruit • 100 g Salatgurke • 50 ml Orangensaft

25 ml Grapefruitsaft • 3 EL Sonnenblumenöl

Knoblauchsalz, Pfeffer • Zucker

➤ **Vorbereitung:**
Putenbrust erst in Scheiben und anschließend in Rauten schneiden.
Die Spinatblätter putzen, waschen und
abtropfen lassen.
Orangen und Grapefruit mit einem Messer
schälen; dabei auch die weiße Innenhaut
entfernen.
Die einzelnen Filets herausschneiden.
Salatgurke schälen und halbieren. Kerne mit
einem Teelöffel herauskratzen und das

Fleisch in Scheiben schneiden.

➤ **Zubereitung:**
Aus den Fruchtsäften, dem Öl und den
Gewürzen eine Marinade herstellen. Putenbrust, Spinat, Fruchtfleisch und Gurke mit
der Marinade mischen, auf Tellern anrichten
und servieren.

Roswitha Kraus, Königstein

14

Rosenkohlsalat mit Putenfleisch

Zutaten für 4 Personen

400 g Rosenkohl • Salz • 2 Schalotten • 2 EL Weißweinessig

Pfeffer • 4 EL Sonnenblumenöl • 200 g Putenbrust

➤ **Vorbereitung:**
Rosenkohl putzen, an der Strunkseite einschneiden, in Salzwasser nicht zu weich garen und in Eiswasser abkühlen.
Schalotten schälen und sehr fein würfeln.

➤ **Zubereitung:**
Den gekühlten, abgetropften Rosenkohl mit Weißweinessig, Schalotten, Salz, Pfeffer und 2 Esslöffel Öl marinieren.

Die Putenbrust in Streifen schneiden, im heißen Öl rosa sautieren und mit Salz und Pfeffer würzen.
Marinierten Rosenkohl auf Tellern anrichten. Mit lauwarmen Putenbruststreifen belegen und mit Bratensaft
beträufeln.

Brigitte Krafft, Herzogenrath

15

Schafskäse mit Kräutern und Tomate auf Brot

Zutaten für 4 Personen

4 kleine Tomaten • Salz, Pfeffer • 4 EL Olivenöl • 200 g Schafskäse

100 g rote, grüne oder gelbe Paprikaschoten

Petersilie, Thymian, Basilikum • 1 Schuss Cognac • Weißbrot und Butter

➤ **Vorbereitung:**
Tomaten blanchieren, häuten, in Scheiben schneiden und mit etwas Salz, Pfeffer und 2 Esslöffel Olivenöl 30 Minuten marinieren. Den Schafskäse zerbröckeln.
Die Paprika waschen, den Stiel und die Kerne entfernen; das Fruchtfleisch würfeln. Kräuter fein hacken.

➤ **Zubereitung:**
Käse und Paprikaschoten mit den gehackten Kräutern mischen und salzen. Mit dem restlichen Olivenöl und dem Cognac übergießen.

Gebutterte Brotscheiben mit Tomaten und der Käse-Paprika-Mischung belegen und mit Basilikumblättern garnieren.

Katrin Gröhlert, Graupa

Tipp:

Schafskäsericotta enthält, dank des höheren Fettgehalts der Schafskäsemolke, normalerweise mehr Fett als Kuhkäsericotta

16

Schinkencocktail

Zutaten für 4 Personen

120 g gekochter Schinken • 120 g frische Champignons

Saft von ½ Zitrone • 2 Tomaten • 2 Eier • 4 EL Majonäse • 4 EL Jogurt

1 TL Senf • Salz, Pfeffer • einige Zweige Petersilie

➤ **Vorbereitung:**
Schinken in Streifen schneiden.
Champignons waschen, in Scheiben schneiden und mit etwas Zitronensaft marinieren.
Tomaten häuten, halbieren, entkernen und das Fruchtfleisch in Würfel schneiden.
Die Eier hart kochen, abschrecken, schälen und achteln.

➤ **Zubereitung:**
Aus Majonäse, Jogurt, Senf und Gewürzen eine Marinade herstellen. Schinken, Champignons, Tomatenwürfel und Marinade mischen, abschmecken und in Cocktail-

schalen anrichten. Mit Eiern und Petersilie garnieren.

Renate Giovannitti, Wehretal

Spinatsalat mit Räucherlachs

Zutaten für 4 Personen

200 g frischer Blattspinat • 2 Frühlingszwiebeln • 4 hart gekochte Eier

2 EL Estragonessig • 3 EL Basilikumöl • 1 EL Dijonsenf

Zucker • Salz, Pfeffer • 200 g Räucherlachs • 1 kleines Bund Dill

➤ **Vorbereitung:**
Den Spinat zupfen, waschen und trocknen.
Frühlingszwiebeln waschen und in Ringe schneiden. Die Eier schälen und achteln.

➤ **Zubereitung:**
Aus Essig, Öl, Senf Zucker und den Gewürzen ein Dressing herstellen.

Die Räucherlachsscheiben rosettenförmig ineinander drehen.
Spinatblätter auf Tellern anrichten und mit Dressing beträufeln. Mit Räucherlachsrosetten umlegen und mit Zwiebelringen bestreuen. Mit Dillzweigen und Eiern garnieren.

René Perlick, Zwickau

17

Thunfischsalat

Zutaten für 4 Personen

1 Dose Thunfisch in Öl (etwa 200 g Abtropfgewicht)

200 g rote, grüne oder gelbe Paprikaschoten • 1 Lauchzwiebel

1 kleines Bund Petersilie • 1 eingelegte Chilischote • 4 Salatblätter

1 Knoblauchzehe • 1 EL Salatmajonäse • Salz, Pfeffer, Paprika

2 hart gekochte Eier • 20 grüne Oliven mit Paprikafüllung • 20 schwarze Oliven

➤ Vorbereitung:

Thunfisch in ein Sieb schütten, Öl auffangen.
Paprikaschoten säubern und würfeln. Die gewaschene Lauchzwiebel in Ringe schneiden.
Gewaschene Petersilie und Chilischote hacken. Die Salatblätter waschen und trockenschleudern.
Knoblauchzehe schälen.

➤ Zubereitung:

Aus Majonäse, aufgefangenen Öl und den Gewürzen eine Marinade herstellen; Knoblauchzehe hineinpressen. Thunfisch, Paprika, Lauch, Chili und Petersilie mit dem Dressing vermischen. Auf Salatblättern anrichten. Eier in Scheiben schneiden. Mit den Oliven auf den Salat legen.

Brigitte Sögding, Braunlage

Tintenfischsalat

Zutaten für 4 Personen

300 g panierte Tintenfischringe (Tiefkühlware) • 250 ml Öl • 100 g Krabben (Tiefkühlware)

2 Fleischtomaten • 1 mittelgroße Zwiebel • 2 Knoblauchzehen • Saft von 1 Zitrone

3 EL Olivenöl • Zucker • Salz, Pfeffer • 1 Stangenweißbrot

➤ Vorbereitung:

Tintenfischringe in einer hochrandigen Pfanne in heißem Öl backen. Auf Küchenkrepp abtropfen lassen und halbieren. Krabben in einem Sieb abspülen und abtropfen lassen. Tomaten in kochendem Wasser blanchieren, häuten, halbieren, entkernen und das Fruchtfleisch in Würfel schneiden. Zwiebel und Knoblauch schälen und fein würfeln

➤ Zubereitung:

Zwiebel und Knoblauch mit Zitronensaft, Öl, Zucker und den Gewürzen zu einer Salatsauce verrühren.
Tintenfisch und Tomaten in die Sauce geben und alles vorsichtig vermischen. Mit Stangenweißbrot servieren.

Ruth Spangenberg, Bochum

Verlorene Eier mit Kräutermajonäse

Zutaten für 4 Personen

200 ml Weißweinessig • 8 frische Eier • Salz

Petersilie, Kerbel, Estragon, Schnittlauch, Dill • 150 g Majonäse

50 ml Sahne • etwas Zitronensaft • Worcestersauce • Pfeffer

➤ **Vorbereitung:**
Zwei Liter Wasser mit Weißweinessig auf den Siedepunkt bringen. Eier nacheinander in eine Tasse schlagen, ohne den Dotter zu verletzen; einzeln vorsichtig in das Essigwasser gleiten lassen. Etwa 3 bis 4 Minuten pochieren. Herausnehmen und in leicht gesalzenem Wasser abkühlen. Kräuter sehr fein hacken.

➤ **Zubereitung:**
Die fein gehackten Kräuter unter die Majonäse rühren. Mit Sahne, Zitronensaft, Worcestersauce, Salz und Pfeffer abschmecken. Die verlorenen Eier mit Kräutersauce überziehen und servieren.

Thomas Zesewitz, Radebeul

19

Windbeutel für pikante Füllungen

Zutaten für 4 Personen

120 g Wasser • 40 g Butter • 5 g Salz • 1 Prise Muskat

120 g Mehl • 2 Eier • Butter für das Blech

➤ **Vorbereitung:**
Wasser mit Butter, Salz und Muskat aufkochen; vom Herd nehmen. Mehl auf einmal beigeben, mit einem Holzlöffel glatt rühren. Wieder auf den Herd stellen und weiterrühren, bis sich die Masse vom Topfboden löst.
Vom Herd nehmen und leicht auskühlen lassen. Eier nacheinander unter die Masse rühren.
Den Teig in einen Spritzbeutel mit großer Sterntülle füllen und etwa 20 Gramm schwere Rosetten auf ein leicht gebuttertes Backblech spritzen. Im auf 200 °C vorgeheizten Backofen goldgelb backen. Erkalten lassen.

Christa Nobis, Meerbusch

Tipp:

Die knusprigen Windbeutel können mit den unterschiedlichsten Leckereien gefüllt werden (z.B. Salaten, Mousses oder Käsecremes).

Überbackene Schinkenröllchen

Zutaten für 4 Personen

1 mittelgroße Zwiebel • 2 Knoblauchzehen

400 g Blattspinat (Tiefkühlware) • 200 g Mozzarella • 30 g Butter

Salz, Pfeffer, Muskat • 4 Scheiben gekochter Schinken

40 ml Fleischbrühe

➤ **Vorbereitung:**
Zwiebel und Knoblauchzehen schälen und würfeln. Spinat auftauen, ausdrücken und klein hacken.
Mozzarella in vier Scheiben schneiden.

➤ **Zubereitung:**
Zwiebel- und Knoblauchwürfel in Butter dünsten. Den Blattspinat zugeben; mit Salz Pfeffer und Muskat kräftig würzen und noch fünf Minuten weiter dünsten.
Jede Schinkenscheibe mit Mozzarella und Spinat belegen und aufrollen. In eine feuerfeste Form legen, mit Fleischbrühe begießen und im vorgeheizten Backofen bei 200 °C 15 Minuten backen.

Alfred Röpke, Langwedel

Birnen-Camembert-Toast

Zutaten für 4 Personen

4 Scheiben Weißbrot • etwas Butter

4 Birnenhälften (Konservenware) • 60 g Preiselbeeren • 200 g Camembert

➤ Zubereitung:
Das Weißbrot toasten und mit Butter
bestreichen. Die Birnenhälften mit Preiselbeeren füllen. Birnenhälften mit der Rundung nach oben auf den Toast legen.
Camembert in Streifen schneiden und über
die Birnen legen.
Im vorgeheizten Backofen (Oberhitze) bei

220 °C oder unter dem Grill überbacken, bis
der Käse geschmolzen ist.

Christine Nitsch, Waldkraiburg

Tipp:

Kann warm oder kalt serviert werden

Überbackener Champignon-Schinken-Toast

Zutaten für 4 Personen

250 g frische Champignons • Saft von ½ Zitrone • 200 g gekochter Schinken

1 Schalotte • 20 g Butter • 10 g Mehl • 150 ml Sahne • Salz, Pfeffer, Muskat

2 Eidotter • 1 TL gehackte Petersilie • 4 Scheiben Weißbrot

4 Scheiben Schmelzkäse (ersatzweise 40 g geriebener Parmesan)

➤ Vorbereitung:
Die Champignons putzen, halbieren oder
vierteln und mit Zitronensaft marinieren.
Gekochten Schinken und die geschälte
Schalotte würfeln. Backofen (Oberhitze) auf
220 °C vorheizen.

➤ Zubereitung:
Die Schalottenwürfel in 10 Gramm Butter
glasig schwitzen. Champignons und Schin-
ken zugeben; dünsten.
Aus der restlichen Butter und Mehl eine
Mehlschwitze herstellen. Die abgekühlte
Mehlschwitze mit 100 Milliliter erhitzter

Sahne auffüllen und etwa 10 Minuten
köcheln lassen. Schalotten, Champignons
und Schinken zufügen, mit Salz, Pfeffer und
Muskat abschmecken.
Eidotter und die restliche Sahne verrühren.
Das Ragout von der Herdplatte nehmen und
mit der Eiersahne binden. Mit gehackter
Petersilie verfeinern.
Das Weißbrot toasten; Champignon-Schin-
ken-Masse daraufgeben, mit Käse belegen
und im heißen Ofen überbacken. Sofort servieren.

Renate Köllner, Neukirchen

Datteln im Speckmantel

Zutaten für 4 Personen

24 Datteln • 24 Mandeln • 24 Scheiben Frühstücksspeck

100 ml Olivenöl

➤ **Zubereitung:**
Datteln aufschneiden und entkernen.
Mandelkerne in kochendem Wasser blanchieren und die Haut entfernen.
Datteln mit Mandeln füllen und mit Speckscheiben umwickeln; mit Holzspießchen oder Zahnstochern fixieren. Olivenöl in der Pfanne erhitzten. Datteln von allen Seiten anbraten und sofort servieren.

Mirjam Büsgen, Köln

Kartoffelwaffeln mit Lachstatar

Zutaten für 4 Personen

500 g Kartoffeln • 300 g Lachsfilet (ohne Haut) • 10 g frischer Dill

Salz, Pfeffer • 1 Zitrone • 3 EL Olivenöl • 25 g gewürfelte Schalotten

50 ml Milch • 100 ml Sahne • 50 g Butter • 2 Eier • 4 Eidotter • Muskat

➤ **Vorbereitung:**
Kartoffeln mit der Schale kochen. Das sehr frische Lachsfilet entgräten, mit scharfem Messer hacken (dabei nicht quetschen). Dill waschen, zupfen und klein schneiden.

➤ **Zubereitung:**
Lachs mit Salz, Pfeffer und Zitronensaft würzen. Mit Olivenöl, Dill und Schalotten vermischen und in den Kühlschrank stellen.
Die noch warmen Kartoffeln, pellen und pürieren. Milch und Sahne erwärmen. Mit Butter, Eiern und Eidottern unter die Kartof-

felmasse mischen; mit Muskat, Salz und Pfeffer abschmecken. Ein Waffeleisen erhitzen und aus dem Teig Waffeln backen. Mit Lachstatar anrichten und servieren.

Jutta Sterzenbach, Emden

Tipp:
Mit marinierten Salatblättern garnieren.

22

Lachssoufflee

Zutaten für 4 Personen

100 g geräucherter Lachs • 40 g Butter • 40 g Mehl

200 ml Sahne • Salz, Pfeffer, Paprika • 3 Eidotter • 100 g geriebener alter Gouda

3 Eiklar • 40 g Speisestärke • Butter für die Förmchen

➤ **Vorbereitung:**
Lachs in Würfel schneiden.

➤ **Zubereitung:**
Butter in einer Kasserolle schmelzen. Mehl zufügen, glatt rühren und abkühlen lassen. Sahne dazugießen und mit Schneebesen verrühren, aufkochen und 10 Minuten köcheln lassen; mit Salz, Pfeffer und Paprika würzen. Die Eidotter einzeln einrühren, geriebenen Käse und gewürfelten Lachs dazumischen.

Eiklar steif schlagen, Speisestärke unterrühren. Die Lachsmasse zunächst mit ¼ des Eischnees lockern, dann den restlichen Eischnee sorgfältig unterheben. Vier feuerfeste Förmchen ausbuttern und zu ¾ füllen. Im vorgeheizten Backofen bei 80 °C im Wasserbad 10 Minuten vorwärmen. Temperatur auf 160 bis 200 °C erhöhen und das Soufflee im Backofen 15 Minuten fertig backen.

Claudia Beier, Hilden

23

Quiche Tatar

Zutaten für 4 Personen

100 g Mehl • 100 g Butter • Salz • 2 mittelgroße Zwiebeln

200 g gemischtes Hackfleisch • Pfeffer, Paprika, Thymian • 1 EL Olivenöl

200 g geschälte, gewürfelte Tomaten • 100 g gewürfelte Zucchini

100 g Frischkäse • 100 ml Sahne • 2 Eier • Butter für die Form

➤ **Vorbereitung:**
Aus Mehl, Butter, einer Prise Salz und einem Esslöffel Wasser einen Knetteig herstellen; 2 Stunden kühlen.
Zwiebel schälen und fein würfeln. Den Backofen auf 200 °C vorheizen.

➤ **Zubereitung:**
Hackfleisch und gewürfelte Zwiebeln mischen. Mit Salz, Pfeffer, Paprika und Thymian kräftig würzen.

In Olivenöl anbraten und abkühlen lassen. Den Teig ausrollen, Boden und Rand einer gebutterten Springform (Durchmesser 26 Zentimeter) damit auslegen.
Das Hackfleisch auf dem Teigboden verteilen. Tomaten- und Zucchiniwürfel darüber streuen. Frischkäse, Sahne und Eier verquirlen und die Quiche damit bedecken. Im heißen Ofen goldgelb backen.

Margret Lantermann, Oberhausen

Salatvorspeise mit Geflügelleber

Zutaten für 4 Personen

200 g Blattsalate (gemischt und geputzt) • 1 EL Balsamico-Essig

6 EL Olivenöl • 1 TL Dijonsenf • Salz, Pfeffer • 10 g Petersilie

5 g Estragon • 5 g Kerbel • 100 g Edamer • 200 g Geflügelleber • 20 g Mehl

➤ **Zubereitung:**
Salat waschen und trocken schleudern.
Aus Essig, 3 Esslöffel Öl, Senf, Salz, Pfeffer und den gehackten Kräutern ein Dressing herstellen.

Käse in Streifen schneiden. Salat auf Tellern anrichten, mit Dressing beträufeln und mit dem Käse bestreuen.
Geflügelleber waschen, auf Küchenkrepp trocknen, pfeffern und mit Mehl bestäuben. Das restliche Öl erhitzen und die Leber darin braten; salzen und heiß über den Salat geben. Sofort servieren.

Rolf Dickmann, Bad Soden-Salmünster

Überbackener Schafskäse

Zutaten für 4 Personen

2 Knoblauchzehen • 2 Fleischtomaten • 100 g junger Spinat • Salz, Pfeffer

400 g milder Schafkäse • 1 EL Basilikumstreifen • 50 ml Sahne

1 EL Olivenöl • französisches Stangenbrot • Butter für die Form

➤ **Vorbereitung:**
Backofen auf 220 °C vorheizen.
Eine Form mit halbiertem Knoblauch ausreiben und ausbuttern.
Die Tomaten blanchieren, häuten, halbieren, entkernen und das Fruchtfleisch würfeln.

➤ **Zubereitung:**
Den Spinat waschen, klein hacken und in die Form geben. Mit Salz und Pfeffer würzen.
Den Schafkäse auf den Spinat bröckeln, mit Tomatenwürfeln und Basilikum bestreuen.
Sahne und Olivenöl darüberträufeln und im Ofen überbacken. Heiß mit französischem Brot servieren.

Elisabeth Springer, Diedorf

Toast »Loch Ness«

Zutaten für 4 Personen

4 Scheiben gekochter Schinken • Cayennepfeffer • 4 cl Whiskey • 2 Zwiebeln

2 TL eingelegter grüner Pfeffer • 300 g Sauerkraut • Salz, gemahlener Kümmel

4 Scheiben Toastbrot • 20 g Butter • 4 Scheiben Edelpilzkäse • 4 Cocktailkirschen

➤ **Vorbereitung:**
Schinken auf einem Teller mit Cayennepfeffer bestreuen und mit Whiskey beträufeln.
Die Scheiben übereinander legen und 15 Minuten ziehen lassen.
Die geschälten Zwiebeln fein hacken. Den grünen Pfeffer zerdrücken.
Den Backofen (Oberhitze) auf 250 °C vorheizen.

➤ **Zubereitung:**
Sauerkraut, Zwiebeln, Pfeffer, Salz, Kümmel und Whiskey (vom Schinken) mischen. Brot toasten und mit Butter bestreichen. Mit Schinken, Sauerkraut, Edelpilzkäse belegen, mit Cayennepfeffer bestäuben und überbacken. Mit je einer Cocktailkirsche garnieren.

Roswitha Blume, Hemmingen

Suppen und Eintöpfe

Scharfe Apfelsuppe

Zutaten für 4 Personen

4 mittelgroße Äpfel • 2 rote Paprikaschoten • ½ Salatgurke • 750 ml Fleischbrühe

30 g Butter • 1 geschälte, zerdrückte Knoblauchzehe

Salz, Pfeffer, Cayennepfeffer • 1 TL Zucker • 125 ml Sahne

➤ **Vorbereitung:**
Äpfel schälen, vierteln und entkernen.
Paprikaschoten waschen und putzen. Gurkenhälfte halbieren und mit einem Löffel die Kerne herauslösen.

➤ **Zubereitung:**
Äpfel, Paprika und Gurke in feine Würfel schneiden und in die Brühe geben. Mit Butter und zerdrücktem Knoblauch garen. Sobald das Gemüse gar ist, pürieren und mit

Gewürzen und Zucker abschmecken.
Mit Sahne verfeinern.

Renate Scherpe, Freital

Tipp:

Die Suppe mit Gurken- und Paprikastreifen garnieren.

Bananen-Curry-Suppe

Zutaten für 4 Personen

2 EL Sojaöl • 3 Schalotten (ersatzweise kleine Zwiebeln)

2 EL Curry • 500 ml Hühnerbrühe • 4 sehr reife Bananen

➤ **Zubereitung:**
Die Schalotten schälen und fein hacken.
Sojaöl in einem Topf erhitzen und Schalotte darin andünsten. Mit Curry bestäuben und sofort die Brühe dazugeben.
3 Bananen schälen, zerkleinern und in die Brühe geben, kurz aufkochen und mit einem Mixstab pürieren.
Die vierte Banane in dünne Scheiben schneiden, in die Suppe geben und sofort servieren.

Hildegard Hufnagel, Berlin

28

Brennnesselsuppe

Zutaten für 4 Personen

300 g junge Brennnesselspitzen • 2 Zwiebeln

3 mittelgroße Kartoffeln • 2 Knoblauchzehen • 75 g Butter

500 ml Gemüsebrühe • 4 Scheiben Vollkornbrot

Kräutersalz, Pfeffer, Muskat

➤ **Vorbereitung:**
Brennnesseln gründlich waschen. Zwiebeln und Kartoffeln schälen und würfeln. Knoblauch schälen und zerdrücken.

➤ **Zubereitung:**
Zwiebelwürfel, Brennnesselspitzen und Knoblauch in 50 Gramm Butter anschwitzen. Mit der Gemüsebrühe auffüllen und Kartoffeln zugeben. Köcheln lassen bis die Kartoffel gar sind.
Die von der Rinde befreiten Brotscheiben in Würfel schneiden und in der restlichen Butter rösten.
Die Suppe pürieren, mit Kräutersalz, Pfeffer und Muskat abschmecken. In Teller geben, Brotwürfel darüberstreuen und servieren.

Harald Wolf, Dresden

Fenchelsuppe

Zutaten für 4 Personen

1 Fenchelknolle (mit Blattwerk) • 2 Schalotten • 20 g Butter

10 g Mehl • 500 g Geflügel- oder Kalbsbrühe

Saft von ½ Zitrone • Salz, Pfeffer, Muskat • 100 ml Sahne

2 Eidotter • 100 ml Weißwein

➤ **Vorbereitung:**
Die Fenchelknolle waschen und in kleine Stücke schneiden. Das Fenchelgrün klein schneiden und beiseite legen. Schalotten schälen und in Würfel schneiden.

➤ **Zubereitung:**
Schalotten und Fenchel in Butter anschwitzen. Mit Mehl bestäuben, Brühe angießen und kochen lassen. Die Suppe pürieren und passieren; mit Zitronensaft und Gewürzen abschmecken. Sahne und Eidotter verrühren und die Suppe damit binden.
Weißwein erhitzen und das Fenchelgrün darin kurz blanchieren; als Einlage in die Suppe geben.

Ruth Werner, Berlin

Gemüsesuppe mit falschen Markklößchen

Zutaten für 4 Personen

30 g Butter • 2 Eidotter • 20 g geriebener Gouda

40 g Weizengrieß • Salz, Muskat • 25 g Zwiebelwürfel

300 g frische Gemüse der Saison(geputzt und gewaschen; ersatzweise Tiefkühlware)

500 ml Gemüsefond • Pfeffer • 1 TL frischer Kerbel

➤ **Zubereitung:**
Für die Klößchen 20 Gramm Butter schaumig schlagen. Unter Rühren Eidotter, Gouda, Gries und etwas Wasser zugeben. Mit Salz und Muskat abschmecken. Etwa 20 Minuten kalt stellen. Danach die Masse zu kleinen Klößchen formen und in gesalzenem Wasser pochieren.
Für die Suppe die Zwiebeln in der restlichen Butter anschwitzen; Gemüse zugeben. Mit der Brühe auffüllen, alles aufkochen und den Schaum abheben. Köcheln lassen bis das Gemüse gar ist. Mit Salz, Pfeffer und Muskat abschmecken. Die Klößchen in die Suppe geben. Vor dem Servieren mit Kerbel garnieren.

Stefan Wallmeroth, Siegen

Gurkensuppe

Zutaten für 4 Personen

500 g Gurken • 1 kleines Bund Dill • 25 g Schalottenwürfel

10 g Butter • 500 ml Geflügel- oder Kalbfleischbrühe

Salz, Pfeffer, Cayennepfeffer • 125 g saure Sahne

➤ **Vorbereitung:**
Die Gurken schälen, längs vierteln und die Kerne mit einem Löffel herausschaben. Das Fruchtfleisch blättrig schneiden. Dill waschen und fein hacken.

➤ **Zubereitung:**
Schalotten in Butter andünsten und die Gurken zugeben. Kurz weiterdünsten, mit Brühe auffüllen und kochen lassen. Die Suppe mit Salz, Pfeffer und Cayennepfeffer abschmecken. Den fein geschnittenen Dill und die Hälfte der sauren Sahne unterrühren. Kurz vor dem Servieren die restliche Sahne mit einem Teelöffel auf die Suppe geben.

Gudrun Klinger, Meerbusch

Altmärkische Hochzeitssuppe

Zutaten für 4 Personen

1 Hähnchen (etwa 1,2 kg)

150 g Suppengemüse (Sellerie, Lauch, Petersilienwurzel, und Möhren) • Salz

2 EL Suppenwürzmischung • 400 g geschälter Spargel • 2 Eier

120 g Sahne • Muskat • 100 g Kalbfleischbrät • 20 g Semmelbrösel

2 EL zerlassene Butter • 1 Bund Petersilie • Butter für die Form

➤ **Zubereitung:**

Das Hähnchen in etwa 1,5 Liter kaltem Wasser aufsetzen und langsam kochen lassen. Nach einiger Zeit die Gemüse hinzugeben und mit Salz und Suppenmischung würzen. Wenn sich das Fleisch vom Knochen zu lösen beginnt, das Hähnchen herausnehmen.
Spargel in Salzwasser garen.
Hähnchenfleisch von Haut und Knochen befreien und in Stücke schneiden. Spargel klein schneiden und mit dem Hähnchenfleisch in die Brühe geben.

Für den Eierstich 1 Ei, Sahne, Salz und Muskat verrühren. In ein ausgebuttertes Förmchen geben und im Wasserbad stocken lassen. Herauslösen und in Würfel schneiden.
Für die Fleischklößchen Kalbsbrät, Semmelbrösel, zerlassene Butter, das zweite Ei und Salz vermischen. Aus der Masse kleine Klößchen formen und 5 Minuten in der Suppe gar ziehen lassen.
Eierstich in die Suppe geben und mit gehackter Petersilie bestreuen.

Horst Kleinau, Stendal

Holundersuppe

Zutaten für 4 Personen

2 Äpfel • 500 ml Holunderbeersaft • 15 g Speisestärke

Saft von 1 Zitrone • 100 g Zucker • 2 Scheiben Zwieback

➤ **Vorbereitung:**
Äpfel schälen, vierteln, von Kerngehäusen befreien und in Würfel schneiden.

➤ **Zubereitung:**
450 Milliliter Holunderbeersaft in einem Topf erhitzen. Den restlichen Saft mit der Stärke anrühren und den Holunderbeersaft im Topf damit binden. Gewürfelte Äpfel, Zitronensaft und Zucker hinzufügen; köcheln lassen bis die Äpfel gar sind. Die Suppe mit Bruchzwieback garnieren.

Uwe Schmidt, Kalkwitz

Hubertussuppe

Zutaten für 4 Personen

200 g pariertes, gewürfeltes Reh- oder Hirschfleisch • 3 EL Öl • Salz, Pfeffer

50 g gewürfelter Räucherspeck (mager)

50 g Zwiebelwürfel • je 2 cl Wacholder- und Weinbrand • 125 ml Rotwein

2 EL Essig • 500 ml Wildfond • je 50 g gegarte Erbsen, weiße Bohnen und Linsen

125 ml Sahne • ½ Bund geschnittener Schnittlauch • ½ Bund gehackte Petersilie

➤ **Zubereitung:**
Wildfleisch in Öl scharf anbraten, salzen und pfeffern. Speck und Zwiebel hinzugeben, 3 Minuten mitschwitzen lassen. Mit Schnaps flambieren und mit Rotwein und Essig ablöschen; zur Hälfte einkochen. Mit dem heißen Fond auffüllen und 20 Minuten kochen.
100 Gramm der Hülsenfrüchte pürieren und als Bindung in die Suppe einrühren Die restlichen Hülsenfrüchte als Einlage zugeben und die Suppe aufkochen lassen.
Nach dem Kochen die Suppe vom Herd nehmen und mit Salz und Pfeffer abschmecken. Die Sahne einrühren und mit den Kräutern verfeinern.

Ingeborg Naas, Rödermark

Hühnersuppe mit Kokosmilch

Zutaten für 4 Personen

1 Zitronengraswurzel (ersatzweise 2 getrocknete Zitronenblätter)

1 Stück Ingwer (10-20 g) • 1 frische Chilischote • 150 g Hähnchenbrustfilet

200 ml Kokosmilch • 2 EL Fischsauce • 1 EL Limonensaft • Salz, Pfeffer

➤ **Vorbereitung:**
Die Zitronengraswurzel längs halbieren und in Scheiben schneiden. Oder die Zitronenblätter einweichen und in Streifen schneiden. Den Ingwer und die Chilischote in Scheiben schneiden
Die Hähnchenbrust würfeln.

➤ **Zubereitung:**
Zitronengraswurzel, Ingwerscheiben, Chili, Kokosmilch und etwa 200 Milliliter Wasser aufkochen; 5 Minuten köcheln lassen. Fischsauce, Hähnchenfleisch und Limonensaft zugeben. Etwa 8 Minuten weiterkochen, bis das Geflügelfleisch gar ist. Mit Salz und Pfeffer nachwürzen und servieren.

Norbert Schmelter, Overath

Jogurtsuppe

Zutaten für 4 Personen

½ grüne Paprikaschote • 1 Stück Salatgurke (etwa 10 cm)

2 Frühlingszwiebeln • 1-2 Knoblauchzehen • 1 Tomate • 3 EL Basilikumöl • Salz, Pfeffer

1 TL Suppenwürzmittel • 300 g Naturjogurt • 100 g Schafkäse

10 g Petersilie und Schnittlauch (gehackt)

➤ **Vorbereitung:**
Paprika und Salatgurke würfeln. Frühlingszwiebeln mit grünen Trieben in Ringe schneiden
Knoblauchzehen schälen und zerdrücken. Tomate blanchieren, häuten, halbieren, entkernen und in Würfel schneiden.

➤ **Zubereitung:**
Paprika, Gurke, Frühlingszwiebel und Knoblauch in Basilikumöl andünsten. Mit 300 Milliliter Wasser auffüllen, Salz, Pfeffer und Würzmittel zugeben. Kurz aufkochen und die Suppe dann abkühlen lassen.
Die kalte Suppe mit dem Jogurt, den Tomatenwürfeln und den gehackten Kräutern mischen. Vor dem Servieren mit Käsewürfeln bestreuen.

Peter Hamann, Dresden

34

Kartoffel-Lachs-Suppe

Zutaten für 4 Personen

1 Stange Lauch • 300 g Kartoffeln • 100 g frischer, parierter Lachs

40 g Butter • 500 ml Gemüsebrühe • 50 g Schmelzkäse • 125 g Crème fraîche

Salz, Pfeffer, Muskat • 1/2 Pck. Kresse

➤ Vorbereitung:
Lauch halbieren, waschen und in Streifen schneiden. Kartoffeln schälen und in kleine Stücke schneiden.
Den Lachs in Würfel schneiden.

➤ Zubereitung:
Lauch in der Butter andünsten und vom Herd nehmen.

Die Kartoffeln in der Gemüsebrühe garen und danach pürieren. Lauch, Schmelzkäse und 100 Gramm Crème fraîche hinzufügen, mit Salz, Pfeffer und Muskat würzen. Den Lachs in die Suppe geben und 2 Minuten ziehen lassen. Die Suppe mit der restlichen Crème fraîche und Kresse garnieren.

Beate Huppertz, Moers

Grüne Kartoffelsuppe

Zutaten für 4 Personen

250 g Kartoffeln • 4 Schalotten • 4 frische Champignons

1 EL getrocknete Steinpilze • 4 cl trockener Sherry • 20 g Butter

500 ml Geflügelbrühe • 200 g pürierter Spinat (Tiefkühlware)

Salz, Pfeffer, Muskat • 125 ml Schlagsahne

➤ Vorbereitung:
Kartoffeln schälen und grob zerkleinern. Schalotten schälen und würfeln. Champignons in Scheiben schneiden.
Steinpilze in Sherry einweichen.

➤ Zubereitung:
Schalotten in Butter anschwitzen, mit der Brühe auffüllen und die Kartoffeln zugeben. Wenn die Kartoffeln weich sind, mit einem

Mixstab pürieren. Danach Spinat und Steinpilze (mit dem Sherry) zufügen; 5 Minuten köcheln lassen.
Die Suppe mit Salz, Pfeffer und Muskat abschmecken .
Kurz vor dem Servieren die Sahne steif schlagen und löffelweise auf die Suppe geben. Mit Champignons garnieren.

Rainer Neumann, Berlin

Knoblauchcremesuppe

Zutaten für 4 Personen

4 Schalotten • 6-10 Knoblauchzehen • 2 Scheiben Weißbrot

1 Bund Petersilie • 40 g Butter • 600 ml Gemüsebrühe

Salz, schwarzer Pfeffer • 25 g Mehl • 4 EL Olivenöl • 100 g Crème fraîche

➤ **Vorbereitung:**
Schalotten schälen und würfeln. Knoblauch schälen.
Weißbrot in Würfel schneiden. Petersilie hacken.

➤ **Zubereitung:**
Schalotten und gepressten Knoblauch in der Hälfte der Butter anschwitzen. Mit der Gemüsebrühe auffüllen, aufkochen und mit Salz und Pfeffer würzen.

In einem Topf aus der restlichen Butter und dem Mehl eine Mehlschwitze bereiten; abkühlen lassen. Brühe passieren und zur Mehlschwitze geben. 10 Minuten bei schwacher Hitze kochen lassen.
In der Zwischenzeit die Weißbrotwürfel in Olivenöl rösten.Die Suppe mit Crème fraîche verfeinern; vor dem Servieren mit Brotwürfeln und Petersilie bestreuen.

Sigrid Eckstein-Herbstleb, Hattersheim

Krabbensuppe

Zutaten für 4 Personen

200 ml leichte Fisch- oder Kalbfleischbrühe • 200 g Crème fraîche

10 g Speisestärke • 15 g Butter • 1 Knoblauchzehe

Curry, Paprika, Safran • 40 g Tomatenmark • 2 cl Cognac

200 g frisches Krabbenfleisch • Salz, Pfeffer • Zucker

chinesische Würzsauce • 2 Eidotter • 100 ml Sahne • 1 kleines Bund Dill

➤ **Zubereitung:**
Den Fond und die Crème fraîche aufkochen und mit der in etwas Wasser angerührten Speisestärke binden.
In einem Topf die Butter schmelzen. Die zerdrückte Knoblauchzehe mit Curry, Paprika, Safran und Tomatenmark darin anschwitzen und mit Cognac ablöschen. Den gebunde-

nen Fond zugießen und die Krabben hineingeben. Mit Salz, Pfeffer Zucker und chinesischer Sauce würzen. Eidotter und Sahne verrühren und die Suppe damit binden.
Mit gehacktem Dill garnieren und servieren.

Uschi Balve, Wesseling

Krensuppe (Meerrettichsuppe)

Zutaten für 4 Personen

1 Zwiebel • 1 mittelgroße Meerrettichwurzel

2 Scheiben Weißbrot • ½ Bund Petersilie • 40 g Butter • 500 ml Rinderbrühe

Salz, weißer Pfeffer • 250 ml Sahne

➤ **Vorbereitung:**
Zwiebel schälen und in Würfel schneiden.
Meerrettich schälen und reiben.
Weißbrot würfeln und die Petersilie hacken.

➤ **Zubereitung:**
Zwiebelwürfel in 20 Gramm Butter
anschwitzen, Brühe aufgießen und den
geriebenen Meerrettich zugeben; 5 Minuten
köcheln lassen. Suppe mit einem Mixstab
pürieren, durch ein Sieb passieren und mit
Salz und Pfeffer würzen. Mit Sahne und der
restlichen Butter verfeinern.
Weißbrotwürfel im Öl goldgelb anbraten.
Kurz vor dem Servieren mit gehackter Petersilie und Brotwürfeln garnieren.

Manuela Simantke, Bayreuth

Lachscremesuppe

Zutaten für 4 Personen

2 Schalotten • 100 g Räucherlachs • 20 g Butter • 200 ml Fischfond

200 ml Weißwein • 200 ml Sahne • 1 TL gehackter Estragon

Salz, weißer Pfeffer • 2 Eidotter

➤ **Vorbereitung:**
Schalotten schälen und fein würfeln. Lachs in Streifen schneiden.

➤ **Zubereitung:**
Zwiebeln in Butter andünsten, mit Fischfond, Weißwein und 150 Milliliter Sahne auffüllen; köcheln lassen.

Mit Estragon, Salz und Pfeffer würzen. Die Eidotter mit der restlichen Sahne verrühren und die Suppe damit binden. Geschnittenen Lachs hinzufügen und heiß servieren.

Margit Sautter, Filderstadt

Muschelsuppe

Zutaten für 4 Personen

1 Gemüsezwiebel • 200 g in feine Streifen geschnittenes Suppengemüse

(Lauch, Sellerie, Möhren und Petersilienwurzel) • 3 EL Öl

1 kg gesäuberte Miesmuscheln • Salz, weißer Pfeffer • 3 Safranfäden

250 ml Weißwein • 250 ml Sahne

➤ **Vorbereitung:**
Zwiebel schälen und in Würfel schneiden. Suppengemüse putzen und in feine Streifen schneiden. Geöffnete Muscheln entfernen.

➤ **Zubereitung:**
Zwiebel und Gemüse in 2 Esslöffel Öl anschwitzen. Die Muscheln zugeben und mit Salz, Pfeffer und Safranfäden würzen. Mit Wein ablöschen und zugedeckt 10

Minuten ziehen lassen. Muscheln aus dem Sud nehmen und auslösen. Muscheln, die sich nicht geöffnet haben, wegwerfen. Den Fond mit dem Gemüse vorsichtig abschöpfen, sodass der Satz im Topf zurückbleibt. Mit Salz und Pfeffer abschmecken, mit der Sahne verfeinern. Die Muscheln als Einlage in die Suppe geben.

Dagmar Engel, Oberhausen

Sauerampfersuppe

Zutaten für 4 Personen

300 g frischen Sauerampfer • 2 Schalotten • 1 Knoblauchzehe

20 g Butter • 20 g Mehl • 500 ml Fleischbrühe • 125 ml trockener Weißwein

125 ml Sahne • 2 Eidotter • 1 kräftige Prise Zucker

Salz, weißer Pfeffer, Muskat

➤ **Vorbereitung:**
Sauerampfer waschen und trocken reiben. Stiele entfernen und 2/3 der Blätter mittelfein schneiden. Restliche Blätter in Streifen schneiden und beiseite legen.
Schalotten und Knoblauch schälen und fein hacken.

➤ **Zubereitung:**
Schalotten und Knoblauch in der Butter glasig dünsten. Den mittelfein geschnittenen Sauerampfer zugeben und 1 Minute mitdünsten. Mehl hinzufügen und kurz mitschwitzen; etwas abkühlen lassen. Dann mit erwärmter Brühe auffüllen und 12 Minuten köcheln. Nun den Weißwein und die Hälfte

der Sahne unterrühren; die Suppe darf dabei nicht mehr kochen.
Eidotter mit der restlichen Sahne verrühren und die Suppe damit binden. Erst jetzt mit Zucker und Gewürzen abschmecken.
Die Suppe in eine vorgewärmte Terrine füllen und mit Sauerampferstreifen bestreuen.

Holger Hersing, Hannover

Tipp:

Besonders gut schmeckt es, wenn man zusätzlich fein geschnittene Steinpilze in die Suppe gibt.

39

Selleriesuppe auf neue Art

Zutaten für 4 Personen

1 Staude Stangensellerie (etwa 350 g) • 150 g mehlig kochende Kartoffeln

1 große Zwiebel • 25 g Butter • Salz, weißer Pfeffer, Muskat

500 ml Gemüsebrühe • 150 g Crème fraîche • Zitronensaft

➤ **Vorbereitung:**

Sellerie zerteilen, waschen und in 1 Zentimeter breite Stücke schneiden. Schöne Blättchen vom Selleriegrün beiseite legen. Kartoffeln schälen, waschen und in Würfel schneiden.
Zwiebel schälen und fein hacken.

➤ **Zubereitung:**

Die Zwiebel in Butter andünsten, Kartoffeln und Sellerie zugeben, kurz mitdünsten. Mit Salz, Pfeffer und Muskat kräftig würzen. Die Brühe aufgießen und 20 Minuten köcheln lassen. Etwa $\frac{1}{3}$ der Kartoffeln und des Selleries mit einem Schaumlöffel herausfischen und beiseite stellen. Den restlichen Topfinhalt mit einem Mixstab fein pürieren; Crème fraîche unterrühren.
Das unpürierte Gemüse wieder beigeben und das Ganze noch etwa 5 Minuten bei schwacher Hitze köcheln lassen.
Die Suppe nach Belieben mit Zitronensaft würzen, in Suppentellern anrichten, mit Pfeffer übermahlen und mit den Sellerieblättchen garnieren.

Hans Rudolf Purucker, Bayreuth

Spargel-Kartoffel-Suppe mit Lachs

Zutaten für 4 Personen

250 g Spargel • 250 g Kartoffeln • 40 g Räucherlachs • 1 Bund Dill

250 ml Geflügelfond • Salz, weißer Pfeffer, Muskat • 125 ml Sahne

➤ **Vorbereitung:**
Spargel waschen, schälen und in mundgerechte Stücke schneiden. Spargelschalen und abgeschnittene Enden in 250 Milliliter Wasser kochen. Nach 30 Minuten den Sud durch ein Sieb in einen neuen Topf gießen. Kartoffeln schälen, waschen und würfeln. Lachs in Streifen schneiden und den Dill fein hacken.

➤ **Zubereitung:**
Die Kartoffeln in Geflügelfond und Spargel-

brühe 20 Minuten garen. Weiche Kartoffeln in der Brühe pürieren und das Ganze durch ein Sieb passieren.
Die Spargelstücke in die Suppe geben und 12 bis 15 Minuten garen. Mit Salz, Pfeffer und Muskat würzen und mit der Sahne verfeinern.
Die Suppe in vorgewärmte Tassen füllen, mit Lachsstreifen und gehacktem Dill bestreuen; sofort servieren.

Claudia Szymala, Weibern

Steckrübensuppe (Wrucken-Suppe)

Zutaten für 4 Personen

1 kg Steckrüben • 2 Zwiebeln • 2 Knoblauchzehen • 1 rote Paprikaschote

40 g Butter • Salz, Pfeffer, Curry, Ingwerpulver

500 ml Gemüsebrühe • 2 EL Sonnenblumenkerne • einige Korianderblätter

➤ **Vorbereitung:**
Rüben schälen und würfeln.
Zwiebeln und Knoblauch schälen, in kleine Stücke hacken.
Paprikaschote von Stiel und Kernen befreien und in Würfel schneiden.

➤ **Zubereitung:**
Zwiebel und Knoblauch in der Butter glasig dünsten. Rübenwürfel und Gewürze dazu-

geben, etwa 10 Minuten mitdünsten. Gemüsebrühe aufgießen und 30 Minuten köcheln lassen. Die gewürfelte Paprika hinzufügen und weitere 10 Minuten kochen. Suppe pürieren und mit Sahne verfeinern. Sonnenblumenkerne ohne Öl in einer Pfanne rösten und mit den Korianderblättern über die Suppe streuen.

Gerda Berninger, Eisingen

Garnelensommertopf

Zutaten für 4 Personen

16 rohe Garnelen • 1 Bund Basilikum • 2 mittelgroße Zwiebeln

4 Knoblauchzehen • 4 EL Olivenöl • 20 g Mehl • 500 g Tomatenpüree

500 ml Fisch-, Geflügel- oder Kalbfleischbrühe • Salz, Pfeffer

➤ **Vorbereitung:**
Garnelen von den Schalen befreien und den Darm entfernen.
Basilikumblättchen von den Stängeln zupfen und in Streifen schneiden.
Zwiebeln und Knoblauchzehen schälen und fein hacken.

➤ **Zubereitung:**
Zwiebeln und Knoblauchzehen in heißem Olivenöl dünsten. Mit Mehl bestäuben, kurz weiterdünsten und dann etwas abkühlen lassen. Die pürierten Tomaten und die Brühe zur Mehlschwitze geben. Unter ständigem Rühren aufkochen und etwa 15 Minuten köcheln lassen. Die Suppe vom Herd nehmen und mit Salz und Pfeffer abschmecken. Die Garnelen in die Suppe geben und 5 bis 7 Minuten ziehen lassen; die Suppe darf nicht mehr kochen. Mit Basilikum bestreuen und servieren.

Dr. Gunhild Kilian-Kornell, Starnberg

Tipp:

Spaghetti, Reis oder frisches Baguette sind die idealen Beilagen zum Garnelensommertopf.

42

»Kappes-Meng« (Kölner Kohleintopf)

Zutaten für 4 Personen

400 g Weißkohl • 400 g Kartoffeln • 1 große Zwiebel • 2 Knoblauchzehen

100 g Schweineschmalz • 400 g Hackfleisch • 500 ml klare Brühe

Salz, Pfeffer, Kümmel • 2 Lorbeerblätter • 10 Wacholderbeeren

➤ **Vorbereitung:**
Den frischen Kohl in Streifen schneiden.
Kartoffeln, schälen und vierteln.
Zwiebel und Knoblauch schälen und würfeln.

➤ **Zubereitung:**
In einem großen Bräter Schweineschmalz
erhitzen, Zwiebel und Knoblauch darin
andünsten. Hackfleisch hinzufügen, kräftig

mit Salz und Pfeffer würzen und anbraten.
Weißkohl, Kartoffeln, Kümmel, Lorbeerblätter und Wacholderbeeren dazugeben und
mit Brühe auffüllen. Deckel aufsetzen und
alles etwa 30 Minuten kochen lassen. Lorbeerblätter und Wacholderbeeren entfernen
und den Eintopf servieren.

Gisela Assmann, Oberreidenbach

Linseneintopf mit Edelzwicker

Zutaten für 4 Personen

3 Zwiebeln • 3 Knoblauchzehen • 8 kleine Tomaten

2 EL Olivenöl • 4 EL Tomatenmark • 400 ml Glas trockener Edelzwicker

½ Dose Linsen mit Suppengrün • Saft von 2 Zitronen

Salz, Pfeffer • Zucker • 100 g geriebener Emmentaler

4 Elsässer Brötchen

➤ **Vorbereitung:**
Zwiebeln schälen und in Würfel schneiden.
Knoblauch schälen und mit einer Gabel zerdrücken. Die Tomaten blanchieren, abziehen
und vierteln.

➤ **Zubereitung:**
Zwiebelwürfel und zerdrückten Knoblauch in
Olivenöl anschwitzen. Das Tomatenmark

zugeben und mit dem Weißwein ablöschen.
Die Linsen hinzufügen, das Ganze langsam
zum Kochen bringen. Zitronensaft und
Tomaten in die heiße Suppe geben. Mit Salz,
Pfeffer und Zucker abschmecken und den
Käse zugeben.
Mit aufgebackenen Brötchen servieren.

Axel Leptien, Rodgau

Land- und Meertopf

Zutaten für 4 Personen

750 g gemischtes Fischfilet • (z. B. Rotbarsch, Kabeljau, Seelachs, Seezunge)

250 g Krabben • 200 g Champignons • Saft von 1 Zitrone • 1 rote Paprikaschote

1 kleine Fenchelknolle • 2 Zwiebeln • 250 g Kartoffeln • Salz, weißer Pfeffer

100 ml Fischbrühe • 2 EL gehackte Petersilie

➤ **Vorbereitung:**

Fischfilets in mundgerechte Stücke zerteilen. Die Krabben abwaschen und abtropfen lassen. Champignons putzen, waschen, in Scheiben schneiden und mit etwas Zitronensaft marinieren.
Paprikaschote und Fenchelknolle putzen, waschen und in feine Streifen schneiden. Zwiebeln schälen und würfeln.
Kartoffeln waschen, schälen und in sehr dünne Scheiben schneiden.
Ofen auf 175 °C vorheizen.

➤ **Zubereitung:**

Fisch, Champignons, Paprika, Fenchel, Zwiebeln und Kartoffeln abwechselnd in einen feuerfesten Topf schichten. Jede Lage mit Salz und Pfeffer würzen. Alles mit der kochenden Brühe übergießen, Deckel aufsetzen und den Eintopf im heißen Ofen 30 Minuten gar ziehen lassen. Vor dem Servieren mit gehackter Petersilie bestreuen.

Matianne Bosset, Contwig

Soljanka

Zutaten für 4 Personen

1 kg Rindersandknochen • ½ Lorbeerblatt • 5 zerkleinerte Pimentkörner

200 g gekochter Schinken • 2 Wiener Würstchen • 2 mittelgroße Zwiebeln

200 g Gewürzgurken • 1 Bund Dill • 50 ml Distelöl • 50 g Tomatenmark

10 g Mehl • 125 ml Gurkenmarinade • 1 TL gehackte Kapern

Salz, weißer Pfeffer • 4 Zitronenscheiben • 100 g saure Sahne

➤ Vorbereitung:
Aus den Rinderknochen, 1 Liter Wasser, Lorbeer und den Pimentkörnern eine Brühe kochen; durch ein Sieb gießen.
Schinken in feine Streifen, Wiener Würstchen in dünne Scheiben schneiden. Zwiebeln schälen und in dünne Ringe, die Gewürzgurken in kleine Würfel schneiden. Dill fein hacken.

➤ Zubereitung:
Das Öl in einem Topf erhitzen und die Zwiebelringe darin anschwitzen. Die Würstchenscheiben und ⅔ des Schinkens dazugeben und alles anbräunen. Tomatenmark hinzufügen und mit Mehl bestäuben. Sofort mit der Rinderknochenbrühe aufgießen. Die Gurkenmarinade, die Gewürzgurken und ⅔ der Kapern zugeben. Mit Salz und Pfeffer würzen. Alles zugedeckt etwa 20 Minuten köcheln lassen.
Die Suppe in Schalen anrichten. Mit je 1 Zitronenscheibe und 1 Esslöffel saurer Sahne garnieren und mit Schinken, Kapern und Dill bestreuen.

Manuela Steinicke, Erfurt

45

Schustertopf Berliner Art

Zutaten für 4 Personen

400 g Schweineschulter • 1 große Zwiebel • 600 g Kartoffeln • 3 EL Öl

400 ml Fleischbrühe • 1 Dose Sauerkraut (400 g Abtropfgewicht) • Salz, weißer Pfeffer

Zucker • 4 Paar Wiener Würstchen • 1 TL gerebelter Majoran

➤ **Vorbereitung:**
Schweinefleisch und geschälte Zwiebel in Würfel schneiden.
Kartoffeln waschen, schälen und würfeln.

➤ **Zubereitung:**
Öl in einem Topf erhitzen. Zwiebeln und Fleisch darin anbraten. Brühe hinzugießen und etwa 30 Minuten köcheln lassen. Dann Kartoffeln und Sauerkraut zufügen. Mit Salz, Pfeffer und Zucker würzen. Nach weiteren 30 Minuten Kochzeit die Würstchen hineingeben und heiß werden lassen. Vor dem Servieren mit Majoran bestreuen.

Petra Roth, Berlin

Witwentopf

Zutaten für 4 Personen

750 g Kartoffeln • 150 g magerer Räucherspeck • 300 g gekochter Schinken • 4 Tomaten

3 grüne Paprikaschoten • 4 große Zwiebeln • Paprikapulver • 400 ml Fleischbrühe

100 g Tomatenketschup • Salz, Pfeffer, Majoran, Worcestersauce

2 Paar Wiener Würstchen

➤ **Vorbereitung:**
Kartoffeln waschen, schälen und würfeln. Speck und Schinken in feine Streifen schneiden.
Die Tomaten blanchieren, abziehen, halbieren, Kerne entfernen und das Fruchtfleisch würfeln.
Paprikaschoten säubern und würfeln. Zwiebeln schälen und in Würfel schneiden.

➤ **Zubereitung:**
Speck auslassen, die Zwiebeln hinzugeben und anschwitzen. Das Paprikapulver darüberstäuben und sofort mit Kartoffeln, Paprikawürfeln, Fleischbrühe und Tomatenketschup auffüllen. Mit Salz, Pfeffer, Majoran und Worcestersauce würzen; bei mäßiger Hitze 20 Minuten garen. Kurz vor Ende der Garzeit die Wiener Würstchen in den Eintopf geben. Vor dem Anrichten nochmals abschmecken, die Tomatenwürfel zufügen und servieren.

Tina Maier, Weismain

46

Schwarzbiertopf Ziegelhofer Art

Zutaten für 4 Personen

500 g Mehl • 4 Eier • Salz • 4 EL Milch

je 150 g Kasseler (ohne Knochen), Schweineschulter, magerer Räucherspeck,

Schweineherz • Pfeffer • 2 Lorbeerblätter • 150 g Schweineleber

150 g Schweinenieren • 80 ml Öl • 2 große Zwiebeln • 500 ml Schwarzbier

200 g brauner Pfefferkuchen • 200 ml saure Sahne • Majoran • etwas Milch

➤ **Vorbereitung:**
Aus Mehl, Eiern, etwas Salz und Milch einen
Nudelteig kneten; kühl stellen.
Kasseler, Schweineschulter und Speck würfeln. Schweineherz in Wasser mit Salz, Pfeffer und Lorbeerblättern garen. Die Leber
und die Nieren waschen, trocknen und in
feine Streifen schneiden. In 4 Esslöffel
heißem Öl kurz anbraten.
Die Zwiebeln schälen und würfeln.

➤ **Zubereitung:**
Im restlichen Öl die Zwiebelwürfel, das geschnittene Fleisch und den Speck anschmo-

ren. Mit Bier auffüllen und gar kochen.
Schweineherz, Leber, Nieren und Pfefferkuchen zugeben; das Ganze sämig kochen. Mit
der sauren Sahne verfeinern und mit Salz,
Pfeffer und Majoran würzen. Den Eintopf in
4 feuerfeste, hochrandige Förmchen füllen.
Nudelteig ausrollen und vier runde Platten
ausschneiden (etwa 2 Zentimeter größer als
die Förmchen). Die gefüllten Förmchen mit
Teig belegen, mit Milch bestreichen und im
vorgeheizten Ofen bei 200 °C 20 bis 25
Minuten backen.

Ute Seifert, Ziegelhof

Salate

Ägyptischer Auberginensalat

Zutaten für 4 Personen

4 mittelgroße Auberginen • Petersilie, Basilikum (frisch)

2 Knoblauchzehen • ½ Tasse Tahina (Sesamöl) • 2 EL Essig • ca. ¼ TL Sal

ca. ¼ TL Kreuzkümmel • ca. ¼ TL gemahlene Muskat • 16 schwarze Oliven

► **Vorbereitung:**
Die Auberginen waschen und auf einem Backblech bei 220 °C im Ofen 20 Minuten garen. Häuten und klein schneiden. Petersilie und Basilikum waschen, abtrocknen und fein hacken. Knoblauchzehen schälen.

► **Zubereitung:**
Aus Tahina, Essig, Salz, Kümmel und Muskat ein Dressing herstellen; Knoblauch dazupressen. Auberginen mit Dressing vermischen. Den Salat kühlen und bei Bedarf nachwürzen. Vor dem Servieren mit Kräutern bestreuen und mit schwarzen Oliven garnieren.

Utila Sobotta, Bremen

Erbsensalat

Zutaten für 4 Personen

600 g grüne Erbsen (Tiefkühlware) • 4 Schalotten

1 kleines Bund Schnittlauch

1 kleines Bund Petersilie • 2 EL Kräuteressig

4 EL Sonnenblumenöl

Kräutersalz, Pfeffer • Zucker

► **Vorbereitung:**
Die gefrorenen Erbsen in gesalzenem Wasser 5 Minuten kochen. Abschütten (den Fond auffangen) und in Eiswasser abschrecken. Den Fond reduzieren. Abkühlen lassen.
Schalotten schälen, fein würfeln oder hacken. Schnittlauch und Petersilie waschen, trockentupfen und schneiden.

► **Zubereitung:**
Aus Schalotten, Essig, Öl und dem reduzierten Erbsenfond eine Marinade herstellen. Mit Kräutersalz, Pfeffer und Zucker würzen. Erbsen, Marinade und Kräuter mischen. Vor dem Servieren einige Zeit marinieren.

Erni Karg, Altenstadt

50

Feldsalat mit Roter Bete

Zutaten für 4 Personen

200 g Feldsalat • 400 g Rote Bete (Abtropfgewicht)

2 hart gekochte Eier • 2 Scheiben Weißbrot • 40 g Butter

100 g saure Sahne • Saft von 1 Zitrone • Salz, Pfeffer

➤ **Vorbereitung:**
Den Feldsalat putzen, waschen und gründlich abtropfen lassen. Die abgetropften Roten Bete in Streifen schneiden. Die hart gekochten Eier schälen und mit einem Eierschneider in Scheiben schneiden.

➤ **Zubereitung:**
Die Weißbrotscheiben entrinden und würfeln.

Butter erhitzen und die Weißbrotwürfel darin rösten.
Aus saurer Sahne, Zitronensaft, Salz und Pfeffer eine Salatsauce mischen (falls nötig mit etwas Wasser verdünnen). Feldsalat, Rote Bete, Eier und Salatsauce sorgfältig mischen. Mit den Brotwürfeln bestreuen und servieren.

Gerda Palinke, Engelskirchen

Fenchelsalat

Zutaten für 4 Personen

2 frische Fenchelknollen • Saft von 1 Zitrone

2 Tomaten • 1 Zwiebel

1 kleine Dose Mandarinen • 100 g Majonäse

Salz, Pfeffer

➤ **Vorbereitung:**
Die äußeren Blätter der Fenchelknollen entfernen, grüne Blattspitzen klein schneiden. Die Fenchelknollen halbieren, in Streifen schneiden und mit Zitronensaft marinieren. Die Tomaten einritzen, blanchieren, enthäuten und halbieren. Kerne entfernen und das Fruchtfleisch würfeln.
Zwiebel schälen und würfeln. Die Mandarinen abschütten, aber die Flüssigkeit auffangen.

➤ **Zubereitung:**
Aus Majonäse, Mandarinensaft, gewürfelter Zwiebel, Salz und Pfeffer eine Marinade herstellen. Fenchel, Tomaten und Zwiebeln mit der Marinade mischen; einige Zeit ziehen lassen.
Vor dem Servieren den Salat mit Fenchelgrün bestreuen.

Petra Frey, Ludwigsfelde

Mangoldsalat

Zutaten für 4 Personen

1 kg Mangold • 2 Knoblauchzehen

1 mittelgroße Zwiebel

3 EL Weinessig • 6 EL Öl • 2 TL Senf

Salz, Pfeffer

➤ **Vorbereitung:**

Mangold putzen; alle dicken Stiele abschneiden. Die Blätter waschen. Die Stiele in kochendes Salzwasser geben, 10 Minuten köcheln lassen, herausnehmen und in kaltem Wasser abkühlen. Die Blätter nur kurz im gleichen Wasser blanchieren; ebenfalls kühlen. Stiele klein schneiden, Blätter grob hacken. Knoblauchzehen und Zwiebel schälen und in feine Würfel schneiden.

➤ **Zubereitung:**

Aus Weinessig, Öl und Senf eine Salatsauce rühren; Zwiebel und Knoblauch untermischen. Mit Salz und Pfeffer abschmecken. Die klein geschnittenen Stiele und die gehackten Mangoldblätter mit der Salatsauce mischen. Gut durchziehen lassen und anrichten.

Brigitte Baer, Nürnberg

Paprika-Mais-Salat

Zutaten für 4 Personen

je 1 rote, grüne und gelbe Paprikaschote • 4 mittelgroße Tomaten

1 mittelgroße Zwiebel • 1 Dose Maiskörner (285 g Abtropfgewicht)

125 g Majonäse • 1-2 EL Essig • Salz, Pfeffer

➤ **Vorbereitung:**
Die Paprikaschoten waschen, halbieren, vom Kerngehäuse befreien und in Streifen schneiden. Tomaten häuten, halbieren und das Fruchtfleisch (ohne Kerne) in Würfel schneiden. Die Zwiebel würfeln; Maiskörner abtropfen lassen.

➤ **Zubereitung:**
Aus der Majonäse, dem Essig, Salz und Pfeffer eine Marinade herstellen; eventuell mit etwas Wasser verdünnen.
Paprika, Tomaten, Zwiebeln und Mais mit der Marinade mischen. Vor dem Servieren etwa 1 Stunde durchziehen lassen.

Sonja Kleier, Ratingen

Rosenkohlsalat

Zutaten für 4 Personen

800 g Rosenkohl • 1 Bund Petersilie

25 g Butter • 3 EL Weinessig

3 EL Öl • 3 EL saure Sahne

Salz, Pfeffer, Muskat

➤ **Vorbereitung:**
Rosenkohl putzen und an der Strunkseite kreuzweise einschneiden.
Anschließend in gesalzenem Wasser garen, abtropfen und warm halten. Petersilie waschen, zupfen und hacken.

➤ **Zubereitung:**
Aus Essig, Öl, saurer Sahne, Salz und Pfeffer eine Salatsauce rühren. Die Butter erhitzen, den Rosenkohl darin von allen Seiten

anbräunen und mit Salz, Pfeffer und Muskat würzen. Aus der Butter nehmen, mit Salatsauce übergießen und mit Petersilie bestreuen. Sofort servieren.

Denise Bauer, Osterholz-Scharmbeck

Rucolasalat mit Fenchel und Orangen

Zutaten für 4 Personen

250 g Rucola • 2 Orangen • 1 Fenchelknolle

60 g Pinienkerne • 40 g Sherryessig • 80 ml Olivenöl

Salz, Pfeffer • 80 g Gorgonzola

➤ **Vorbereitung:**
Rucola zupfen, waschen und trocknen.
Die Orangen schälen; dabei auch die weiße
Innenhaut wegschneiden. Die einzelnen
Filets zwischen den Trennhäuten heraus-
schneiden; dabei den Saft auffangen.
Die Fenchelknolle putzen, halbieren, in feine
Streifen schneiden und mit Orangensaft
marinieren. Pinienkerne hacken und ohne
Fett in der Pfanne anrösten.

➤ **Zubereitung:**
Aus Sherryessig, Olivenöl, Salz und Pfeffer
ein Dressing bereiten.
Rucola, Orangenfilets und Fenchelstreifen
mischen und auf Tellern anrichten.
Mit der Salatsauce beträufeln und mit zer-
bröckeltem Gorgonzola und Pinienkernen
bestreuen.

Agnes Saretz, Cottbus

Pilzsalat

Zutaten für 4 Personen

100 g Pfifferlinge • 100 g Steinpilze • 100 g Austernpilze

200 g Champignons • 1 mittelgroßer Radicchio • 4 Schalotten

Saft von 1-2 Zitronen • 100 ml Olivenöl • Salz, Pfeffer

➤ **Vorbereitung:**
Die Pilze putzen, waschen und mit Küchenkrepp trocken tupfen.
Den Radicchio in mundgerechte Stücke zupfen, waschen und trockenschütteln.
Die Schalotten schälen und in feine Würfel
schneiden.

➤ **Zubereitung:**
Zitronensaft, 60 Milliliter Olivenöl, Salz und
Pfeffer zu einem Dressing verrühren.
Das restliche Öl erhitzen und die Pilze darin

anbraten; mit Salz und Pfeffer würzen.
Die noch heißen Pilze auf Radicchio anrichten, mit Salatsauce beträufeln und servieren.

Anja Jung, Wettenberg

Tipp:

**Nach Belieben mit weißen Pfefferkörnern
übermahlen.**

Schichtsalat

Zutaten für 4 Personen

2 Stangen Lauch • 125 g Sellerie (Abtropfgewicht)

200 g Ananasscheiben (mit Fruchtsaft) • 200 g gekochten Schinken

2 Äpfel • 125 g Salatmajonäse • 125 ml Sahne

Saft von 1 Zitrone • Salz, Pfeffer

125 g Gemüsemais (Abtropfgewicht)

➤ **Vorbereitung:**
Lauch putzen, halbieren, waschen und in feine Streifen schneiden. Sellerie ebenfalls in feine Streifen schneiden. Ananasscheiben abtropfen lassen (Saft auffangen) und würfeln. Äpfel schälen und vierteln. Kerngehäuse entfernen, das Fruchtfleisch in Streifen schneiden und mit etwas Zitronensaft marinieren. Gekochten Schinken in Streifen schneiden.

➤ **Zubereitung:**
Aus Salatmajonäse, Sahne, Zitronen- und Ananassaft, Salz und Pfeffer ein zähflüssiges Dressing zubereiten.

Lauch, Sellerie, Ananas, Äpfel, Schinken und Mais abwechselnd in eine Schüssel schichten. Jede Lage mit Dressing beträufeln. Die restliche Salatsauce über den Salat gießen.

Carmen Toschke, Kronberg

Tipp:

Dieser Salat sollte einen Tag vor dem Verzehr zubereitet werden, damit alle Zutaten gut durchziehen können.

55

Schnittlauchsalat

Zutaten für 4 Personen

600 g Schnittlauch (ersatzweise Frühlingszwiebellaub) • 125 g Crème fraîche

50 ml Öl • Saft von 1 Zitrone • Knoblauchsalz, Pfeffer • Zucker

➤ **Vorbereitung:**
Schnittlauch oder Zwiebellaub waschen, antrocknen und in feine Röllchen schneiden.

➤ **Zubereitung:**
Aus Crème fraîche, Öl, Zitronensaft, Salz und Pfeffer eine Salatsauce rühren. Mit Schnittlauch vermischen und durchziehen lassen.

Werner Kümmel, Kamenz

Tipp:

Dieser pikante Salat sollte nicht nur als Beilage serviert werden. Er kann auch auf getoastetem Brot oder mit Pellkartoffeln verzehrt werden.

Warmer Bohnensalat

Zutaten für 4 Personen

50 g Kidneybohnen • 50 g Wachtelbohnen • 50 g Cannellinibohnen

50 g schwarze Bohnen • Salz • einige Zweige Bohnenkraut • 2 mittelgroße Zwiebeln

40 ml Kräuteressig • 80 ml Basilikumöl • Salz, Pfeffer

➤ **Vorbereitung:**
Die Bohnen über Nacht in Wasser einweichen. Am nächsten Tag im Einweichwasser zum Kochen bringen; Salz und Bohnenkraut zugeben und die Bohnen fast weich kochen. Abschütten und abtropfen lassen. Zwiebeln schälen und würfeln.

➤ **Zubereitung:**
Aus Essig, Öl, Salz und Pfeffer eine Marinade herstellen und die noch warmen Bohnen damit übergießen. Kurz ziehen lassen. Lauwarm oder kalt servieren.

Renate Beitsch, Krummesse

56

Wildkräutersalat

Zutaten für 4 Personen

400 g Wildkräutermischung (z. B. Brennnessel, Dill, Estragon, Kerbel, Kresse,

Löwenzahnblätter, Minze, Petersilie, Schnittlauch, Ysop, Zitronenmelisse)

2 Tomaten • 1 Apfel • Saft von $\frac{1}{2}$ Zitrone • 8 halbe Walnüsse • 40 ml Rotweinessig

80 ml Salatöl • Salz, Pfeffer • 8 Gänseblümchen

➤ Vorbereitung:
Alle Kräuter waschen und trockenschleu-dern. Anschließend zupfen, hacken oder klein schneiden.
Die Tomaten enthäuten, entkernen und würfeln. Den Apfel schälen und entkernen; erst vierteln, dann fein blättrig schneiden und mit Zitronensaft marinieren. Die Walnusskerne hacken.

➤ Zubereitung:
Aus Rotweinessig, Öl, Salz und Pfeffer einen Dressing herstellen. Die Kräuter auf einem Teller anrichten und mit Apfelstreifen, Tomatenwürfeln und gehackten Walnüssen bestreuen. Mit Dressing beträufeln und kurz vor dem Servieren mit Gänseblümchen garnieren.

Rita Hönmann, Wülfrath

Zwiebel-Ananas-Salat

Zutaten für 4 Personen

4 Gemüsezwiebeln • 1 Dose Ananas (340 g Abtropfgewicht)

125 g Majonäse • Saft von 1 Zitrone

Salz, weißer Pfeffer, Paprika, Curry, Cayennepfeffer, Tabasco

1 Pck. Kresse

➤ Vorbereitung:
Die Zwiebeln schälen und in Ringe schnei-den. Etwa 2 Minuten in kochendem, Salz-wasser blanchieren. In einem Sieb abtropfen und abkühlen lassen. Ananasscheiben abtropfen lassen; dabei den Saft auffangen. Das Fruchtfleisch in Würfel schneiden.

➤ Zubereitung:
Für die Marinade Majonäse, Zitronen- und Ananassaft mit den Gewürzen verrühren. Zwiebelringe und Ananaswürfel unter-mischen. Zugedeckt etwa 20 Minuten marinieren. Vor dem Servieren mit Kresse bestreuen.

Klaus Stecker, Kalletal

Zwiebelsalat

Zutaten für 4 Personen

500 g Gemüsezwiebeln

150 g geräucherten Speck

(ersatzweise roher oder gekochter Schinken)

150 g saure Sahne

50 ml Zitronenessig

Salz, Pfeffer

Zucker • 1 Bund Petersilie

➤ **Vorbereitung:**
Die Zwiebeln schälen und in Ringe schneiden. Speck fein würfeln.

➤ **Zubereitung:**
Saure Sahne, Essig, Salz, Pfeffer und Zucker zu einer Marinade verrühren.
Zwiebeln und Speck untermischen; mindestens einen Tag durchziehen lassen. Kurz vor dem Servieren mit gehackter Petersilie bestreuen.

Nicole Mohr, Hofheim

Tipp:

Dieser Zwiebelsalat passt hervorragend zu gebratenem oder gegrilltem Schlachtfleisch.

58

Avocadosalat mit Krabben

Zutaten für 4 Personen

2 Avocados • Saft von 1 Zitrone • 1 kleiner Radicchio

50 g Feldsalat • 200 g gegarte, gepulte Krabben • 6 EL Jogurt

2 EL Weinessig • 2 EL Salatöl • 1 TL Tomatenmark • 1 Messerspitze Senf

Zwiebelsalz, Pfeffer, Cayennepfeffer • 1 Bund Dill

➤ **Vorbereitung:**
Die Avocados halbieren. Den Kern entfernen und das Fruchtfleisch mit einem Kugelausstecher oder einem Teelöffel kugelförmig ausstechen. Fruchtfleisch mit Zitronensaft marinieren.
Radicchio entblättern, waschen und trockenschleudern. Feldsalat putzen, waschen und trockenschleudern.
Die Krabben in einem Sieb kalt abspülen und abtropfen lassen.

➤ **Zubereitung:**
Jogurt, Essig, Öl, Tomatenmark, Senf, Zwiebelsalz, Pfeffer und Cayennepfeffer zu einer Salatsauce verrühren. Vier Glasschüsseln mit Radicchioblättern auslegen. Avocadokugeln, Feldsalat und Krabben darauf anrichten. Die Salatsauce über den Salat gießen und mit Dillzweigen garnieren.

Daniela Niedermayer, Eberbach

Tipp:

In kleineren Mengen eignet sich dieser Salat auch sehr gut als Vorspeise.

59

Grünkernsalat

Zutaten für 4 Personen

200 g Grünkern • Salz • 1 Lorbeerblatt • 100 g rote Paprikaschote

100 g saure Gurke • 100 g Apfel • Saft von 1/2 Zitrone

1 mittelgroße Zwiebel • 100 g geraspelter Gouda • 50 g Quark • 40 ml Milch

3 EL saure Sahne (ersatzweise Schmand) • 1 EL Öl • 1 EL Zitronenessig

Knoblauchsalz, Pfeffer, Curry, Sambal Oelek, Sojasauce • Zucker

➤ **Vorbereitung:**
Grünkern in Wasser mit Salz und einem Lorbeerblatt garen. In ein Sieb abschütten und mit kaltem Wasser klarspülen.
Paprikaschote waschen, entkernen und in Würfel schneiden. Gurke ebenfalls würfeln. Apfels schälen und vierteln; dabei das Kerngehäuse entfernen. Fruchtfleisch würfeln und mit Zitronensaft beträufeln.
Zwiebel schälen und fein hacken.

➤ **Zubereitung:**
Grünkern mit Paprika, Gurke, Apfel, Zwiebel und Gouda mischen. Quark, Milch, saure

Tipp:

In kleineren Mengen eignet sich dieser Salat auch als Vorspeise.

Sahne und Öl verrühren. Mit Essig, Knoblauchsalz, Pfeffer, Curry, Sambal Oelek, Sojasauce und Zucker abschmecken.
Die Sauce unter die Salatzutaten mischen. Ziehen lassen.

Christina Huth, Heiligenmoschel

60

Lauchsalat

Zutaten für 4 Personen

2 Stangen Lauch • 1 Dose Ananas (etwa 200 g Abtropfgewicht)

1 säuerlicher Apfel (etwa 200 g) • Saft von 1 Zitrone • 1 Glas Sellerie (etwa 200 g)

200 g roher Schinken • 4 hart gekochte Eier • 125 g leichte Majonäse • Salz, Pfeffer

► **Vorbereitung:**
Den Lauch putzen, waschen und in Ringe schneiden. Ananas abtropfen lassen; dabei den Saft auffangen. Das Fruchtfleisch würfeln. Apfel schälen, klein schneiden, entkernen und mit Zitronensaft marinieren. Sellerie abtropfen lassen und in Streifen schneiden. Schinken ebenfalls in feine Streifen schneiden.

► **Zubereitung:**
Die hart gekochten Eier halbieren. Das Eiweiß mit einem Eierschneider in Streifen schneiden. Den Dotter durch ein Sieb streichen, mit Ananassaft glatt rühren, mit der

Majonäse mischen und mit Salz und Pfeffer würzen. Lauch, Ananas, Apfel, Sellerie, Schinken und Eiweiß in eine Schüssel geben und die Salatsauce sorgfältig untermischen.

Jessica Kanditt, Oberkochen

> **Tipp:**
> **Dieser Salat kann nach Belieben variiert und garniert werden. Er ist auch als Vorspeise geeignet.**

Linsensalat mit Leberkäse

Zutaten für 4 Personen

250 g Tellerlinsen • 250 g rote Linsen • 500 g Leber- oder Fleischkäse

2 mittelgroße Zwiebeln • 1 kleines Bund Petersilie • 1 kleines Bund Schnittlauch

50 g scharfer Senf • 50 ml Himbeeressig • 100 ml Salatöl • Salz, Pfeffer • Zucker

➤ **Vorbereitung:**
Die Linsen etwa 12 Stunden in Wasser einweichen. In der Einweichflüssigkeit nicht zu weich kochen. Im Wasser abkühlen und in einem Sieb abtropfen lassen.
Den Leberkäse in Würfel, Streifen oder Rauten schneiden.
Zwiebeln schälen und fein würfeln. Die Petersilie hacken und den Schnittlauch in feine Ringe schneiden.

➤ **Zubereitung:**
Aus Senf, Essig, Öl, Salz, Pfeffer und Zucker ein Dressing anrühren. Mit Linsen, Zwiebeln, Leberkäse und Kräutern mischen und über Nacht durchziehen lassen. Kurz vor dem Anrichten nochmals nachwürzen.

Ingelene Dziuba, Stuttgart

Tipp:
In kleineren Mengen eignet sich dieser Salat als Vorspeise.

Löwenzahnsalat mit Käse

Zutaten für 4 Personen

200 g Löwenzahnblätter • 200 g Emmentaler • 100 g Walnüsse

1 Bund Petersilie • 1 kleines Bund Gartenkresse • einige Blätter Zitronenmelisse

150 g Jogurt • 2 EL Kräuteressig • 4 EL Sonnenblumenöl • Salz, Pfeffer

➤ **Vorbereitung:**
Löwenzahnblätter waschen, trocknen und in Streifen schneiden.
Den Käse klein schneiden.
Walnüsse und Petersilie hacken. Kresse und Melisse waschen und zupfen.
Melisse in feine Streifen schneiden.

➤ **Zubereitung:**
Aus Jogurt, Essig, Öl, Salz und Pfeffer eine Salatsauce rühren.
Löwenzahn, Käse, Nüsse und Petersilie mischen und auf Tellern anrichten.
Mit der Salatsauce beträufeln. Vor dem Servieren mit Kresse und Zitronenmelisse bestreuen.

Susanne Plohs, Buxheim

Sexy-Salat

Zutaten für 4 Personen

4 mittelgroße Kartoffeln • 4 mittelgroße Äpfel • Saft von 1 Zitrone

4 hart gekochte Eier • 2 mittelgroße Zwiebeln • 200 g Seelachs (in Öl)

Salz, Pfeffer • 4 Blatt grüner Salat

➤ Vorbereitung:

Kartoffeln in Salzwasser kochen, pellen und würfeln.
Die Äpfel schälen, vierteln, vom Kerngehäuse befreien, würfeln und mit Zitronensaft marinieren. Die hart gekochten Eier schälen und mit dem Eierschneider in Scheiben schneiden. Zwiebeln schälen und hacken. Seelachs auf einem Sieb abtropfen lassen und in Würfel schneiden; dabei das Öl auffangen.

➤ Zubereitung:

Die klein geschnittenen Kartoffeln, Äpfel, Eier und Zwiebeln mit dem Lachs in eine Schüssel geben.
Mit dem aufgefangenen Lachsöl abschmecken; nach Bedarf salzen und pfeffern. Ziehen lassen und auf einem Salatblatt anrichten.

Susanne Hannappel, Dortmund

Spargelsalat

Zutaten für 4 Personen

600 g Spargel • Salz • Zucker • Saft von 1 Zitrone • Pfeffer

2 Hähnchenbrüste (à 125-150 g)

einige Pfefferkörner • 1 Lorbeerblatt

4 Ananasscheiben • 2 Tomaten

3 EL Majonäse • 3 EL saure Sahne

Worcestersauce • Kresse (ersatzweise Petersilie)

➤ **Vorbereitung:**
Spargel waschen und schälen; an den Enden etwa 2 Zentimeter abschneiden. Anschließend in mit Salz, Zucker und etwas Zitronensaft gewürztem Wasser bissfest kochen. In Eiswasser abschrecken. Den abgekühlten Spargel mit Zitronensaft, Salz und Pfeffer leicht marinieren. Hähnchenbrüste in siedendes Wasser geben. Zerdrückte Pfefferkörner, etwas Salz und das Lorbeerblatt zugeben. Garen und in der Brühe abkühlen lassen. Ananasscheiben in Stücke schneiden. Die Tomaten blanchieren, abziehen, halbieren, entkernen und in Streifen schneiden.

➤ **Zubereitung:**
Aus Majonäse, saurer Sahne, Worcestersauce, Salz und Pfeffer eine Salatsauce anrühren. Den Spargel schräg in etwa 3 Zentimeter lange Stücke schneiden. Die Hähnchenbrüste blättrig schneiden und zusammen mit dem Spargel auf Tellern anrichten. Mit Ananasstücken und Tomatenstreifen belegen und mit der Salatsauce beträufeln. Mit Kresse garnieren.

Carmen Hartmann, Schweina

Tipp:

Die Hähnchenbrüste können auch im Ofen gebraten oder gegrillt werden. Anschließend die Haut entfernen.

64

Spinatsalat mit Frühstücksspeck

Zutaten für 4 Personen

750 g frischen Blattspinat • 200 g frische Champignons • Saft von ½ Zitrone

200 g rote Zwiebeln • 4 hart gekochte Eier • 60 ml Tafelessig • 120 ml Pflanzenöl

80 ml Ketschup • Salz, Pfeffer • Zucker • Worcestersauce • 12 Scheiben Frühstücksspeck

► Vorbereitung:
Den Blattspinat entstielen, waschen und trockenschleudern.
Champignons putzen, waschen, in Scheiben schneiden und mit Zitronensaft beträufeln. Zwiebeln schälen und in Ringe schneiden. Die Eier schälen und zweimal mit einem Eierschneider schneiden.

► Zubereitung:
Essig, Öl und Ketschup verrühren; mit Salz, Pfeffer, Zucker und Worcestersauce abschmecken. Speck knusprig anbraten und auf Küchenkrepp abtropfen lassen. Spinat, Champignons, Zwiebeln und Eier vermischen und anrichten. Mit Dressing beträufeln und mit dem warmen Speck belegen.
Carola Sklarz, Erftstadt

Tzatzíki

Zutaten für 4 Personen

600 g griechischer Schafsmilchjogurt (ersatzweise Sahnequarkjogurtmischung)

3 kleine Gärtnergurken (ersatzweise 1 Salatgurke) • 400 g Salz • 2-3 Knoblauchzehen

1 EL Weißweinessig • 2 EL Olivenöl • 2 Zweige frische Minze • Pfeffer, Salatkräuter

► Vorbereitung:
Ein Spitzsieb mit einer Kaffeefiltertüte auskleiden. Jogurt hineingeben und etwa 20 Min. abtropfen lassen.
Inzwischen Gurken waschen und mit der Schale grob raspeln. 1 Teelöffel Salz untermischen und 15 Minuten stehen lassen, damit die Gurkenraspel Wasser ziehen. Knoblauch schälen.

► Zubereitung:
Jogurt und Gurkenraspel in eine Schüssel geben. Knoblauch dazupressen. Essig und Olivenöl hinzufügen und alles gründlich ver-

mischen; Mit Pfeffer und Salatkräutern abschmecken. 10 Minuten kühl stellen und vor dem Servieren mit Minzeblättchen garnieren.

Joachim Baran, Kierspe

Tipp:

Tzatzíki wird meist mit Brot als Vorspeise serviert. Man kann das Gurkenjogurt aber auch zu gegrillten Lammkoteletts, zu Brat- oder Grillfisch reichen.

Couscoussalat

Zutaten für 4 Personen

4 Knoblauchzehen • 2 EL Olivenöl • 200 g Couscous • 125 ml Tomatensaft

Saft von 2 Zitronen • Salz, Pfeffer, Paprika, Kreuzkümmel

4 Tomaten • je $^{1}/_{2}$ rote, grüne und gelbe Paprikaschote • 1 kleine Salatgurke

4 mittelgroße Karotten • Olivenöl • Zitronensaft • frische Minzeblättchen

➤ **Vorbereitung:**
Knoblauch schälen, pürieren und in erhitztem Olivenöl dünsten. Couscous, Tomaten- und Zitronensaft zufügen. Mit Salz, Pfeffer, Paprika und Kreuzkümmel würzen und bei mäßiger Hitze quellen lassen. Auf ein Blech schütten und auskühlen lassen.

➤ **Zubereitung:**
Tomaten häuten, entkernen und das Fruchtfleisch würfeln. Paprikaschoten waschen, entkernen und ebenfalls würfeln. Salatgurke waschen, schälen, halbieren, entkernen und in Würfel schneiden. Die Karotten schälen und würfeln. Gemüse und Couscous mischen, mit Olivenöl, Zitronensaft und Gewürzen abschmecken und für einige Zeit kühl stellen. Vor dem Servieren mit Minzeblättchen garnieren.

Serena Osterhozer, Burghausen

Dänischer Hochzeitssalat

Zutaten für 4 Personen

4 Äpfel • Saft von 1 $^{1}/_{2}$ Zitrone • 2 mittelgroße Zwiebel • 200 g gekochter Schinken

200 ml Sahne • 200 g Streifensellerie (Konservenware, abgetropft)

200 g Ananasscheiben (Konservenware, abgetropft) • 200 g Majonäse • Salz, Pfeffer

➤ **Vorbereitung:**
Die Äpfel schälen, vierteln, vom Kerngehäuse befreien, würfeln und mit Zitronensaft beträufeln.
Zwiebeln schälen und fein würfeln. Den gekochten Schinken in Streifen schneiden. Die Sahne steif schlagen

➤ **Zubereitung:**
Sellerie, Ananas, Äpfel, Zwiebel und Schinken in einer Schüssel mischen. Majonäse und Sahne unterheben und mit Salz und Pfeffer würzen. Mit Zitronensaft abschmecken.
Einige Zeit durchziehen lassen, anrichten und servieren.

Thomas Volknandt, Sangerhausen

66

Herbstsalat

Zutaten für 4 Personen

100 g Weizenkörner • 1 große Fenchelknolle • 2 EL Zitronensaft

100 g Radicchio • 1/2 kleiner Eisbergsalat • 125 g Feldsalat • 125 g blaue Trauben

2 Birnen • 1 Zwiebel • 100 g Gouda • 100 g Gorgonzola • 200 g Jogurt

2 EL Sahne • 1 EL Senf • 1 TL geriebenen Meerrettich • 1 TL Honig

Salz, Pfeffer • 2 EL Walnusskerne (gehackt)

➤ **Vorbereitung:**
Die Weizenkörner in ausreichender Wassermenge quellen lassen.
Fenchel putzen, in Streifen schneiden und mit etwas Zitronensaft beträufeln.
Die Salate putzen, waschen, trockenschleudern und in mundgerechte Stücke zupfen.

➤ **Zubereitung:**
Die Trauben halbieren und entkernen. Birnen schälen und in feine Spalten schneiden. Die Zwiebel schälen und fein würfeln.

Gouda fein raspeln und den Gorgonzola in kleine Stücke brechen. Aus Jogurt, Sahne, Senf, Meerrettich und Honig eine Marinade mischen. Mit Salz und Pfeffer abschmecken. Die Weizenkörner in einem Sieb gut abtropfen lassen. Mit Fenchel, Salaten, Früchten, Zwiebelwürfeln und Marinade mischen und einige Zeit ziehen lassen. Auf vier Tellern anrichten und mit gehackten Nüssen und Käse bestreuen.

Claudia Winter, Leichlingen

Italienischer Kartoffelsalat

Zutaten für 4 Personen

500 g Kartoffeln • 150 g Spinat • 1 mittelgroße, rote Zwiebel

150 g frische Champignons • 1 gelbe und rote Paprikaschote

150 g getrocknete Tomaten (in Öl) • 1 Knoblauchzehe • 10 g Butter • Salz, Pfeffer

Saft von 1 Zitrone • 3-4 El Balsamessig • Zucker • 40 g geriebener Parmesan

➤ **Vorbereitung:**

Kartoffeln kochen und schälen. Spinat putzen, waschen, in kochendem Salzwasser blanchieren, in Eiswasser abschrecken und abtropfen lassen. Die Zwiebel schälen und in feine Ringe schneiden. Champignons putzen und in Scheiben schneiden. Paprikaschoten waschen, halbieren, entkernen und in Streifen schneiden. Tomaten abtropfen lassen und in dünne Scheiben schneiden; Öl auffangen.

➤ **Zubereitung:**

Champignons und Zwiebelringe in etwas heißem Tomatenöl anbraten. Spinat mit gepresstem Knoblauch in Butter anschwitzen. Mit Salz und Pfeffer abschmecken. Die

Pellkartoffeln in Scheiben schneiden. Aus Zitronensaft, Essig und dem restlichen Tomatenöl eine Marinade rühren; mit Salz, Pfeffer und Zucker abschmecken. Die Salatzutaten unter die Marinade heben und kühl stellen. Vor dem Servieren nochmals abschmecken und mit Parmesan bestreuen.

Heike Sartorio, Schwalmtal

Tipp:

Unmittelbar vor dem Servieren mit knusprigen Weißbrotcroûtons bestreuen.

Lauch-Curry-Salat

Zutaten für 4 Personen

4 Putenschnitzel (à 125 g) • Salz, Pfeffer • 50 ml Öl • 2 Stangen Lauch

8 Scheiben Ananas (Konservenware, Saft auffangen) • 80 g Cashewkerne

100 g Majonäse • 100 g saure Sahne • Saft von 1 Zitrone • Curry

➤ **Vorbereitung:**
Putenschnitzel von beiden Seiten salzen und pfeffern. In heißem Öl braten, abkühlen lassen und in feine Streifen schneiden.
Lauch gründlich waschen und putzen. Die weißen und hellgrünen Teile in feine Streifen schneiden.
Ananas in kleine Stücke schneiden und Cashewkerne klein hacken.

➤ **Zubereitung:**
Den aufgefangenen Fruchtsaft zu Sirup einkochen. Währenddessen aus Majonäse, saurer Sahne und Zitronensaft ein Dressing anrühren; mit Salz, Pfeffer und Curry abschmecken. Putenfleisch, Lauchstreifen und Ananasstücke untermischen und mit einigen Tropfen Fruchtsirup abschmecken. Den Salat kalt stellen. kurz vor dem Servieren mit Cashewkernen bestreuen.

Petra Harder, Wiesbaden

Römersalat mit roten Linsen

Zutaten für 4 Personen

200 g rote Linsen • 125 g Gemüsebrühe • 1 Kopf Römersalat

2 Äpfel • Saft von 1/2 Zitrone • 100 ml Orangensaft • 2 EL Obstessig

Kräutersalz, weißer Pfeffer • 4 EL Walnussöl

➤ **Vorbereitung:**
Linsen in der Brühe 10 Minuten kochen und abkühlen lassen.
Römersalat putzen, säubern und in Streifen schneiden. Äpfel waschen, vierteln, entkernen, in Spalten schneiden und mit Zitronensaft beträufeln.

➤ **Zubereitung:**
Linsen gründlich abtropfen lassen und mit dem Salat und den Äpfeln mischen. Oran-

gensaft, Essig, Salz und Pfeffer verrühren. Das Öl unterschlagen und das Dressing über den Salat gießen. Sofort servieren.

Andrea Möhring, Flensburg

Tipp:

Dieser Salat kann als Beilage, aber auch als leichter Hauptgang mit frischem Baguette gereicht werden.

Gemüsegerichte

Bohnenpfanne

Zutaten für 4 Personen

800 g Kartoffeln • 2 Gemüsezwiebeln • 2 Paprikaschoten • 4 Tomaten

2 Stangen Lauch (nur das Weiße) ½ Bund Oregano • ½ Bund Thymian

2 Knoblauchzehen • Salz • 2 EL Olivenöl • 60 g Tomatenmark

50 ml Rotwein • 300 g Kidneybohnen • 1 TL Pfeffer

½ TL Cayennepfeffer • 300 ml Gemüsebrühe • 100 g Feta

➤ **Vorbereitung:**

Kartoffeln waschen, schälen und halb gar kochen. Abkühlen lassen und in gleichmäßige Würfel schneiden.
Zwiebel schälen und ohne Wurzel in feine Würfel schneiden.
Paprikaschoten halbieren, entkernen, und in Streifen schneiden.
Tomatenstiele ausstechen. Die Haut kreuzweise einritzen und in kochendem Wasser 20 Sekunden blanchieren. In Eiswasser tauchen und häuten. Das Fruchtfleisch vierteln und die Kerne entfernen.
Lauch der Länge nach halbieren, unter fließendem Wasser waschen und in Ringe schneiden. Oregano und Thymian zupfen. Knoblauchzehen schälen und mit Salz zu einer Paste zerreiben.

➤ **Zubereitung:**

Zwiebeln und Knoblauch in Olivenöl glasig schwitzen. Tomatenmark einrühren und kurz mitschwitzen.
Mit Rotwein ablöschen und einkochen lassen. Nacheinander Paprika, Lauch, Kidneybohnen und Kartoffeln zufügen. Mit Salz, Pfeffer, Cayennepfeffer, Oregano und Thymian würzen. Mit Gemüsebrühe auffüllen und bis zur gewünschten Konsistenz einkochen. Kurz vor Ende der Garzeit die Tomatenviertel hinzufügen.
Das Gemüse und auf tiefen Tellern anrichten. Feta in kleine Stücke teilen und die einzelnen Portionen damit garnieren.

Monika Irmer, Belm

Schwarze Bohnen auf kubanische Art

Zutaten für 4 Personen

600 g schwarze Bohnen (über Nacht eingeweicht) • 2 Gemüsezwiebeln

1 Paprikaschote • 5 Tomaten • 2 Knoblauchzehen • Salz

1 Lorbeerblatt • 1 TL Pfeffer • 3 EL Olivenöl • 100 ml Rotwein

➤ **Vorbereitung:**
Zwiebeln schälen und ohne Wurzel in feine
Würfel schneiden. Paprikaschote halbieren,
entkernen, und in Streifen schneiden.
Tomatenstiele ausstechen, die Haut leicht
einritzen und 20 Sekunden in kochendes
Wasser geben. Abschrecken, häuten, in
Viertel schneiden und entkernen.
Knoblauchzehen schälen und mit Salz zu
einer Paste zerreiben.

➤ **Zubereitung:**
Bohnen mit dem Weichwasser, Lorbeerblatt,
Salz und Pfeffer mehlig kochen. Falls nötig
nochmals Wasser zugeben. Das Lorbeerblatt
entfernen und Bohnen mit dem Kartoffelstampfer leicht zerquetschen.
Zwiebeln und Knoblauch in Olivenöl glasig
schwitzen. Mit Rotwein ablöschen und einkochen lassen. Paprikastreifen zufügen und
dünsten. Bohnenmus und Tomaten hinzugeben und alles einmal aufkochen lassen.

Monika Krause-Peters, Hamburg

Tipp:

**Zusammen mit Risotto als Beilage zu kurz
gebratenem Rindfleisch reichen.**

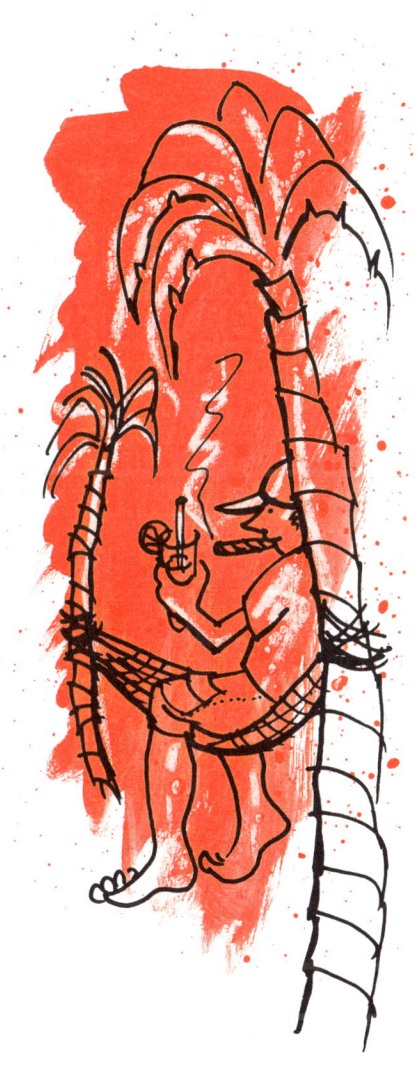

73

Brennnesselblätter in Bierteig

Zutaten für 4 Personen

400 g Brennnesselblätter • 2 Eier • 150 g Mehl • 125 ml Bier

2 TL Selleriesalz • ½ TL Cayennepfeffer • 1 TL Chinagewürz

2 TL Zwiebelgewürz • 2 kg Backfett • Salz

➤ Vorbereitung:
Brennnesselblätter mit Handschuhen ernten, auf Schädlinge untersuchen und waschen. Auf einem Küchentuch trocknen lassen.

➤ Zubereitung:
Eier trennen. Mehl in eine Schüssel sieben, in der Mitte eine Vertiefung drücken; Eidotter zugeben. Etwas Bier in die Vertiefung schütten und mit dem Schneebesen vorsichtig unter das Mehl mischen. Nach und nach so viel Bier zugeben, bis ein zähflüssiger klumpenfreier Teig entsteht. Bierteig mit Selleriesalz, Cayennepfeffer, China- und Zwiebelgewürz abschmecken und 30 Minuten quellen lassen.

Das Backfett in einem tiefen Topf oder einer Friteuse auf 180 °C erhitzen.
Eiklar mit einer Prise Salz zu steifem Schnee schlagen und mit vorsichtig unter den Bierteig heben.
Brennnesselblätter durch den Bierteig ziehen und sofort in heißem Fett goldbraun backen.

Hannelore Schau, Heidelberg

Tipp:

Sollen die Brennnesselblätter als Snack gereicht werden, wendet man sie noch heiß in einer Mischung aus 3 Teilen Salz und jeweils 1 Teil Paprika und Pfeffer.

74

Brokkoli-Kastanien-Terrine

Zutaten für 4 Personen

450 g Brokkoli • 225 g Esskastanien • 50 g Vollkornbrot • 4 Eier

150 g Crème fraîche • 100 ml Sahne • 50 g geriebenen Gouda

2 EL geriebenen Parmesan • 2 TL Salz • 1 TL Pfeffer • 1/4 TL Muskat

➤ **Vorbereitung:**
Brokkoli putzen, in Röschen teilen, waschen, 5 Minuten in kochendem Salzwasser blanchieren und in Eiswasser abschrecken. 100 Gramm beiseite legen, den Rest mit dem Messer fein hacken.
Esskastanien schälen, kochen und grob hacken. Vollkornbrot zerbröseln.

➤ **Zubereitung:**
Eier verquirlen. Mit Crème fraîche, Sahne, Käse und Gewürzen vermischen. Vollkornbrösel, gehackte Kastanien und gehackten Brokkoli unterheben. Brokkoliröschen vorsichtig untermischen.

Einen Bräter zu 3/4 mit 80 °C heißem Wasser füllen. Die Masse in eine Brotform (1 Liter) füllen und mit Alufolie bedecken. In das Wasserbad stellen und im vorgeheizten Ofen bei 180 °C 30 Minuten pochieren.
Marga Decker, Zwickau

Tipp:

Mit der Garprobe kann man erkennen, ob die Terrine fertig ist. Einfach einen Schaschlickspieß in die Terrine stecken. Wenn das Stäbchen beim Herausziehen sauber bleibt, ist die Terrine fertig.

Chili ohne Fleisch

Zutaten für 4 Personen

2 Gemüsezwiebeln • 500 g rote Paprikaschoten

300 g grüne Paprikaschoten • 2 Knoblauchzehen • 200 g Möhren

Petersilie, Thymian, Oregano (frisch) • 2 Chilischoten • 3 EL Olivenöl

1 Dose geschälte Tomaten • 1 Dose Kidneybohnen • ½ Dose Gemüsemais

Tabasco • 500 ml Gemüsebrühe • Salz, Pfeffer , Zucker

➤ **Vorbereitung:**

Zwiebeln schälen und in feine Würfel
schneiden.
Paprikaschoten halbieren und entkernen;
erst in Streifen, dann in Würfel schneiden.
Knoblauchzehen und Möhren schälen.
Möhren halbieren und in dünne Scheiben
schneiden. Knoblauch fein hacken.
Petersilie waschen und trockenschwenken;
anschließend zupfen und mit dem Messer
grob hacken. Thymian und Oregano zupfen.
Chilischoten waschen und in feine Ringe
schneiden.
Tomaten auf ein Sieb gießen, dabei die Flüssigkeit auffangen. Das Fleisch in grobe
Stücke schneiden.

➤ **Zubereitung:**

Das Öl in einem schweren Topf erhitzen.
Zunächst die Möhren glasig dünsten. Anschließend Zwiebeln, Kidneybohnen, Paprikaschoten und Gemüsemais hinzugeben
und mit gehacktem Knoblauch, Tabasco und
Chilischoten würzen. Die Tomatenstücken
zugeben und mit Gemüsebrühe und Tomatensaft auf die gewünschte Konsistenz einkochen. Mit Pfeffer, Salz, Zucker und
gehackten Kräutern abschmecken.
Vor dem Servieren mit Petersilie bestreuen.

Siegfried Tischler, Pähl

Tipp:

Wer es ein wenig weniger scharf mag, halbiert
die Chilischoten, entfernt die Kerne, wäscht
die Schoten ein zweites Mal , trocknet sie auf
einem Küchentuch ab und schneidet sie erst
dann in Streifen. Bei der Verarbeitung von
Chili gilt generell: Während der Arbeit nicht
in den Augen reiben und anschließend sofort
die Hände waschen.

76

Fenchel-Möhren-Gratin

Zutaten für 4 Personen

600 g Fenchel • 300 g Möhren • 500 g Kartoffeln

1 Bund Frühlingszwiebeln

3 Eier • 250 g Crème fraîche

1 EL Senf • $\frac{1}{4}$ TL Muskatnuss

1 TL Pfeffer • 3 TL Salz

Saft von 1 Zitrone • 375 ml Milch

3 EL Olivenöl • 20 ml Noilly Prat (ersatzweise Martini)

4 EL Sesam • 250 g geriebenen Gouda

50 g geriebenen Greyerzer

Olivenöl für die Form

➤ **Vorbereitung:**
Fenchel putzen, waschen, vierteln und in Streifen schneiden. Möhren waschen, schälen, halbieren und in Scheiben schneiden.
Kartoffeln waschen, schälen und vierteln. Die Wurzeln und dunkelgrünen Triebe der Frühlingszwiebeln abschneiden; das Weiße waschen, abtropfen lassen und in Ringe schneiden.

➤ **Zubereitung:**
Eier in einer Schüssel verquirlen. Crème fraîche, Senf, Gewürze, und Zitronensaft hinzufügen. Mit Muskat, Salz und Pfeffer abschmecken und mit der Milch glatt rühren.
Zunächst Möhren und Kartoffel, dann Fenchel und Frühlingszwiebel in wenig Olivenöl mit je einer Prise Salz und Pfeffer glasig dünsten, mit Noilly Prat ablöschen.
Eine feuerfeste Form mit Olivenöl einstreichen und Sesam ausstreuen. Gemüse

schichtweise in die Form füllen und mit der Eiermasse begießen. Mit geriebenem Gouda bestreuen und im vorgeheizten Backofen bei 180 °C 20 Minuten backen. Mit Greyerzer bestreuen und weitere 25 Minuten backen.

Frieda England, Sinzig

Indisches Gemüsecurry

Zutaten für 4 Personen

200 g Kartoffeln • 200 g Zwiebel • 1 Chilischote • 300 g Möhren

500 g frische Erbsen (ersatzweise Tiefkühlware)

200 g Brechbohnen • 1 Bund Petersilie

1 Lorbeerblatt • 1 EL Öl • 200 g Reis

650 ml Gemüsebrühe • 4 EL Erdnussöl

2 EL Curry • Salz, Pfeffer

200 g Crème fraîche • 50 g Cashewkerne

➤ **Vorbereitung:**
Kartoffeln waschen, schälen und in feine Würfel schneiden.
Zwiebel schälen und ohne Wurzel in feine Würfel schneiden.
Chilischote der Länge nach halbieren, Kerne entfernen, waschen und in feine Streifen schneiden. Sofort die Hände waschen.
Möhren waschen, schälen, halbieren und in Scheiben schneiden. Erbsen aus der Hülse brechen und waschen.
Bohnen waschen, putzen, in 1 Zentimeter lange Stücke schneiden und in kochendem Salzwasser 5 Minuten blanchieren; in Eiswasser abschrecken.
Petersilie in lauwarmem Wasser waschen, abtropfen lassen und grob hacken.

➤ **Zubereitung:**
Öl in einem Topf erhitzen, die Hälfte der Zwiebelwürfel glasig schwitzen; Reis hinzufügen, kurz mitschwitzen und mit 400 Milliliter Gemüsebrühe aufgießen. Lorbeerblatt zufügen, Deckel aufsetzen und im vorgeheizten Backofen bei 200 °C 18 Minuten garen.
Erdnussöl in einer Pfanne erhitzen, Kartoffel, restliche Zwiebeln, Möhren und Chili bei mittlerer Hitze unter ständigem Wenden schmoren; mit Currypulver bestreuen und mitschwitzen (darf nicht anbrennen). Bohnen und Erbsen zugeben, mit Salz und Pfeffer würzen. Mit der restlichen Gemüsebrühe auffüllen und bei schwacher Hitze 10 Minuten ziehen lassen.
Crème fraîche in eine Schüssel geben und glatt rühren. Petersilie und Nüsse untermischen. Creme fraîche über das Gemüse geben, nochmals kurz aufkochen. Das Gemüse mit dem Reis servieren.

Alexander Beathalter, St.Peter

Kartoffel-Cordon bleu

Zutaten für 4 Personen

500 g mehlig kochende Kartoffeln

2 Eier • Salz, Pfeffer, Muskat

2 Eidotter • 150 g Mehl

100 g Kartoffelstärke

200 g gekochter Schinken

200 g Gouda • 100 g Semmelbrösel

300 ml Öl • 80 g Butter

➤ **Vorbereitung:**
Kartoffeln waschen, kochen, schälen und auskühlen lassen; danach auf einer feinen Raspel reiben. Die beiden Eier mit 1 Schuss Wasser in einem tiefen Teller verquirlen.

➤ **Zubereitung:**
Kartoffelraspel mit Pfeffer, Salz, Muskat würzen, Eidotter, 50 Gramm Mehl und Kartoffelstärke zu einem Teig kneten. Die Masse in vier Portionen teilen und auf einer mit Speisestärke bestreuten Arbeitsfläche 0,5 Zentimeter dick ausrollen.
Jeweils eine Hälfte der Teigfladen mit Schinken und Käse belegen; dabei einen 1 Zentimeter breiten Rand frei lassen. Die andere Hälfte darüber schlagen. Kartoffelkissen am Rand gut andrücken und vorsichtig nacheinander in Mehl, verquirltem Ei und Semmelbrösel wenden; nochmals gut andrücken.
Öl in einem tiefen Topf oder einer Friteuse erhitzen und die Kartoffelkissen in 4 Minuten goldgelb backen.
In einer Pfannne die Butter auslassen und die Kissen nochmals kurz nachbraten.

Helga Zeller, Blumberg

Tipp:
Mit Salat und Tomatensauce servieren.

Römisches Kartoffelpüree

Zutaten für 4 Personen

6 Tomaten • 2 Gemüsezwiebeln • 4 Knoblauchzehen • Salz • ½ Bund Basilikum

1,6 kg mehlig kochende Kartoffel • 250 ml Milch • 50 g Butter • Pfeffer, Muskat

Zucker • 1 EL Öl • Rosmarin, Thymian • 40 ml Weißwein

➤ **Vorbereitung:**

Tomatenstiele ausstechen, Haut leicht einritzen und die Früchte mit kochendem Wasser überbrühen. Anschließend in Eiswasser tauchen und die Haut entfernen. Die Tomaten vierteln, dabei die Kerne entfernen. Tomatenviertel nochmals durchschneiden. Zwiebeln schälen und in feine Würfel schneiden. Knoblauchzehen schälen und mit Salz zu einer Paste zerreiben.
Basilikum waschen, zupfen und in feine Streifen schneiden.

➤ **Zubereitung:**

Kartoffeln waschen, kochen, schälen und mit dem Kartoffelstampfer zerdrücken. Milch, Butter, Salz, Pfeffer, Muskat und Zucker aufkochen; zu den Kartoffeln geben und durchmischen.
Öl erhitzen. Zwiebelwürfel und Knoblauch zusammen mit Rosmarin und Thymian farblos anschwitzen, mit Weißwein ablöschen und ebenfalls zu den Kartoffeln geben. Vorsichtig die Tomatenachtel unterheben. Kartoffelpüree mit Basilikumstreifen anrichten.

Marcel Nowak, Remscheid

Kartoffelschmarrn mit Sesam und Tomatensauerkraut

Zutaten für 4 Personen

1 kg fest kochende Kartoffel • 40 g Haselnüsse

1 TL Koriander • 50 g Buchweizen (fein gemahlen)

2 TL Salz • 1 Dose geschälte Tomaten

1 Zwiebel • 500 g Sauerkraut (roh)

2 Äpfel • 70 g Butterschmalz

2 Eidotter • 40 g Sesam • ½ Lorbeerblatt

2 Wacholderbeeren • Salz, Pfeffer, Muskat

3 TL Zucker • 50 ml Weißwein

▶ **Vorbereitung:**

Kartoffeln waschen, kochen, heiß schälen und grob reiben. Haselnüsse hacken und Koriander stoßen. Mit Buchweizen und Salz zur Kartoffelmasse mischen. Abkühlen lassen. Tomaten abtropfen lassen und in grobe Stücke teilen. Zwiebel schälen und ohne Wurzel in feine Würfel schneiden. Sauerkraut zwei- bis dreimal mit dem Messer zerschneiden, waschen und ausdrücken. Äpfel waschen, schälen, entkernen und in grobe Stücke schneiden.

▶ **Zubereitung:**

Eidotter unter die abgekühlte Kartoffelmasse

ziehen. 40 Gramm Butterschmalz in einer stiellosen Pfanne stark erhitzen, Kartoffelmasse hineinbröseln und unter Rühren goldgelb braten. Kartoffelschmarrn mit Sesam bestreuen und bei 120 °C in den Ofen stellen. Für das Kraut Zwiebeln in Schmalz glasig dünsten. Tomaten und Sauerkraut zufügen. Mit Lorbeerblatt und Wacholderbeeren, Salz, Pfeffer, Muskat und Zucker würzen. Äpfel und Weißwein zum Sauerkraut geben und alles 30 Minuten kochen lassen. Lorbeerblatt und Wacholderbeeren entfernen. Mit dem Kartoffelschmarrn servieren.

Anita Schölderle, Geretsried

Kürbispasteten

Zutaten für 4 Personen

700 g Gemüsekürbis • 5 EL Bulgur • 3 EL brauner Zucker • 1 TL Zimt

Salz, schwarzer Pfeffer • ½ TL Piment (gemahlen) • 75 g Rosinen • 600 g Mehl

½ TL Salz • 300 g kalte Butter • 1 Eidotter

▶ **Vorbereitung:**

Kürbisfleisch in kleine Würfel schneiden und in eine Schüssel geben. Bulgur in einem Sieb mit kaltem Wasser abspülen, abtropfen lassen und zum Kürbis geben. Zucker, Zimt, Salz, Pfeffer und Piment mischen und zusammen mit den Rosinen unter die Kürbiswürfel heben. Zugedeckt im Kühlschrank 24 Stunden ziehen lassen. Für den Teig das Mehl in eine Schüssel sieben; Salz zufügen. Butter in Würfel schneiden zügig mit den Händen unter das Mehl mischen (nicht kneten). Mit einem Kochlöffel nach und nach 15 Esslöffel Wasser in den Teig arbeiten. Schnell und kräftig kneten. Den fertigen Teig in Klarsichtfolie wickeln und 45 Minuten im Kühlschrank ruhen lassen.

▶ **Zubereitung:**

Teig aus dem Kühlschrank nehmen und nochmals 5 Minuten kneten; dann 5 Minuten ruhen lassen. Auf der leicht bemehlen Arbeitsfläche 3 Millimeter dick ausrollen. Mit einer Form Kreise ausstechen; in die Mitte jeweils etwas Kürbismasse geben. Eidotter mit wenig Wasser verrühren. Die Ränder der Teigkreise mit Dotter bestreichen und den Teig über der Füllung zusammenschlagen. Die Ränder mit einer Gabel gut andrücken. Ein Blech mit Backpapier auslegen und die Pastetchen darauflegen. Im vorgeheizten Ofen bei 200 °C 30 Minuten backen.

Felix N. Rohwer, Hamburg

Mangoldpastete mit Cashewkernen

Zutaten für 4 Personen

150 g frischer Mangold • 1 Knoblauchzehe • 1 Bund Estragon • 2 Gemüsezwiebeln

100 g Cashewkerne • 4 EL Öl • 150 g Reis • 300 ml Gemüsebrühe • Lorbeerblatt

1 TL Chinagewürz • Macis • 500 g Blätterteigplatten (Tiefkühlware) • 1 Ei • Salz, Pfeffer

➤ **Vorbereitung:**
Mangold putzen und in kochendem Wasser blanchieren. In Eiswasser abschrecken, trockenpressen und mit dem Messer grob hacken.
Knoblauchzehe schälen und mit einer Prise Salz zerdrücken.
Estragon waschen, zupfen und grob hacken. Zwiebeln schälen, ohne Wurzel in feine Würfel schneiden. Cashewkerne hacken.

➤ **Zubereitung:**
2 Esslöffel Öl erhitzen. 3 Teelöffel Zwiebelwürfel zusammen mit den gehackten Cashewkernen anschwitzen. Reis zufügen, kurz mitschwitzen, dann mit Gemüsebrühe auffüllen. Lorbeerblatt, Estragon und Chinagewürz zufügen, Deckel aufsetzen und im vorgeheizten Backofen bei 180 °C 18 Minuten garen. Lorbeerblatt entfernen.
Das restliche Öl erhitzen. Restliche Zwiebelwürfel, Mangold und Muskatblüte anschwitzen. Mit dem Reis mischen. Blätterteigplatten 10 Minuten vor der Verarbeitung aus dem Gefrierschrank nehmen. Einzelne Platten mit dem Nudelholz ausrollen; auf jede zweite Platte etwas Mangoldreis geben. Die Ränder mit verquirltem Ei bestreichen. Eine weitere Blätterteigplatte mehrmals mit der Gabel einstechen und auf die gefüllten Teigplatten legen. Ränder mit einer Gabel andrücken.
Pasteten mit dem restlichen Ei bestreichen und im vorgeheizten Backofen bei 180 °C 40 Minuten goldgelb backen.

Jeanette Usczeck, Passau

Mohnpfannkuchen mit Gemüsefüllung

Zutaten für 4 Personen

2 B Frühlingszwiebeln • 250 g Champignons • 300 g Möhren

1 Bund Schnittlauch • 300 g Zucchini • 150 g gekochter Schinken

200 g Mehl • 250 ml Mineralwasser • 4 Eier • 4 EL Mohn (gemahlen)

Salz • 1 EL Olivenöl • Pfeffer • 1 Bund Liebstöckel

250 g Crème fraîche • 100 g geriebener Gouda • Butter für die Form

► Vorbereitung:

Von den Frühlingszwiebeln die dunkelgrünen Triebe und Wurzeln entfernen. Zwiebeln waschen und in feine Ring schneiden. Champignons waschen, putzen und in feine Scheiben schneiden. Möhren waschen, schaben, halbieren und in feine Scheiben scheiden. Schnittlauch waschen, gut abtropfen und in Ringe schneiden. Zucchini waschen, halbieren und in Scheiben schneiden. Schinken in kurze Streifen schneiden. Mehl in eine Schüssel sieben, in die Mitte eine Vertiefung drücken. Mineralwasser nach und nach in die Vertiefung geben und mit dem Mehl verrühren, bis ein zähflüssiger Teig entstanden ist. Eier einrühren und Mohn einarbeiten; mit Salz würzen. 30 Minuten quellen lassen.

► Zubereitung:

Schinken in wenig Olivenöl farblos anschwitzen. Möhren und nacheinander auch das restliche Gemüse zufügen und dünsten; mit Salz, Pfeffer und Liebstöckel würzen. Crème fraîche unter das bissfeste Gemüse mischen; noch einmal aufkochen lassen. Aus dem Teig Pfannkuchen backen. Jeden Pfannkuchen mit Gemüse füllen und aufrollen.

In eine gebutterte Form geben und mit geriebenem Gouda bestreuen. Im vorgeheizten Backofen (Oberhitze) bei 200 °C kurz überbacken.

Anja Meier, Bremen

Vegetarische Mussaka

Zutaten für 4 Personen

600 g fest kochende Kartoffel • 600 g Auberginen • 6 EL Olivenöl • Salz, Pfeffer • 2 Zwiebeln

2 Knoblauchzehen • 300 g Möhren • 100 g Grünkern (geschrotet) • 100 ml Gemüsebrühe

250 ml passierte Tomaten (Konservenware) • 2 TL Thymian • 350 g Schafskäse

Saft von 1 Zitrone • 150 g Jogurt • Öl für die Form

► Vorbereitung:

Kartoffeln waschen, kochen, schälen und in Scheiben schneiden.

Auberginen waschen, in Scheiben schneiden, salzen und pfeffern. In 4 Esslöffeln Öl braten. Zwiebeln schälen und fein würfeln. Knoblauchzehen schälen und mit einer Prise Salz zerdrücken. Möhren waschen, schaben und in feine Scheiben schneiden.

► Zubereitung:

Olivenöl in einem Topf erhitzen, Zwiebeln und Knoblauch glasig schwitzen. Grünkern

und Möhren zufügen und mitschwitzen. Mit Gemüsebrühe und Tomaten auffüllen; reduzieren und mit Thymian, Salz und Pfeffer würzen. Schafskäse in eine Schüssel bröseln, mit Zitronensaft und Jogurt glatt rühren; salzen und pfeffern. Den Backofen auf 200 °C vorheizen. Kartoffeln, Tomatensauce und Auberginen abwechselnd in eine feuerfeste, geölte Auflaufform schichten, mit Kartoffeln abschließen. Mit Schafskäseguss bedecken und 40 Minuten backen.

Bärbel Appel, Much

Pilzröstl mit Senfschaum

Zutaten für 4 Personen

650 g Kartoffeln • 400 g Steinpilze

200 g Champignons

Saft von 1 Zitrone • 1 Gemüsezwiebel

60 g durchwachsener Speck

1 Bund Schnittlauch

40 g Butterschmalz • 200 ml Gemüsefond

4 EL Olivenöl • Salz, Pfeffer

1 kleiner Rosmarinzweig • 200 ml Sahne

2 EL Senf • 30 g kalte Butter

➤ **Vorbereitung:**

Kartoffeln waschen, schälen und in grobe Würfel schneiden. Mit Salzwasser bedeckt bis zum Gebrauch kühl stellen.
Steinpilze und Champignons putzen, waschen, in grobe Würfel schneiden und in Zitronensaft marinieren. Zwiebel schälen und fein würfeln. Speck ebenfalls würfeln Schnittlauch waschen, trocknen und in feine Ringe schneiden.

➤ **Zubereitung:**

Butterschmalz in einer Pfanne erhitzen. Kartoffelwürfel trockentupfen und im heißen Schmalz anbraten. Salzen, mehrmals wenden und bei schwacher Hitze ohne Deckel weiterbraten.
100 Milliliter Gemüsebrühe aufgießen Deckel aufsetzen und so lange kochen, bis die ganze Flüssigkeit verdampft ist. Im Backofen bei 100 °C warm halten.
Speckwürfel in Olivenöl anschwitzen, Zwiebel zugeben und glasig dünsten; anschließend gewürfelte Pilze zufügen, mit Salz, Pfeffer und Rosmarin würzen. Die Pilze auf die Kartoffeln geben.
Restliche Gemüsebrühe aufkochen, Sahne und Senf zufügen; von der Herdplatte nehmen. Nach und nach mit dem Mixstab die Butter in Flöckchen einmontieren, bis eine sämige Bindung entsteht.
Pilzröstl portionieren, mit Senfsauce beträufeln und mit Schnittlauch garnieren.

Wilma Gulden, Stuttgart

84

Radieschenpfanne

Zutaten für 4 Personen

500 g Radieschen • 1 Gemüsezwiebel • 500 g Putenbrust • 2 EL Öl

Pfeffer, Salz • 1 TL Chinagewürz • 40 g Butter • 200 ml Fleischbrühe

1 Salbeizweig • 250 g Crème fraîche

➤ **Vorbereitung:**
Radieschen waschen, putzen und in Scheiben schneiden. Zwiebel schälen und fein würfeln. Putenbrust waschen, mit Küchenpapier trockentupfen und blättrig schneiden.

➤ **Zubereitung:**
Putenbrust in heißem Öl scharf anbraten mit Salz, Pfeffer und Chinagewürz abschmecken und in einer Auflaufform warm halten. Butter zum Bratensatz geben, Radieschen und Zwiebelwürfel anschwitzen; mit Fleischbrühe angießen und 10 Minuten bei mäßiger Hitze

ziehen lassen. Crème fraîche glatt rühren, zu den Radieschen geben und mit Salz, Pfeffer und Salbei abschmecken. Putenstreifen mit Sauce übergießen und anrichten.

Katrin Eckardt, Reichenbach

Tipp:

Als Beilagen reicht man Risotto oder Rösti und gemischter Salat

Rotkohlfrikadellen

Zutaten für 4 Personen

1 kg Rotkohl • Saft von 2 Zitronen • 2 Gemüsezwiebeln • 4 Äpfel

50 g Schmalz • 50 g Johannisbeermarmelade • 1 Lorbeerblatt • 3 Wacholderbeeren

Salz, Pfeffer • 2 Eier • 150 g geriebener Gouda • 50 g Mehl

200 g Semmelbrösel • 50 g Butterschmalz

➤ **Vorbereitung:**
Rotkohl in Streifen schneiden und mit Zitronensaft übergießen. Zwiebel schälen und in feine Würfel schneiden.
Äpfel schälen, entkernen und grob würfeln.

➤ **Zubereitung:**
Schmalz erhitzen. Zwiebeln darin glasig dünsten, Rotkohl und Äpfel hinzufügen, mit Johannisbeermarmelade, Lorbeer und Wacholder sowie Salz und Pfeffer würzen. 20 Minuten kochen lassen; Lorbeerblatt und

Wacholderbeeren entfernen. Abkühlen lassen. Rotkohl in einem Sieb abtropfen lassen, gut ausdrücken und in eine Schüssel geben. 1 Ei sowie den Gouda unterarbeiten. Aus der Masse Frikadellen formen. Jede Frikadelle zunächst in Mehl, dann in verquirltem Ei und zum Schluss in Semmelbröseln wälzen; Panade gut andrücken. Die Frikadellen in heißem Butterschmalz braten. Sofort servieren.

Renate Hannemann, Warpe

Sahnepfifferlinge auf Kartoffelmedaillons

Zutaten für 4 Personen

1 kg Kartoffeln • 150 g Magerquark

Petersilie, Schnittlauch • 750 g Pfifferlinge

1 Gemüsezwiebel • 3 Eidotter • Salz, Pfeffer, Muskatnuss

160 g Weizenvollkornmehl (Type 1700)

75 g Kartoffelstärke • 100 g Butterschmalz

200 ml süße Sahne • 100 ml Gemüsebrühe

1 TL Senf • 2 EL Crème fraîche

➤ **Vorbereitung:**

Kartoffeln gründlich waschen und in Salzwasser garen. Abgießen, schälen und möglichst heiß durch eine Kartoffelpresse drücken. Etwas abkühlen lassen. Quark in einem feinen Sieb abtropfen lassen. Petersilie und Schnittlauch waschen, trocknen und fein hacken. Pfifferlinge putzen, waschen gut abtropfen lassen und große Pilze halbieren. Gemüsezwiebel schälen und würfeln.

➤ **Zubereitung:**

Eidotter mit Salz, Pfeffer und Muskat in die Kartoffelmasse arbeiten. Quark und Mehl hinzufügen und unter die Kartoffelmasse heben; das Ganze einige Minuten ruhen lassen.

Arbeitsfläche mit Kartoffelstärke bestreuen, aus der Kartoffelmasse drei Rollen formen und diese in 1,5 Zentimeter dicke Scheiben schneiden.

70 Gramm Butterschmalz in einer Pfanne erhitzen und Kartoffelmedaillons goldgelb braten. Warm stellen.

In einer Pfanne das restliche Butterschmalz erhitzen. Zwiebeln darin glasig dünsten. Pfifferlinge hinzufügen und kurz mitdünsten. Mit süßer Sahne und Gemüsebrühe auffüllen und 5 Minuten köcheln lassen.

Mit Senf abschmecken und mit Crème fraîche andicken. Pfifferlinge auf Kartoffelmedaillons anrichten.

Cornelia Ziemba, Worms

87

Salat mit Hähnchenbrust

Zutaten für 4 Personen

400 g Hähnchenbrust • 1 Endiviensalat • 2 Schikoree • 1 Lollo biondo

1 Salatgurke • 4 Tomaten • 1 Bund Schnittlauch • 1 Bund Radieschen • 4 Eier

2 Knoblauchzehen • 1 Gemüsezwiebel • 6 EL Balsamico • 8 EL Rotwein

8 EL Öl • Salz, Pfeffer • Zucker • 30 g Butterschmalz • Chinagewürz

➤ **Vorbereitung:**
Hähnchenbrust abspülen, mit Küchenkrepp trockentupfen, blättrig schneiden und kühl stellen.
Salate putzen, waschen, gut abtropfen lassen und in mundgerechte Stücke zupfen. Gurke schälen, längs halbieren und die Kerne mit einem Teelöffel auskratzen; das Fleisch in Scheiben schneiden. Tomatenstiele ausstechen und Haut kreuzweise einritzen; in kochendem Wasser 20 Sekunden blanchieren. Anschließend in Eiswasser tauchen und häuten. Vierteln und das Kerngehäuse entfernen.
Schnittlauch waschen, trocknen und in Ringe schneiden. Radieschen waschen, putzen und in Scheiben schneiden.
Eier kochen, schälen und mit einem großen Messer hacken.
Knoblauchzehen schälen und mit Salz zerdrücken. Zwiebel schälen und fein würfeln.

➤ **Zubereitung:**
Aus Balsamico, Rotwein, Öl, Zwiebel, Knoblauch und Schnittlauch ein Dressing herstellen. Mit Salz, Pfeffer und Zucker abschmecken. Blattsalate, Gurke und Tomaten zu einem bunten Salat mischen. Hähnchenbrust in Butterschmalz scharf anbraten, mit Salz, Pfeffer und Chinagewürz würzen.
Salat mit Dressing beträufeln. Hähnchenbrust auf dem Salat anrichten; mit gehacktem Ei bestreuen.

Ester Bürschen, Meppen

Salattorte

Zutaten für 4 Personen

1 Lollo rosso • 2 Schikoree • 1 Stange Lauch (nur das Weiße)

1 Gurke • 1 kleiner Rettich • 500 g Tomaten • 1 Bund Radieschen

4 Schalotten • 6 Eier • 1 Bund Petersilie

1 Bund Schnittlauch • 3 Knoblauchzehen • 150 g Majonäse • 250 g süße Sahne

Salz, Pfeffer, Chinagewürz • 250 g gekochter Schinken • 250 g geriebener Gouda

➤ **Vorbereitung:**
Salat und Schikoree putzen, waschen, gut abtropfen lassen und in mundgerechte Stücke zupfen. Lauch der Länge nach halbieren, unter fließendem Wasser waschen, und quer in Scheiben schneiden.
Gurke schälen, längs halbieren und die Kerne mit einem Teelöffel herauskratzen; das Fleisch in Scheiben schneiden. Rettich schälen und in dünne Scheiben schneiden. Tomatenstiele ausstechen und die Haut leicht einritzen. Mit kochendem Wasser überbrühen, abschrecken und häuten. In Viertel schneiden, dabei die Kerne entfernen. Radieschen waschen, putzen und in Scheiben schneiden. Schalotten schälen und in feine Würfel schneiden.
Eier hart kochen, abschrecken, schälen und mit dem Eierschneider zerteilen.

Schnittlauch waschen, trocknen und in Ringe schneiden. Petersilie waschen, gut ausschlagen, zupfen und hacken. Knoblauchzehen schälen und mit Salz zerdrücken.

➤ **Zubereitung:**
Aus Majonäse, Sahne, Schnittlauch, Petersilie und Knoblauch eine Salatsauce herstellen. Mit viel Salz, Pfeffer und wenig Chinagewürz abschmecken. Einen Tortenring auf eine Salatplatte stellen. Salat, Gemüse, Schinken und Eier einschichten; jede Lage mit Dressing benetzen und mit geriebenem Käse bestreuen; fest andrücken. Zudecken und einige Stunden ziehen lassen. Vor dem Servieren den Tortenring entfernen und mit einem Elektromesser in Stücke schneiden.

Peter Engelmann, Halle/S.

Sauerkrautauflauf

Zutaten für 4 Personen

1 Gemüsezwiebel • 700 g Kartoffeln • 700 g Sauerkraut • 1 Apfel • 250 g Mett • Salz, Pfeffer

175 ml Milch • 50 g Butter • Muskat • Zucker • 50 g Schmalz • 1 Lorbeerblatt • 50 ml Weißwein

3 Wacholderbeeren • 200 g geriebener Gouda • 150 g Crème fraîche • Butter für die Form

➤ **Vorbereitung:**
Zwiebeln schälen und in Würfel schneiden. Kartoffeln waschen, schälen und in Salzwasser garen. Sauerkraut zwei- bis dreimal schneiden, waschen und ausdrücken. Apfel waschen, schälen, entkernen und würfeln.

➤ **Zubereitung:**
Mett und die Hälfte der Zwiebeln in einer Pfanne anbraten, mit Salz und Pfeffer würzen und in eine gebutterte Auflaufform geben. Milch mit Butter, Salz, Pfeffer und Muskat aufkochen; gekochte Kartoffeln hineinpressen.

Kartoffelpüree auf das Mett schichten. Die andere Hälfte der Zwiebeln in Schmalz glasig dünsten. Sauerkraut zugeben. Mit Lorbeer und Wacholderbeeren, Salz, Pfeffer, Muskat und Zucker würzen. Apfelstücke und Weißwein zum Sauerkraut geben und 30 Minuten kochen lassen; Lorbeerblatt und Wacholderbeeren entfernen. Sauerkraut auf das Kartoffelpüree geben. Geriebenen Gouda mit Crème fraîche vermischen und über das Kraut ziehen. Im vorgeheizten Backofen bei 180 °C 50 Minuten überbacken.

Helga Dreißigacker, Schöneck

Gebackener Schafskäse mit Knoblauch-Honig-Dip und gemischtem Salat

Zutaten für 4 Personen

120 g Majonäse • 4 EL Honig • 2 EL Preiselbeeren • 6 Knoblauchzehen

1 Bund Schnittlauch • Saft von 1 Zitrone • Salz, Pfeffer, Cayennepfeffer

½ Endiviensalat • ½ Lollo biondo • ½ Salatgurke • 2 Tomaten

½ Bund Radieschen • 6 EL Balsamessig • 8 EL Öl • Zucker • 600 g Schafskäse

100 g Mehl • 2 Eier • 150 g geriebenes Weißbrot • 250 g Butterschmalz

➤ Vorbereitung:
Majonäse, Honig und Preiselbeeren verrühren. Knoblauchzehen schälen und mit etwas Salz fein reiben. Schnittlauch waschen, trocknen und in Ringe schneiden. Knoblauch und Schnittlauch unter die Majonäse mischen; mit Zitronensaft, Salz, Pfeffer und Cayennepfeffer abschmecken und 1 bis 2 Stunden ziehen lassen. Salate, Gurke, Tomaten und Radieschen waschen und in mundgerechte Stücke schneiden.

➤ Zubereitung:
Aus Balsamessig, Öl, Salz, Pfeffer und Zucker eine Vinaigrette rühren. Schafskäse in etwa 2 Zentimeter dicke Scheiben schnei-

den. Mit Mehl bestäuben, in verquirlten Eiern wenden und mit geriebenem Weißbrot panieren. Nochmals wiederholen. Die Panade leicht andrücken. Das Butterschmalz in einer hochrandigen Pfanne erhitzen. Den Schafskäse darin goldgelb backen; auf Küchenkrepp abtropfen lassen. Inzwischen den Salat auf Tellern anrichten und mit dem Dressing beträufeln. Salat mit gebackenem Käse garnieren.

Marco Biebusch, Lembach

Tipp:
Mit Kräuterbaguette servieren.

Semmelknödel mit Pfifferlingen auf Feldsalat

Zutaten für 4 Personen

4 altbackene Brötchen • 250 ml Milch • 1 mittelgroße Zwiebel

einige Zweige Petersilie und Majoran • 250 g Feldsalat • 100 g Pfifferlinge

100 g geräucherter magerer Speck • 1 Bund Schnittlauch • 20 g Butter

4 Eier • Salz, Pfeffer, Muskat • 3 EL Balsamico • 6 EL Öl • Zucker

➤ **Vorbereitung:**

Brötchen in Scheiben schneiden und in einer Schüssel mit der heißen Milch übergießen; einen Teller darauf legen, mit einem Gewicht beschweren und zugedeckt 10 Minuten stehenlassen.

Die Zwiebel schälen und in Würfel schneiden. Petersilie und Majoran waschen, zupfen und hacken.

Feldsalat putzen, waschen, und trockenschleudern.

Pfifferlinge putzen, waschen, halbieren und auf ein Sieb geben. Den Speck in feine Streifen schneiden.

Schnittlauch waschen und in Röllchen schneiden.

➤ **Zubereitung:**

Zwiebelwürfel und Kräuter in heißer Butter anschwitzen und mit dem Speck sowie den Eiern unter die Brötchenmasse mischen; mit

Salz, Pfeffer und Muskat würzen. Von der Masse kleine Knödel formen und in gerade wallendem Salzwasser 10 Minuten ziehen lassen. Abtropfen lassen.

Speck in einer Pfanne auslassen, die Pfifferlinge zufügen und würzen. Abgetropfte Semmelknödel zugeben und kurz anschwitzen.

Aus Essig, Öl, Salz, Pfeffer, einer Prise Zucker und Schnittlauch ein Dressing rühren. Unter den Feldsalat ziehen; den Salat auf Tellern anrichten. Mit den Semmelknödel umlegen und mit Pfifferlingen bestreuen.

Martina Wolfbauer, Ratingen

Tipp:

Ist die Knödelmasse zu locker, mengt man etwas Grieß darunter.

Spargelpfannkuchen

Zutaten für 4 Personen

1,2 kg Spargel • Saft von ½ Zitrone • Salz • Zucker • 50 g Butter • 200 g Mehl

400 ml Milch • 4 Eier • Pfeffer, Muskat • 100 ml Öl • 8 Scheiben gekochter Schinken

8 Scheiben Schmelzkäsescheiben • Butter für die Form

➤ **Vorbereitung:**

Spargel waschen und schälen; vom unteren Ende 2 Zentimeter abschneiden. Portionsweise mit Bindfaden verschnüren. Reichlich Wasser mit Zitronensaft, Salz, Pfeffer und Zucker zum Kochen. Spargel etwa 20 Minuten sieden lassen.

Butter schmelzen; Mehl, Milch, Eiern, Salz, Pfeffer und Muskat zugeben und alles zu einem glatten Teig verrühren. Den Backofen auf 220 °C vorheizen.

➤ **Zubereitung:**

Öl in einer Pfanne erhitzen. Aus dem Eierteig 8 Pfannkuchen backen und warm stellen. Jeden Pfannkuchen mit 1 Scheibe Schinken und 2 Stangen Spargel belegen; aufrollen. In eine gebutterte Auflaufform geben, mit Käse belegen und im vorgeheizten Backofen bei 180 °C etwa 15 Minuten backen. Sofort servieren.

Elke Lorenz, Ruhpolding

Spinatrolle mit Ricotta

Zutaten für 4 Personen

400 g Blattspinat (Tiefkühlware)

100 g geräucherter, magerer Speck • 1 Ei

300 g Ricotta • 100 g geriebener Emmentaler

Salz, Pfeffer, Muskat

4 tiefgefrorene Blätterteigplatten, à 75 g

etwas Mehl zum Bestäuben • 1 Eidotter

➤ **Vorbereitung:**
Den Blattspinat auftauen und gut abtropfen lassen. Mit einem Messer einige Male durchschneiden Speck fein würfeln. Die Blätterteigplatten auftauen lassen. Den Backofen auf 200 °C vorheizen.

➤ **Zubereitung:**
Den Speck in einer Pfanne anschwitzen. Spinat, Ei, Ricotta und geriebenen Emmentaler zugeben. Mit Salz, Pfeffer und Muskat abschmecken.
Blätterteig auf einer bemehlten Arbeitsfläche ausrollen. Jede Platte mit ¼ der Spinatmischung belegen und zusammenrollen. Ein Backblech mit kaltem Wasser spülen. Blätterteigrollen darauf legen, mit Eidotter bestreichen und 30 Minuten backen.

Thomas Fischer, Kirchzarten

Tomaten-Fenchel-Kuchen

Zutaten für 4 Personen

200 g Mehl • Salz • 5 Eier

125 g kalte Butter

500 g Fenchelknollen

500 g Tomaten • 1 Bund Petersilie

weißer Pfeffer • 150 ml Milch

150 g Sahnequark

150 g geriebenen Emmentaler

Muskat

92

➤ **Vorbereitung:**

Mehl, ½ Teelöffel Salz, 1 Ei und 100 Gramm Butter mit kühlen Händen rasch zu einem Mürbeteig verkneten.

Eine Springform buttern, mit dem Teig auslegen und einen 3 Zentimeter hohen Rand ziehen. Mehrmals mit der Gabel einstechen und im vorgeheizten Backofen bei 200 °C etwa 15 Minuten vorbacken.

In der Zwischenzeit die Fenchelknollen putzen, halbieren und in Streifen schneiden. Die Tomaten häuten und in Scheiben schneiden. Die Petersilie waschen, zupfen und hacken.

➤ **Zubereitung:**

Fenchel in der restlichen Butter dünsten; salzen und pfeffern. Den vorgebackenen Mürbteig mit den Fenchelstreifen und den Tomatenscheiben belegen. Mit Petersilie und frisch gemahlenem Pfeffer bestreuen. Die restlichen Eier verquirlen und mit Milch, Quark, geriebenen Emmentaler, Salz, Pfeffer und Muskat verrühren. Die Masse über das Gemüse auf den Kuchen gießen. Im vorgeheizten Backofen auf der untersten Schiene bei 180 °C 40 bis 50 Min. backen.

Sabine Hasenbach, Bergisch-Gladbach

Zucchini mit Hirse

Zutaten für 4 Personen

1 mittelgroße Zwiebel • 40 g Butter • 120 g Hirse • Salz, Pfeffer

je ½ rote, grüne und gelbe Paprikaschote

1 Stange Lauch • 2 große Zucchini

50 g Tomatenmark • 2 Eier • 200 g Schafskäse

200 g Schmand • Butter für die Form

➤ **Vorbereitung:**

Zwiebel schälen und würfeln und in 20 Gramm Butter anschwitzen. Mit 300 Milliliter Wasser auffüllen, die Hirse zufügen und einmal aufkochen lassen. Mit Salz und Pfeffer würzen; ausquellen lassen.

Paprikaschoten waschen, halbieren, Kerngehäuse entfernen und das Fleisch in schmale Streifen schneiden. Lauch putzen, waschen, halbieren und in Streifen schneiden. Die Zucchini halbieren und mit einem Löffel aushöhlen.

Den Backofen auf 200 °C vorheizen.

➤ **Zubereitung:**

Die restliche Butter erhitzen; Paprikaschoten, Lauch und Tomatenmark darin anschwitzen. Mit den Eiern und dem Schafskäse unter die Hirse mischen; nochmals abschmecken. Die ausgehöhlten Zucchini mit der Hirsemischung füllen und in eine gebutterte Auflaufform legen.

Schmand mit Salz und Pfeffer würzen und glatt rühren (eventuell mit etwas Wasser verdünnen). Die gefüllten Zucchini mit dem Schmand beträufeln und 30 Minuten im Ofen backen.

Jens Bohnet-Waldraff, Hameln

Zucchinipuffer mit Paprikasahne

Zutaten für die Puffer, für 4 Personen

1 Ei • 1 Eidotter • 3 EL Sahne

4 EL trockener Weißwein • 30 g Parmesankäse

1 EL frisch gehackte Petersilie

Kräutersalz, Pfeffer, Muskat

1 mittelgroße grüne Paprikaschote

2 kleine Tomaten • 1 Bund Schnittlauch

1 Bund Dill • 3 Knoblauchzehe

250 g junge Zucchini • 200 g saure Sahne

Cayennepfeffer • 150 ml Olivenöl

3 EL Sesamsamen

➤ **Vorbereitung:**
Ei, Eidotter, Sahne, Weißwein, Parmesan
und Petersilie zu einem dickflüssigen Teig
verrühren. Kräftig mit Kräutersalz, Pfeffer
und Muskat würzen. Zudecken und 1 Stunde quellen lassen.
Paprikaschote und die Tomaten schälen, halbieren, entkernen und in Würfeln schneiden.
Den gewaschenen Schnittlauch und Dill fein
schneiden. Knoblauchzehe schälen.
Zucchini waschen, von Stiel und Blütenan-
satz befreien und grob raspeln.

➤ **Zubereitung:**
Die Tomaten- und Paprikawürfel mit den
Kräutern unter die saure Sahne mischen. 2
Knoblauchzehen dazupressen; mit Kräuter-
salz und Cayennepfeffer abschmecken. Kalt
stellen. Die letzte Knoblauchzehe in die
Zucchiniraspeln pressen und diese Mischung
unter den Teig rühren.
Olivenöl in einer Pfanne erhitzen. Jeweils

2 Esslöffel Teig in der Pfanne zu einem Küch-
lein ausstreichen; mit etwas Sesam bestreuen
und diesen leicht andrücken. Die Puffer auf
beiden Seiten goldgelb backen und mit der
gekühlten Paprikasahne servieren.
Tipp: Paprikaschoten lassen sich mit diese
Methode ganz einfach häuten: Die ganze
Frucht waschen und im Backofen bei 220 °C
so lange backen, bis die Haut dunkle Blasen
wirft. Herausnehmen und in ein feuchtes
Tuch schlagen. Abkühlen lassen. Die Frucht
der Länge nach halbieren, Stielansatz entfernen und Scheidewände sowie Kerne herausschneiden.

Sabine Jansen, Hamburg

94

Zwiebelbrot

Zutaten für 4 Personen

600 g Mehl • 1 Pck. frische Hefe • 1 EL Zucker

350 ml Milch • 200 g geriebener Emmentaler • Salz • 100 g Butter

250 g gewürfelte Zwiebeln • Pfeffer, Paprikapulver, gemahlener Kümmel

1 Pck. Zwiebelsuppenmischung

➤ **Vorbereitung:**

Mehl in eine Schüssel sieben, in die Mitte eine Mulde drücken.
Die Hefe hineinbröckeln und den Zucker darüberstreuen. Mit etwas lauwarmer Milch und etwas Mehl zu einem Vorteig verrühren. Zugedeckt an einem warmen Platz 10 bis 15 Minuten gehen lassen. Restliche Milch, geriebener Käse und 1 Teelöffel Salz zugeben. Alles zu einem glatten Teig verarbeiten, der sich leicht vom Schüsselboden löst. Backofen auf 200 °C vorheizen.

➤ **Zubereitung:**

Die Butter in einer kleinen Pfanne erhitzen und die Zwiebelwürfel darin dünsten. Mit Salz, Pfeffer, Paprikapulver und Kümmel würzen. Zwiebelsuppenmischung zugeben.
Den Hefeteig zu einem Rechteck ausrollen und mit der Zwiebelmischung bestreichen. An einer Seite einen 10 Zentimeter breiten Rand frei lassen.
Den Teig von der freien Seite her aufrollen und auf ein mit Backpapier ausgelegtes Backblech legen. Die Oberseite leicht einschneiden und 20 bis 30 Minuten im Ofen goldgelb backen.

Petra Sielemann, Bielefeld

Gerichte mit Reis, Nudeln und Kartoffeln

Bananen-Curryreis mit Rahm-Zucchini

Zutaten für 4 Personen

200 g Langkornreis • 1 Zwiebel • 600 g junge Zucchini

80 ml Öl • Curry • 250 ml Gemüsefond • 150 ml trockener Weißwein

1 Lorbeerblatt • Kräutersalz, Pfeffer, • 125 ml Sahne • 2 Eidotter

2 mittelgroße Bananen • 40 g Butter • 20 g Pinienkerne

Saft von 1/2 Zitrone • Kräutersalz, Pfeffer, Muskat

➤ **Vorbereitung:**
Den Reis in einem Haarsieb mit kaltem Wasser spülen und abtropfen lassen.
Zwiebel schälen und fein würfeln.
Die Zucchini waschen, in Scheiben schneiden und mit Zitronensaft beträufeln.

➤ **Zubereitung:**
Zwiebeln in 4 Esslöffeln heißem Öl anschwitzen, mit Curry bestäuben, Reis hinzufügen und dünsten. Mit Gemüsebrühe und Wein aufgießen; Lorbeerblatt, Salz und Pfeffer zufügen.
Im vorgeheizten Backofen bei 120 bis 150 °C 25 bis 30 Minuten quellen lassen.
In der Zwischenzeit die Zucchinischeiben im restlichen Öl dünsten, mit 75 Milliliter Sahne auffüllen, würzen und zugedeckt 10 Minuten leicht köcheln lassen.
Die restliche Sahne mit dem Eidotter verrühren.
Bananen schälen, in Scheiben schneiden und in heißer Butter auf beiden Seiten anbraten.
Reis aus dem Ofen nehmen, mit einer Fleischgabel auflockern und das Lorbeerblatt entfernen. Anschließend die Bananenscheiben und die Pinienkerne sorgfältig untermischen.
Das Zucchinigemüse von der Herdplatte nehmen und mit der Eiersahne mischen.
Bananen-Curryreis und Rahmzucchini anrichten und servieren.

Heidi Mesnjak, Konstanz

Curryreis mit Schweinehackfleisch

Zutaten für 4 Personen

400 g Langkornreis • 2 mittelgroße Zwiebeln

4 Knoblauchzehen • Pfeffer, Muskatblüte, Currypulver

500 g Schweinehackfleisch • 800 ml Fleischbrühe oder Wasser

2 Lorbeerblätter • Kräutersalz • 80 ml Öl

➤ **Vorbereitung:**

Reis in einem Haarsieb abspülen und abtropfen lassen.

Zwiebeln und Knoblauch schälen und fein hacken.

Schweinehackfleisch mit Pfeffer, Muskatblüte, ¾ der Zwiebeln und Knoblauch verkneten. Anschließend 2 Stunden marinieren.

➤ **Zubereitung:**

Restliche Zwiebelwürfel in 40 Milliliter Öl goldgelb dünsten. Currypulver hinzufügen, und anschwitzen, Reis zufügen und kurze Zeit mitschwitzen. Brühe oder Wasser auf-

gießen und mit Lorbeerblatt, Salz und Pfeffer würzen. Im vorgeheizten Backofen bei 120 bis 150 °C 25 bis 30 Minuten quellen lassen.

In der Zwischenzeit mit einem Teelöffel haselnussgroße Portionen vom Schweinehackfleisch abstechen. Die Fleischbällchen im restlichen Öl anbraten. Reis aus dem Ofen nehmen, mit einer Fleischgabel auflockern und die Lorbeerblätter entfernen. Die angebratene Hackfleischbällchen mit dem Reis mischen, anrichten und servieren.

Georg Wüstholz, Schkopau

Fischreis serbische Art

Zutaten für 4 Personen

2 kleine Zwiebeln • 2 Knoblauchzehen • 1 Stange Lauch • 200 g Naturreis

400 g Rotbarschfilet, ohne Haut und Gräten • Saft einer Zitrone • Salz, Pfeffer

40 g Butter • 400 ml Fleischbrühe • 1 Bund Petersilie

➤ **Vorbereitung:**

Zwiebeln und Knoblauchzehen schälen und fein hacken. Den Lauch waschen und in feine Ringe schneiden.

Reis waschen und durch ein Haarsieb abschütten.

Rotbarschfilet waschen und in mundgerechte Streifen schneiden. Mit Zitronensaft beträufeln, salzen und pfeffern.

Die Petersilie waschen, trockenschleudern und hacken.

➤ **Zubereitung:**

Zwiebeln, Knoblauch und Lauch in heißer Butter anschwitzen. Reis zufügen und mit Brühe auffüllen. Mit Salz und Pfeffer würzen und alles einmal aufkochen lassen.

Anschließend im vorgeheizten Backofen bei 120 bis 150 °C 25 bis 30 Minuten quellen lassen.

Gegarten Reis mit einer Fleischgabel auflockern, mit den Fischstreifen belegen und nochmals 5 Minuten in den Ofen schieben. Vor dem Servieren mit gehackter Petersilie bestreuen.

Elvira Schramm, Oberkirchen

Tipp:

Fischfilet wird immer nach dem »3 S-System« verarbeitet : Säubern, Säuern, Salzen

Fleisch-Aprikosen-Topf

Zutaten für 4 Personen

400 g Rinderfilet • 250 g Zwiebeln • 250 g Langkornreis • 150 g Möhren

200 g reife Aprikosen • 4 EL Öl • Safran, Curry • 400 ml Hühnerbrühe • 100 ml Weißwein

1-2 TL Essigessenz • 2 Ingwerpflaumen • 2 EL Ingwersirup • Salz, Pfeffer

➤ **Vorbereitung:**

Rinderfilet in Würfel schneiden.
Zwiebeln schälen und in feine Streifen schneiden.
Reis waschen, in ein Haarsieb geben und abtropfen lassen.
Möhren schälen und in feine Streifen schneiden.
Die Aprikosen waschen, entsteinen und vierteln.

➤ **Zubereitung:**

Öl in einem Schmortopf erhitzen. Das gewürfelte Fleisch darin anbraten, heraus-nehmen und beiseite stellen. Zwiebelstreifen und Reis in Bratfett glasig dünsten. Safran, Currypulver, Hühnerbrühe, Wein, Essigessenz und Möhren zugeben. Im vorgeheizten Backofen bei milder Hitze (120 bis 140 °C) etwa 15 Minuten garen.
Die Ingwerpflaumen mit einer Knoblauchpresse zerdrücken. Zusammen mit dem Ingwersirup, den geviertelten Aprikosen und den Fleischwürfeln zum Reis geben. Weitere 10 Minuten garen. Anrichten und servieren.

Dorothea Hebert-Firmer, Bad Nauheim

Kürbis-Reis-Pfanne

Zutaten für 4 Personen

500 g Zucchini • 500 g Kürbisfruchtfleisch • 250 g Reis • 20 g Butter1

25 ml klare Brühe • Salz, Pfeffer, Chilipulver

➤ **Vorbereitung:**

Zucchini waschen (große Früchte schälen) und in feine Stifte schneiden. Kürbisfruchtfleisch in kleine Würfel schneiden.
Reis waschen und in einem Haarsieb abtropfen lassen.

➤ **Zubereitung:**

Reis in 1 Liter kochendem Salzwasser 15 Minuten garen.

Zucchinistifte in der Butter anschwitzen, Kürbiswürfel zugeben und bei mäßiger Hitze garen.
Den Reis in einem Sieb abtropfen lassen und hinzugeben. Alles gut miteinander vermischen.
Mit Salz, Pfeffer und Chilipulver pikant würzen. Anrichten und servieren.

Ingrid Zeiler, Memmingen

Paella de Colonia el Fantasia
(Paella kölsche Art)

Zutaten für 4 Personen

200 g Reis • 100 g fetter Speck

1 große, geschälte Zwiebel

200 g Blutwurst im Naturdarm

150 g gekochte Hähnchenbrust

150 g gekochter magerer Räucherspeck

150 g gekochtes Rindfleisch

200 g Blumenkohl, ohne Blattwerk

Salz, Pfeffer • 400 g Fleischbrühe

100 g kleine Champignons (Konservenware)

100 g Spargel (Konservenware)

100 g grüne Bohnen • 1 Bund Petersilie

➤ **Vorbereitung:**

Reis in einem Haarsieb mit kaltem Wasser übergießen und abtropfen lassen.
Speck und Zwiebel würfeln.
Blutwurst, Hähnchenbrust, Räucherspeck und Rindfleisch in Scheiben schneiden.
Blumenkohl in kleine Röschen zerpflücken und in Salzwasser bissfest kochen.

➤ **Zubereitung:**

Die Speckwürfel auslassen und die Zwiebel darin glasig dünsten. Reis hinzufügen und glasig dünsten. Mit Salz und Pfeffer würzen; Fleischbrühe angießen. Am Herdrand oder im Backofen bei mäßiger Hitze garen. Am Ende der Garzeit die Pilze unter den Reis heben.
Die Reismischung gleichmäßig auf einem tiefen Backblech verteilen. Rundum mit

Blutwurstscheiben belegen. Die Mitte des Backblechs mit Fantasieblüten aus Blumenkohl und Spargel sowie einem Rasen aus grünen Bohnen dekorieren. Den restlichen Reis mit Hähnchenbrust, Räucherspeck und Rindfleisch belegen.
Die Paella im Backofen erhitzen. Vor dem Servieren mit gehackter Petersilie bestreuen.

Josef Voigt, Köln

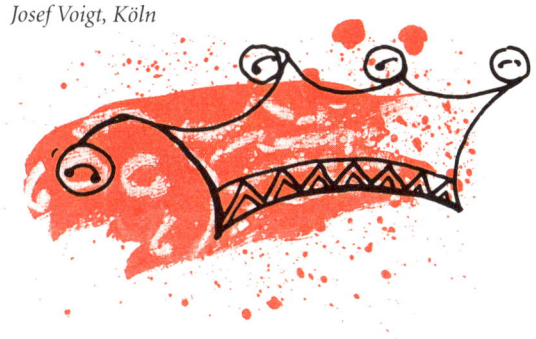

101

Reispuffer

Zutaten für 4 Personen

2 mittelgroße Zwiebeln • 200 g Mittelkornreis

4 EL Öl • Pfeffer, Paprika

3 Eier • 40 g Mehl • 200 g geriebener Gouda

Salz • 200 g Butterschmalz

➤ **Vorbereitung:**
Reis in kaltem Wasser waschen und in ein Haarsieb schütten.
Die Zwiebeln schälen und fein hacken.

➤ **Zubereitung:**
Die Zwiebel in heißem Öl mit Pfeffer und Paprika glasig dünsten. Den abgetropften Reis zugeben und etwas anschwitzen. Mit 500 Milliliter Wasser auffüllen, salzen und bei mäßiger Hitze am Herdrand oder im Backofen garen. Den gegarten Reis mit verquirltem Ei und Mehl mischen. Die Reismasse zu Puffern formen und in heißem Butterschmalz knusprig ausbacken. Heiß servieren.

Patrizia Scheliga, Leverkusen

Tipp:

Reispuffer können, wie Reibekuchen, als Hauptgericht serviert werden. Man kann sie aber auch als Beilage zu einem Fleischgericht reichen.

102

Reispilaw mit Schikoree

Zutaten für 4 Personen

200 g Langkornreis • 2 große Zwiebeln • 2 mittelgroße Schikoree • Saft von 1 Zitrone

200 g Jagdwurst • 4 EL Öl • Currypulver • 400 ml Fleischbrühe

Salz, Pfeffer • 20 g Butter • 200 ml Ketschup

➤ **Vorbereitung:**

Reis in einem Haarsieb mit kaltem Wasser übergießen und abtropfen lassen.
Die Zwiebeln schälen und fein würfeln.
Schikoree putzen, längs halbieren und in Streifen scheiden. Eine große Schüssel mit kaltem Wasser füllen, den Zitronensaft zugeben und den Schikoree hineinlegen.
Die Jagdwurst in Streifen oder Würfel schneiden.

➤ **Zubereitung:**

Die Hälfte der Zwiebelwürfel in heißem Öl anschwitzen; mit Curry bestäuben. Reis hinzufügen und kurz andünsten. Mit Fleischbrühe auffüllen, salzen und pfeffern und bei mäßiger Hitze 10 Minuten quellen lassen.
Den Schikoree in ein Sieb schütten und abtropfen lassen.
In der Zwischenzeit die restlichen Zwiebelwürfel in Butter rösten.
Schikoree, Zwiebeln und Jagdwurst zum Reis geben. Alles vorsichtig vermischen und im vorgeheizten Backofen bei 120 °C 10 Minuten garen.
Reispilaw anrichten, mit Tomatenketschup beträufeln und servieren.

Johanna Bernth, Leipzig

Reisbällchen mit Gorgonzolafüllung

Zutaten für 4 Personen

1 große Gemüsezwiebel • 200 g Rundkornreis • 4 Eier • 30 g gehackte Mandeln

75 g mittelalter Gouda • 40 g Butter • 400 ml Rindfleischbrühe • Salz, Pfeffer

80 g Gorgonzola • 100 g Mehl • 150 g Paniermehl

➤ **Vorbereitung:**
Die Zwiebel fein würfeln.
Reis 5 Minuten blanchieren, abschütten und kalt abschrecken.
2 Eier verquirlen. Die Mandeln ohne Fett in der Pfanne goldgelb rösten. Den Gouda raspeln.

➤ **Zubereitung:**
Die Zwiebel in der heißen Butter andünsten, Reis und Rindfleischbrühe zugeben. Mit Salz und Pfeffer würzen und etwa 20 Minuten bei mäßiger Hitze quellen lassen. Am Ende der Garzeit den geriebenen Käse, die verquirlten Eier und die Mandeln unter den Reis mischen. Den Reis zum Auskühlen auf einem flachen Backblech ausbreiten und mit Pergamentpapier abdecken.

Den gut ausgekühlten Reis zu etwa 50 Gramm schweren Bällchen formen. In die Mitte jeweils ein kleines Stück geben. Die beiden restlichen Eier verquirlen. Die Reisbällchen zuerst in Mehl, dann in Ei und zuletzt in Paniermehl wälzen. In einer Friteuse bei 160 °C goldgelb backen.

Cornelia Löwenstein, Winningen

Tipp:

Man kann den Topf auch in ein heißes Wasserbad stellen und den Reis auf diese Weise garen, damit er nicht anbrennt. Bei dieser Methode verlängert sich die Garzeit jedoch um einige Minuten.

Reispudding mit Schinken und Wirsing

Zutaten für 4 Personen

200 g Langkornreis • 800 g Wirsing

200 g magerer, roher oder gekochter Schinken

25 g Butter • 6 Eidotter • 4 Eiklar • Salz

100 g geriebener Parmesan • frischer grüner Pfeffer, Muskat

Butter und Semmelbrösel für die Form

104

➤ **Vorbereitung:**

Reis in Salzwasser bissfest kochen und in ein Sieb abschütten.
Wirsing putzen, waschen und zerkleinern. In Salzwasser 10 Minuten kochen, abschütten.
Schinken fein zerkleinern.
Butter und Eidotter schaumig rühren. Eiklar mit einer Prise Salz steif schlagen.

➤ **Zubereitung:**

Reis, Wirsing, Schinken, Parmesan und Ei-Bitter-Mischung behutsam vermischen. Zum Schluss den Eischnee unterheben.

Eine feuerfeste Form buttern und mit Semmelbröseln ausstreuen. Den Reis einfüllen und im Wasserbad bei geringer Hitze (80 °C) garen.

Wilfried Göldner, Berlin

> **Tipp:**
> Mit frischem Kerbel und Béchamelsauce anrichten.

Reisrouladen

Zutaten für 4 Personen

200 g Langkornreis • 1 mittelgroßer Weißkohl

200 g gekochter oder roher Schinken • 2 mittelgroße Zwiebeln • 100 g Schweineschmalz

750 ml Fleischbrühe • Salz, Pfeffer

➤ **Vorbereitung:**

Reis in einem Haarsieb mit kaltem Wasser übergießen und abtropfen lassen.
Den Weißkohlstrunk kegelförmig aushöhlen, in Salzwasser 10 bis 15 Minuten blanchieren und in kaltem Wasser auskühlen lassen.
Schinken und Zwiebeln würfeln.

➤ **Zubereitung:**

Schinken und Zwiebeln in 50 Gramm Schweineschmalz andünsten, Reis zufügen und kurze Zeit weiterdünsten. Mit 500 Milliliter Brühe aufgießen, mit Salz und Pfeffer würzen und auf kleiner Flamme ausquellen lassen.
Die Weißkohlblätter ablösen und nebeneinander ausbreiten. Reis darauf verteilen, die Blätter einrollen und leicht andrücken. Falls nötig mit Bindfaden verschnüren.

Die Rouladen im restlichen Schmalz anbraten, mit Brühe ablöschen und zugedeckt im vorgeheizten Backofen bei 150 °C etwa 40 Minuten schmoren.

Charlotte Nowicki, Pirna-Copitz

Roter Reis mit Mandeln und Rosinen

Zutaten für 4 Personen

200 g Langkornreis oder Roter Reis aus der Camargue

1 große Zwiebel • 100 ml Öl

80 g Tomatenmark • 400 ml Wasser

100 g geschälte Mandeln • 100 g Rosinen

➤ **Vorbereitung:**
Reis in einem Haarsieb mit kaltem Wasser übergießen und abtropfen lassen.
Die Zwiebel schälen und fein würfeln.

➤ **Zubereitung:**
Die gewürfelte Zwiebel in 50 Milliliter Öl glasig dünsten und das Tomatenmark darin verrühren. Reis hinzufügen und anschwitzen. Mit Wasser auffüllen und aufkochen, bis der Reis die Flüssigkeit fast vollständig aufgenommen hat (der Reis muss das Wasser trinken). Deckel auflegen und bei mäßiger Hitze (am besten im Backofen) garen.

Die Mandeln im restlichen Öl knackig rösten. Die Rosinen hinzugeben und kurz anbraten. Mandeln und Rosinen auf Küchenkrepp abtropfen lassen. Reis anrichten und mit Mandeln und Rosinen garnieren.

Rosemarie Altmann, Bautzen

Tipp:

Dieser Reis schmeckt ausgezeichnet zu gebratenem Geflügel.

Schinken-Lauch-Rollen mit Curry-Reis

Zutaten für 4 Personen

200 g Reis • 4 Stangen Lauch (nur die weißen Stangen)

650 ml Gemüsebrühe • 1 mittelgroße Zwiebel

80 g Butter • Curry • 40 g Mehl • 250 ml Milch

125 g Sahneschmelzkäse

Salz, Pfeffer • 4 Scheiben gekochter Schinken

Butter für die Auflaufform

➤ **Vorbereitung:**
Reis in einem Haarsieb mit kaltem Wasser übergießen und abtropfen lassen.
Lauch gründlich waschen, in Gemüsebrühe garen und abgießen. Dabei die Flüssigkeit auffangen. Die Zwiebel schälen und würfeln.

➤ **Zubereitung:**
Die Zwiebelwürfel in 40 Gramm Butter glasig dünsten; mit Curry bestäuben. Reis zufügen und anschwitzen. 400 Milliliter Gemüsebrühe auffüllen, würzen und im vorgeheizten Backofen bei 140 °C garen.
In der Zwischenzeit aus der restlichen Butter und dem Mehl eine Mehlschwitze zuberei-

ten; abkühlen lassen. Restliche Gemüsebrühe und Milch erhitzen. Die Mehlschwitze damit auffüllen und unter ständigem Rühren 10 Minuten köcheln lassen. Den Schmelzkäse zufügen und darin auflösen. Mit Salz und Pfeffer würzen.
Jede Lauchstange mit einer Scheibe Schinken umwickeln. Eine Auflaufform fetten und die umwickelten Lauchstangen hineinlegen. Mit der Sauce übergießen und im vorgeheizten Backofen bei 180 °C überbacken. Mit Reis servieren.

Andrea Ohm, Groß Gladebrügge

Spinatreis mit Hühnerlebern

Zutaten für 4 Personen
200 g Langkornreis • 5 Schalotten
800 g frischer Spinat • 100 g Butter
Salz, Pfeffer, Muskatnuss • 200 ml trockenen Weißwein
500 g Geflügellebern (von Gallengängen befreit)
200 g geriebener Greyerzer
Butter für die Auflaufform

➤ **Vorbereitung:**
Den Reis in 2,5 Liter Wasser kochen, abgießen und in einem Sieb abtropfen lassen. Die Schalotten schälen und fein würfeln. Spinat putzen und gründlich waschen.

➤ **Zubereitung:**
$3/5$ der Schalotten in 50 Gramm Butter andünsten. Den tropfnassen Spinat zufügen und mitdünsten bis er zusammengefallen ist. Mit Salz, Pfeffer und Muskat würzen und mit 100 Milliliter Wein etwa 2 Minuten angaren.

In einer Pfanne die restliche Butter schmelzen und die Leber mit den restlichen Schalottenwürfelchen hellbraun andünsten.
Aus der Pfanne nehmen und den Bratensatz mit dem restlichen Weißwein loskochen.
Die ausgebutterte Auflaufform abwechselnd mit Reis, Spinat und Leber füllen.
Mit geriebenem Käse bestreuen und den Bratenfond übergießen. Im vorgeheizten Backofen bei 200 °C überbacken. Sofort servieren.

Heinz Virnich, Soest

Thunfischrisotto

Zutaten für 4 Personen

400 g Mexikanisches Mischgemüse (Tiefkühlware) • 200 g Langkornreis • 1 Gemüsezwiebel

4 Knoblauchzehen • 250 g geschälte Tomaten (Konservenware, abgetropft)

400 g Thunfisch in Öl (Konservenware) • 1 Bund Petersilie

50 ml Olivenöl • Salz, Pfeffer

➤ **Vorbereitung:**
Mexikanisches Gemüse auftauen lassen.
Reis in reichlich Salzwasser etwa 15 bis 20
Minuten garen.
Zwiebel und Knoblauch schälen und fein
würfeln. Tomaten in Würfel schneiden.
Thunfisch abtropfen lassen (Öl auffangen)
und zerpflücken.
Petersilie waschen und hacken.

➤ **Zubereitung:**
Thunfisch- und Olivenöl in einer Pfanne
erhitzen. Zwiebel- und Knoblauchwürfel
anschwitzen.
Mischgemüse, Tomaten und Thunfisch zufügen, kurz erhitzen und würzen.
Den Reis in ein Sieb schütten, abtropfen lassen und locker unter die anderen Zutaten
mischen.

Wilma Weinschenk, Plochingen

Engelshaar mit Shrimps

Zutaten für 4 Personen

400 g Cappelini • 4 Lauchzwiebeln

2 Knoblauchzehen • 40 g Butter

4 EL Olivenöl • 400 g geschälte Shrimps • Salz, Pfeffer

➤ **Vorbereitung:**
Die Nudeln in 3 Liter kochendem, gesalzenem Wasser etwa 3 Minuten garen;
abgießen.
Inzwischen die Lauchzwiebeln putzen und
schräg in dünne Scheiben schneiden.
Knoblauch schälen.

➤ **Zubereitung:**
Butter und Öl in einer Pfanne erhitzen.
Zwiebeln und Shrimps 2 Minuten darin
dünsten.
Knoblauch darüber pressen und mit Salz und
Pfeffer würzen. Die Nudeln in die Pfanne
geben und nochmals erhitzen. Anrichten.

Anita Weißpflog, Dresden

Schikoree auf Bandnudeln

Zutaten für 4 Personen

500 g Bandnudeln • 4 Schikoree • 1 Prise Salz • Saft von 1 Zitrone

2 dicke Scheiben gekochter Schinken (à 250 g) • 4 mittelgroße Gewürzgurken

100 ml Gemüsebrühe • Kräutersalz, Pfeffer • 200 g Crème fraîche

4 EL Tomatenketschup • Butter für die Form

➤ **Vorbereitung:**

Die Nudeln in leicht gesalzenem Wasser bissfest kochen und abtropfen lassen.
Den Schikoree unter fließendem Wasser reinigen. Einen großen Topf mit Wasser füllen, eine Prise Salz und Zitronensaft zugeben; zum Kochen bringen. Schikoree 7 bis 10 Minuten darin garen. Herausnehmen, das untere, harte Ende entfernen und jede Sprosse längs halbieren.
Schinken und Gewürzgurken in Würfel schneiden.

➤ **Zubereitung:**

Die Gemüsebrühe erhitzen. Eine feuerfeste Form ausbuttern. Nudeln, Schinken, Gurken und Gemüsebrühe mischen. Mit Kräutersalz und Pfeffer würzen und alles in die Form einfüllen.
Den Schikoree obenauf legen. Crème fraîche und Ketschup mischen und über den Auflauf gießen. Im vorgeheizten Backofen bei 150 °C etwa 30 Minuten erhitzen. Heiß servieren.

Ilse Krau, Mannheim

109

Grüne Nudeln mit Mascarpone

Zutaten für 4 Personen

400 g grüne Bandnudeln • 160 g Parmaschinken

300 g Mascarpone • Salz, schwarzer Pfeffer, Muskat

80 g geriebener Parmesan • 2 Eidotter • 50 ml Sahne

➤ Vorbereitung:
Bandnudel in Salzwasser bissfest garen,
abschütten und warm halten.
Parmaschinken in feine Streifen schneiden.

➤ Zubereitung:
Mascarpone unter ständigem Rühren in

einem Topf schmelzen. Mit Salz, Pfeffer und
Muskat würzen. Den Parmesan zufügen.
Eidotter und Sahne miteinander verrühren
und zur Mascarponesauce geben. Nudeln
mit der Sauce übergießen und servieren.

Manuela Kuhnhardt, Leipzig

Kartoffelnudeln

Zutaten für 4 Personen

8 mittlere, mehlig kochende Kartoffeln • 2 Zwiebeln

250 ml Öl • 2 Eier • Salz, Pfeffer, Muskat

1 EL Mehl (ersatzweise 20 g Stärkemehl)

➤ Vorbereitung:
Die Kartoffeln in der Schale kochen. Noch
heiß schälen, trocknen lassen und passieren.
Die Zwiebeln schälen und sehr fein hacken.
In 2 Esslöffel Öl anschwitzen.
Eier verquirlen und mit den Zwiebeln unter
die Kartoffelmasse mischen. Mit Salz, Pfeffer
und Muskat abschmecken. Abkühlen lassen.

➤ Zubereitung:
Mehl oder Stärke unter die kalte Kartoffel-
masse mischen. Die Masse in gleichmäßige
Portionen teilen und auf einem bemehlten
Schneidebrett mit der flachen Hand länglich

ausrollen. Das restliche Öl in einer schweren
Pfanne erhitzen und die Kartoffelnudeln bei
mittlerer Hitze knusprig gebacken.

Karl-Peter Rosenbaum, Bad Salzungen

Tipp:

**Die Menge der Eier und des Mehls richtet sich
nach dem Feuchtigkeitsgehalt der passierten
Kartoffeln. Bei trockenen Kartoffeln nur den
Eidotter verwenden.**

Nudeln mit Thunfisch

Zutaten für 4 Personen

2 Stangen Staudensellerie (mit grünem Blattwerk) • 2 Knoblauchzehen • 400 g Tomaten

2 Dosen Thunfisch (im eigenen Saft) • 400 g Bandnudeln

50 ml Olivenöl • 75 ml Weißwein • Salz, Pfeffer • 20 ml Zitronensaft

➤ Vorbereitung:

Sellerie putzen, waschen und in feine Streifen schneiden. Das Selleriegrün fein hacken und beiseite stellen.
Die Knoblauchzehen schälen.
Tomaten häuten, entkernen und das Fruchtfleisch in Würfel schneiden.
Den Thunfisch in einem Haarsieb abtropfen.
Die Bandnudeln im Salzwasser garen.
Abgießen und warm stellen.

➤ Zubereitung:

Sellerie in Olivenöl andünsten. Knoblauch dazupressen. Thunfisch, Wein und Tomaten zufügen. Mit Salz, Pfeffer und Zitronensaft würzen. 5 Minuten bei kleiner Hitze köcheln lassen.
Nudeln mit Thunfischsauce übergießen und servieren.

Stefanie Molitor, Frankfurt/M.

Nudelpudding

Zutaten für 4 Personen

1 Bund Petersilie • 200 g Schwarzwälder Schinken • 500 g Spaghetti • 4 Eier

200 g Crème fraîche • Salz, Pfeffer, Muskat, Paprikapulver • 200 g geriebener Käse

Butter für die Auflaufform

➤ Vorbereitung:

Petersilie waschen und hacken.
Schinken in feine Würfel schneiden.

➤ Zubereitung:

Die Spaghetti in reichlich, leicht gesalzenem Wasser bissfest kochen. Die Eier verquirlen und mit der Crème fraîche vermischen. Mit Salz, Pfeffer, Muskat und Paprikapulver würzen. Die Spaghetti in ein Sieb abschütten, mir kaltem Wasser überspülen und in eine

gebutterte Auflaufform füllen. Mit der Eiermasse übergießen und mit Käse bestreuen. Im vorgeheizten Backofen bei 160 °C etwa 30 Minuten stocken lassen.

Monika Becker, Wuppertal

Tipp:

Als Beilage kann man eine Tomatensauce reichen.

111

Rote Nudeln

Zutaten für 4 Personen

2 Zwiebeln • 1 Bund Basilikum • 500 g Spaghetti • 100 ml Olivenöl

80 g Tomatenmark • Kräutersalz, Pfeffer, Muskat • 200 g geriebener Parmesan

➤ **Vorbereitung:**
Die Zwiebeln schälen und fein würfeln. Basilikum waschen, die Blätter zupfen und in feine Streifen schneiden.

➤ **Zubereitung:**
Die Spaghetti in reichlich, leicht gesalzenem Wasser bissfest kochen. In der Zwischenzeit die Zwiebeln in Olivenöl anschwitzen.

Tomatenmark zugeben und einige Minuten schmoren lassen. Die Spaghetti abschütten und kurz mir kaltem Wasser überspülen. Unter die Zwiebeln mischen und mit Salz, Pfeffer und Muskat würzen. Auf Teller anrichten, mit Basilikum bestreuen und sofort servieren. Dazu Parmesan reichen.

Sabine Schurer, Munderkingen

Vollkornnudeln

Zutaten für 4 Personen

250 g frisch gemahlenes Vollkornmehl • Muskatnuss

2 Eier • 2 Eidotter • 4 EL Olivenöl

➤ **Vorbereitung:**
Vollkornmehl auf der Arbeitsfläche aufhäufen. In die Mitte eine Mulde drücken. Die restlichen Zutaten in die Mitte geben und alles von Hand zu einem sehr festen und glatten Teig kneten. Unter einem feuchten Tuch oder einer Klarsichtfolie etwa 1 Stunde ruhen lassen.

➤ **Zubereitung:**
Den Teig hauchdünn ausrollen und in schmale Bänder schneiden. Reichlich Salzwasser zum Kochen bringen und die frischen Nudeln – je nach Dicke – 5 bis 10 Minuten garen.

Durch die Zugabe von Tomatenmark, püriertem Spinat oder fein gehackten Kräutern lassen sich Farbe und Geschmack des Nudelteigs schnell variieren.

Erika Thieser, Saarwellingen

Tipp:

Wird der Nudelteig in einer Küchenmaschine geknetet (etwa 5 Minuten), kann er sofort weiterverarbeitet werden. Nudelteig darf man übrigens nie salzen, weil der ausgearbeitete Teig sonst schnell brüchig wird.

Broccoli-Lachs-Lasagne

Zutaten für 4 Personen

1 kg Brokkoli • 2 mittelgroße Zwiebeln • 1 Bund Dill

400 g geräucherter Lachs • 12 Lasagneblätter

125 g Butter • 65 g Mehl • 250 ml Milch

250 ml Sahne • Salz, Pfeffer, Muskat

200 g geriebener, mittelalter Gouda

Butter für die Form

► **Vorbereitung:**
Brokkoli putzen, waschen und in kleine Röschen teilen. Dicke Stengel mit einem Sparschäler schälen und in Stücke schneiden. Röschen und Stiele in etwa 250 Milliliter Salzwasser 3 bis 5 Minuten garen. Abtropfen lassen, dabei das Gemüsewasser auffangen.
Die Zwiebeln schälen und würfeln.
Dill waschen und fein schneiden.
Räucherlachs in dünne Scheiben schneiden.
Die Lasagneblätter im Gemüsewasser unter Zugabe von 20 Gramm Butter bissfest kochen. Herausnehmen und abtropfen lassen. Brühe nicht weggießen.

► **Zubereitung:**
Aus 65 Gramm Butter und Mehl eine Mehlschwitze herstellen. Leicht abkühlen lassen

und mit 250 Milliliter Gemüsebrühe, Milch und Sahne auffüllen.
Unter ständigem Rühren etwa 10 Minute köcheln lassen. Mit Salz, Pfeffer und Muskat abschmecken.
Eine feuerfeste Form buttern.
Abwechselnd Sauce, Lasagneblätter, Gemüse, Zwiebeln, Dill und Lachs einschichten; mit Sauce abschließen.
Mit geriebenem Käse bestreuen und die restliche Butter in Flocken obenauf geben.
Mit Alufolie bedecken.
Im vorgeheizten Backofen bei 180 °C
45 Minuten backen. Alufolie entfernen und 10 Minuten gratinieren.

Gisela Bender, Frankfurt/M.

Lasagne mit Putenbrust

Zutaten für 4 Personen

400 g Putenbrust • 50 ml Öl

Salz, Pfeffer, Muskat, italienische Kräutermischung

400 g frische Champignons • Saft von 1 Zitrone • 1 Zwiebel

50 g Butter • 50 g Mehl • 750 ml Milch • 12 Lasagneplatten

200 g geriebenen Gouda • Butter für die Form

➤ **Vorbereitung:**
Putenbrust in feine Streifen schneiden, in heißem Öl anbraten und würzen. Aus dem Bratfett nehmen. Die Champignons putzen, waschen, vierteln und mit etwas Zitronensaft marinieren.
Zwiebel schälen, würfeln und im Bratfett des Putenfleisches anschwitzen. Die Champignons zufügen, leicht pfeffern und salzen und noch etwas dünsten. Am Herdrand abkühlen lassen.

➤ **Zubereitung:**
Butter zerlassen und mit Mehl eine Mehlschwitze herstellen. Etwas abkühlen lassen,

mit heißer Milch auffüllen und unter ständigem Rühren 10 Minuten kochen. Die Béchamelsauce mit dem restlichen Zitronensaft und Gewürzen abschmecken.
Eine Auflaufform buttern. Abwechselnd Sauce, 3 Lasagneblätter, Putenbrust, Champignons und geriebenen Käse einschichten. Mit Bechamelsauce und geriebenem Käse abschließen. Mit Alufolie abdecken. Im vorgeheizten Ofen bei 180 °C 45 Minuten backen.
Alufolie entfernen und weitere 10 Minuten gratinieren.

Carmen Binneberg, Freital

Tomatenlasagne

Zutaten für 4 Personen

1 kg Fleischtomaten • 12 Lasagneblätter • Salz

1 Bund Basilikum • 300 g Mozzarella • 60 g Butter

60 g Mehl • 400 ml Milch • 100 ml Sahne

200 ml trockener Weißwein

Salz, Pfeffer, Muskat • 100 g geriebener Parmesan

Butter für die Auflaufform

114

► Vorbereitung:
Von den Fleischtomaten den Stielansatz entfernen und die Haut kreuzweise einschneiden.
In kochendem Wasser blanchieren, enthäuten und in 1 Zentimeter dicke Scheiben schneiden.
Die Lasagneblätter einige Minuten in kochendem Salzwasser vorgaren.
Basilikumblätter zupfen, waschen und in Streifen schneiden. Mozzarella würfeln.

► Zubereitung:
Butter erhitzen und mit Mehl eine Mehlschwitze herstellen. Abkühlen lassen. Mit

heißer Milch, Sahne und Weißwein auffüllen und unter ständigem Rühren zum Kochen bringen. Mit Salz, Pfeffer und Muskat würzen und 10 Minuten kochen.
Eine Auflaufform buttern und abwechselnd Sauce, 3 Lasagneblätter, Tomatenscheiben, Mozzarella, Basilikum und geriebenen Käse einschichten.
Mit Sauce und geriebenem Käse abschließen. Mit Alufolie bedecken und im vorgeheizten Backofen bei 180 °C 45 Minuten backen. Folie entfernen und 10 Minuten knusprig backen.

Werner Hack, Linz

Hoppelpoppel mit Pilzen

Zutaten für 4 Personen

500 g gekochte Kartoffeln (in der Schale)

500 g Pilze der Saison • 2 dicke Zwiebeln

60 g Butter • 4 Tomaten • ½ Bund Petersilie • ½ Bund Schnittlauch

4 Eier • Salz, Pfeffer

► Vorbereitung:
Die gut gekühlten Kartoffeln pellen und in Scheiben schneiden.
Die Pilze putzen, kurz waschen und je nach Größe klein schneiden.
Die Zwiebeln schälen und in Streifen schneiden. Zwiebeln in 20 Gramm heißer Butter anschwitzen, Pilze hinzufügen und noch einige Zeit mitdünsten.
In der Zwischenzeit den Stielansatz der Tomaten entfernen und die Haut kreuzweise einschneiden. In kochendem Wasser blanchieren, enthäuten, halbieren und in 1 Zentimeter dicke Streifen schneiden.
Petersilie waschen, zupfen und hacken.

Schnittlauch waschen und in feine Ringe schneiden.
Eier aufschlagen und verquirlen.

► Zubereitung:
Die restliche Butter in einer Stielpfanne erhitzen und die Kartoffelscheiben darin braten. Pilze und Zwiebel zufügen.
Mit Salz und Pfeffer würzen. Die gequirlten Eier über die Kartoffeln gießen und unterziehen.
Auf Teller anrichten, mit Tomatenstreifen und Kräutern garnieren. Heiß servieren.

Gudrun Röttig, Ebersbach

Kartoffellasagne

Zutaten für 4 Personen

600 g Pellkartoffeln • 30 g Butter • 30 g Mehl

375 ml Milch • Kräutersalz, Pfeffer, Muskat, gerebelter Majoran

75 g Schmelzkäse • 400 g gemischtes Hackfleisch

4 EL Öl • 250 g Tomaten (Konservenware, abgetropft)

50 ml Fleischbrühe • 100 g geriebener Gouda

Butter für die Auflaufform

➤ **Vorbereitung:**
Die Kartoffeln in Scheiben schneiden.
Butter zerlassen und mit Mehl eine Mehlschwitze herstellen. Auskühlen lassen, mit
heißer Milch auffüllen und unter ständigem
Rühren zum Kochen bringen. Mit Kräutersalz, Pfeffer, Muskat und Majoran würzen.
10 Minuten köcheln lassen, dann den
Schmelzkäse zufügen.

➤ **Zubereitung:**
Hackfleisch in heißem Öl anbraten und würzen. Die Tomaten würfeln und mit der

Fleischbrühe zum Hackfleisch geben. Etwas
abkühlen lassen.
Eine Auflaufform buttern. Abwechselnd Kartoffeln und Hackfleisch einfüllen, mit der
Bechamelsauce beträufeln und mit geriebenem Käse bestreuen. Mit Alufolie abdecken.
Im vorgeheizten Backofen bei 180 °C
45 Minuten backen. Folie abnehmen und
weitere 10 Minuten gratinieren.

Christelinde Kleen, Ihlow

Kartoffelauflauf mit Feta

Zutaten für 4 Personen

2 mittelgroße Zwiebeln • 250 g gekochter Schinken

50 ml Sonnenblumenöl • 1 kg Kartoffeln • 200 g Feta

1 Bund Petersilie • 200 ml Sahne

150 g Crème fraîche • 2 Eier

Salz, Pfeffer, Paprikapulver

Butter für die Auflaufform

➤ **Vorbereitung:**
Zwiebeln schälen und wie den Schinken fein würfeln.
Die Zwiebeln in Öl glasig dünsten, Schinken hinzugeben und noch etwas mitschwitzen.
Kartoffeln waschen, schälen und in feine Scheiben schneiden.
100 Gramm Feta zerbröckeln. Petersilie waschen, trockenschwenken und hacken.

➤ **Zubereitung:**
Den restlichen Feta mit der Sahne pürieren,

mit Crème fraîche und Eiern verrühren; mit Salz, Pfeffer und Paprikapulver abschmecken.
Auflaufform buttern und abwechselnd Zwiebel-Schinken-Mischung, Kartoffeln und zerbröckelten Feta einschichten. Mit der Sauce übergießen und im vorgeheizten Backofen bei 180 °C etwa 50 Minuten backen. Vor dem Servieren mit Petersilie bestreuen.

Stefan Bergner, Stuttgart

Rheinischer Döppekoche (Topfkuchen)

Zutaten für 4 Personen

1 trockenes Brötchen • 150 ml Milch • 200 g geräucherter Speck • 2 EL Öl

1200 g mehlige Kartoffeln • 2 mittelgroße Zwiebeln • 2 Eier

Salz, Pfeffer, Muskat • 40 g Schweineschmalz

➤ **Vorbereitung:**
Brötchen würfeln und in der Milch einweichen.
Den Speck in feine Würfeln schneiden und in heißem Öl anbraten.
Die Kartoffeln schälen, raspeln und in einem Sieb ausdrücken.
Zwiebeln schälen und sehr fein würfeln.

➤ **Zubereitung:**
Die Eier aufschlagen und verrühren. Mit den restlichen Zutaten vermischen. Kräftig mit Salz, Pfeffer und Muskat würzen.
Einen Bräter mit etwas Schweineschmalz fetten und mit der Kartoffelmasse füllen. Das restliche Schmalz schmelzen lassen und auf den Auflauf träufeln. Im vorgeheizten Backofen bei 180 bis 200 °C 60 Minuten dunkelbraun backen.

Christiane Baulig, Kirchwald

Tipp:

Dazu schmeckt Apfelmus.

Fischgerichte

Gebratener Räucheraal mit gestowten Kartoffeln

Zutaten für 4 Personen

1 kg Kartoffeln • 600 g Aal • 2 unbehandelte Zitronen • 1 Bund Petersilie

125 ml Vollmilch • 250 ml Sahne • Salz, Muskat • Zucker • 40 g Butter

➤ **Vorbereitung:**
Die Kartoffeln kochen, pellen und in Scheiben schneiden. Den Aal abziehen, filetieren und in fingerlange Stücke schneiden. Zitrone schälen und in dünne Scheiben schneiden. Die Petersilie waschen und trocknen. Die Blättchen abzupfen und fein hacken.

➤ **Zubereitung:**
Milch und Sahne erhitzen. Kartoffelscheiben vorsichtig unterrühren, bis alles leicht sämig ist. Mit Salz, Muskat und Zucker abschme-

cken. In der Zwischenzeit die Butter in einer Pfanne aufschäumen. Aal und Zitronenscheiben hineingeben und bei mittlerer Hitze kurz braten. Sofort in der Pfanne servieren. Die gestowten Kartoffeln getrennt dazu reichen.

Johannes Thomsen, Rellingen

Tipp:

Dazu trinkt man kühles Pils und eiskalten Aquavit.

Cordon bleu von Fisch

Zutaten für 4 Personen

2 Zitronen • 4 Scheiben Rotbarschfilet à 150 g

Salz, Pfeffer • 4 Scheiben gekochten Schinken • 4 Scheiben Emmentaler

100 g Mehl • 2 verquirlte Eier • 150 g Paniermehl • 80 g Butter

➤ **Vorbereitung:**
Eine Zitrone schälen und in dünne Scheiben schneiden. Die zweite Zitrone halbieren und auspressen. Die Fischfilets säubern und jeweils eine Tasche einschneiden. Mit Zitronensaft beträufeln, salzen und pfeffern. Schinken und Käse in die Tasche füllen. Jedes Filet zuerst in Mehl, dann in verquirltem Ei und zuletzt in Paniermehl wenden. Die Schnittstelle gut andrücken und mit einem Zahnstocher fixieren.

➤ **Zubereitung:**
Butter bei mäßiger Hitze aufschäumen lassen und die Fischfilets darin goldgelb braten. Auf Tellern anrichten, mit Zitronenscheiben belegen und mit der Bratbutter übergießen.

Olaf Kröger, Hamburg

Tipp:

Als Beilage passen Salzkartoffeln und Gurkensalat mit Dill.

Fischrisotto

Zutaten für 4 Personen

4 Tomaten • 200 g rote, grüne und gelbe Paprikaschoten

400 g Rotbarschfilet (ersatzweise Seelachs oder Kabeljau) • Saft von 1 Zitrone

1 große Zwiebel • 2 Knoblauchzehen • 4 EL Olivenöl • 200 g Langkornreis

Salz, Pfeffer, Paprikapulver, Oregano • 40 g Butter

50 g geriebenen Parmesankäse

➤ **Vorbereitung:**
Tomaten mit kochendem Wasser überbrühen, häuten, halbieren, entkernen und das Fruchtfleisch würfeln. Paprikaschoten waschen, halbieren, entkernen und in schmale Streifen schneiden.
Fischfilets säubern, in Würfel schneiden, mit Zitronensaft beträufeln und salzen. Zwiebel und Knoblauchzehen schälen und fein hacken. Den Backofen auf 180 °C vorheizen.

➤ **Zubereitung:**
Olivenöl erhitzen. Zwiebel und Knoblauch darin andünsten, jedoch keine Farbe annehmen lassen. Reis hinzufügen und etwas mitdünsten. 400 Milliliter Wasser angießen; mit

Salz, Pfeffer, Paprikapulver und Oregano würzen. Bei mäßiger Hitze etwa 15 Minuten quellen lassen. Tomatenwürfel, Paprikastreifen und Fisch unter den Reis mischen und weitere 10 Minuten im Backofen garen. Butterflöckchen auf dem Reis verteilen und alles mit Parmesan bestreuen. Nochmals 5 Minuten in den Ofen schieben.

Eva-Maria Hein, Bad Salzdetfurth

Tipp:
Dazu serviert man gedünstete Salatgurke.

121

Fischfilet mit Birnensahne

Zutaten für 4 Personen

4 Fischfilets (à 150 g, z. B. Rotbarsch, Kabeljau, Seelachs)

Saft von 1 Zitrone • 40 g Butter • Salz, Pfeffer • ½ Bund Petersilie

½ Bund Schnittlauch • 2 große Birnen • 100 g Crème fraîche

40 g Meerrettich

➤ **Vorbereitung:**
Die Fischfilets waschen, trockentupfen und mit Zitronensaft beträufeln.
Den Backofen auf 200 °C vorheizen.

➤ **Zubereitung:**
Eine Gratinform mit etwas Butter einreiben. Die Fischfilets hineinlegen, salzen und pfeffern. Die restliche Butter in Flöckchen auflegen. Die Form 10 Minuten in den Backofen schieben.
In der Zwischenzeit die Petersilie hacken und den Schnittlauch in Ringe schneiden. Die

Birnen schälen und raspeln. Petersilie, Schnittlauch, geraspelte Birnen, Crème fraîche und Meerrettich zu einer Crème verrühren; mit Salz und Pfeffer würzen.
Die Birnencreme auf die Fischfilets streichen und weitere 10 Minuten im Ofen garen.

Marga Kuhlmann, Lotte-Büren

Tipp:

Mit Schalenkartoffeln servieren.

122

Fischragout

Zutaten für 4 Personen

500 g Seelachsfilet • Saft von 1 Zitron

je 1 rote, gelbe und grüne Paprikaschote

200 g Zucchini • 125 g Tomaten • 1 Bund Petersilie • 50 g Butter • 50 g Mehl

500 ml Fischfond • 100 ml Sahne • Salz, Pfeffer

➤ **Vorbereitung:**
Seelachsfilet waschen, in mundgerechte Stücke schneiden und mit Zitronensaft beträufeln. Paprikaschoten und Zucchini waschen, putzen und würfeln. Die Tomaten häuten, die Kerne entfernen und das übrige Fruchtfleisch in Streifen schneiden. Petersilie waschen, trockentupfen und hacken.

Tipp:

Schmeckt am besten mit Reis.

➤ **Zubereitung:**
In einem Topf die Butter erhitzen. Paprikaschoten und Zucchini anschwitzen. Mit Mehl bestäuben und mit Fischfond sowie Sahne auffüllen. Unter ständigem Rühren zum Kochen bringen und etwa 5 Minuten garen. Fisch zugeben und 10 Minuten im Sahnegemüse garziehen lassen. Am Ende der Garzeit die Tomaten zufügen. Mit Salz, Pfeffer und Zitronensaft abschmecken. Vor dem Servieren mit Petersilie bestreuen.

Rolf Meiers, Großrosseln

Fischspieße mit Tomaten-Zwiebel-Sauce

Zutaten für 4 Personen

600 g Victoriabarschfilet (ersatzweise Rotbarsch oder Hecht)

Saft von 1 Zitrone • je ½ rote, grüne und gelbe Paprikaschote • 6 mittelgroße Zwiebeln

4 mittelgroße Tomaten • 50 ml Olivenöl • Salz, Pfeffer • 50 g Tomatenmark

25 ml Tomatenketschup • 2 EL Honig

➤ **Vorbereitung:**

Fischfilet waschen, in gleichmäßige Stücke schneiden und mit Zitronensaft marinieren. Das Kerngehäuse aus den Paprikaschoten entfernen und das Fleisch etwas 1,5 Zentimeter große Würfel schneiden. 4 Zwiebeln schälen und achteln. Tomaten waschen und achteln; dabei den Stielansatz herausschneiden. Fisch, Paprika, Zwiebeln und Tomaten abwechselnd auf Holzspieße stecken. Die restlichen Zwiebel schälen und in feine Streifen schneiden.

➤ **Zubereitung:**

Fischspieße in heißem Olivenöl anbraten; mit Salz und Pfeffer würzen. Aus der Pfanne

nehmen und warm halten. Im gleichen Bratfett die feinen Zwiebelstreifen anschwitzen, und mit dem Tomatenmark leicht andünsten. Mit 150 Milliliter Wasser ablöschen, mit Ketschup, Honig, Salz und Pfeffer würzen. Die Fischspieße wieder in die Sauce geben hinzufügen und bei schwacher Hitze fertig garen.

Nicole Hebenstreit, Schwanewede,

Tipp:

Als Beilage reicht man Reis oder Weißbrot.

124

Forellen im Speckhemd

Zutaten für 4 Personen

4 ausgenommene Forellen (à 175 g) • Saft von 1 Zitrone

12 Scheiben geräucherter magerer Speck • 60 g Butter • 300 g saure Sahne

Salz, Pfeffer, Paprikapulver, Cayennepfeffer • Zucker

➤ **Vorbereitung:**
Den Backofen auf ca. 220° C vorheizen. Die Forellen unter kaltem Wasser abspülen, mit Küchenkrepp trockentupfen, innen und außen mit Zitronensaft bestreichen, salzen und pfeffern. Jeden Fisch mit 3 Speckscheiben umwickeln.

➤ **Zubereitung:**
In einer Auflaufform die Butter schmelzen. Die Forellen in die Form legen, mit Folie bedecken und im heißen Backofen etwa 15 Minuten garen. In der Zwischenzeit die

Sahne erhitzen und mit den Gewürzen und Zucker abschmecken. Die Sahnesauce über die Forellen gießen, die Temperatur auf 180 °C reduzieren und die Fische weitere fünf Minuten gar ziehen.

Edgar Weyrich, St. Wendel

Tipp:

Sehr gut passen dazu Salzkartoffeln und Feldsalat

Gedünsteter Goldbarsch in der Folie

Zutaten für 4 Personen

4 Goldbarschfilets (à 200 g) • 100 g Butter • Saft von 1 Limone

Salz, Pfeffer, Safranfäden • 1 kleine Ingwerwurzel • 2 Knoblauchzehen

➤ **Vorbereitung:**
Goldbarschfilets waschen, trockentupfen und auf ein Stück gebutterte Alufolie (30 x 30 Zentimeter) legen. Mit Limonensaft beträufeln und mit Salz, Pfeffer, Safranfäden und geriebenem Ingwer würzen. Knoblauchzehen schälen und über den Fisch pressen. Restliche Butter schmelzen und ebenfalls über den Fisch gießen. Die Alufolie sorgfältig verschließen.

➤ **Zubereitung:**
Einen Bräter zwei Finger hoch mit heißem Wasser füllen (etwa 80 °C), den fest in Folie verpackten Fisch in des Wasser legen und alles mit Alufolie abdecken.
Den Fisch im vorgeheizten Ofen bei 80 °C etwa 20 Minuten gar ziehen lassen.

Wolfgang Halisch, Dietzenbach

Heilbutt mit Orangensauce

Zutaten für 4 Personen

4 Heilbuttscheiben (à 200 g) • Saft von 1 Zitrone • Pfeffer, Salz

100 g Mehl • 2 Eier • 150 g geriebenes, entrindetes Weißbrot • 100 g Butter

125 ml Orangensaft • 125 g Crème fraîche • 4 Orangenscheiben

4 Zitronenscheiben • 4 Zweige Zitronenmelisse

➤ **Vorbereitung:**

Heilbuttscheiben waschen und trockentupfen; mit Zitronensaft und Pfeffer marinieren und leicht salzen. Mit Mehl bestäuben; überschüssiges Mehl abklopfen. Die Fischscheiben durch die verquirlten Eier ziehen (leicht abstreifen) und anschließend in geriebenem Weißbrot wenden. Die Panade leicht andrücken.

➤ **Zubereitung:**

Die Heilbuttscheiben in Butter goldgelb braten. Auf vorgewärmtem Geschirr anrichten und warm stellen. Den Bratensatz mit Orangensaft ablöschen und die Crème fraîche einrühren. Die Sauce kurz aufkochen und abschmecken.
Heilbutt mit der Sauce beträufeln; mit Orangen- und Zitronenscheiben sowie Zitronenmelisse garnieren. Heiß servieren.

Swen Speck, Malchow

Heilbuttfilet unter der Kartoffelkruste

Zutaten für 4 Personen

800 g mittelgroße Kartoffeln (mehlig kochende Sorte)

Salz • 4 Heilbuttfilets (à 200 g)

Saft von 1 Zitrone

2 EL Olivenöl • Pfeffer

50 g mittelscharfer Senf

2 Knoblauchzehen

120 ml Milch • 120 ml Sahne

120 g Weichkäse

➤ **Vorbereitung:**
Die Kartoffeln schälen und in sehr dünne
Scheiben schneiden; anschließend etwa
6 Minuten in Salzwasser blanchieren.
Abgießen und abtropfen lassen.
In der Zwischenzeit die Heilbuttfilets
waschen, trockentupfen und mit Zitronensaft beträufeln.
Eine feuerfeste Form mit 1 Esslöffel Olivenöl
ausstreichen und die Heilbuttfilets hineinlegen. Den Fisch salzen, pfeffern und mit
Senf bestreichen. Die Kartoffelscheiben
ziegelartig auf den Heilbutt legen.
Knoblauchzehen schälen. Den Backofen auf
200 °C vorheizen.

➤ **Zubereitung:**
Das restliche Olivenöl erhitzen, den Knoblauch dazupressen und andünsten. Milch,
Sahne und Käse zufügen; kurze Zeit köcheln
lassen und abschmecken.
Die Sauce über die Kartoffeln gießen und
alles im heißen Backofen 15 bis 20 Minuten
garen.

Herbert Ahlswe, Seelze

Gefüllte grüne Heringe

Zutaten für 4 Personen

8 grüne Heringe (ausgenommen und geputzt) • Saft von 1 Zitrone • 200 g Zwiebeln

200 g geräucherter Speck • Salz, Pfeffer • 75 ml Öl • 100 g Mehl

120 g frisch geriebenes Weißbrot • 50 g Butter • Öl für die Form

etwas abgeriebene Schale einer unbehandelten Zitrone

➤ **Vorbereitung:**
Die Heringe waschen, trocken tupfen und mit Zitronensaft beträufeln.
Zwiebel schälen und fein würfeln. Speck in feine Streifen schneiden.
Den Backofen auf 220 °C vorheizen.

➤ **Zubereitung:**
Öl in einer Pfanne erhitzen. Die Heringe, salzen, pfeffern und mit Mehl bestäuben.
Überschüssiges Mehl leicht abklopfen und die Fische im heißen Öl knusprig braten.

Aus der Pfanne nehmen, der Länge nach halbieren, von den Gräten befreien und in eine leicht geölte Auflaufform legen.
Bratfett filtern und wieder in die Pfanne geben. Zwiebel und Speck darin andünsten; mit Weißbrot mischen und mit Salz, Pfeffer und Zitronenschale würzen.
Heringsfilets mit der Zwiebelmischung begießen; obenauf Butterflöckchen geben.
Im heißen Ofen 10 Minuten gratinieren.

Benntraud Schuster, Flensburg

Kabeljau mit Apfel-Zwiebel-Gemüse

Zutaten für 4 Personen

4 Kabeljaufilets (à 200 g) • Saft von 1 Zitrone • 2 mittelgroße Zwiebeln • 2 mittelgroße Äpfel

100 ml Öl • Salz, Pfeffer • 100 g Mehl • 40 g Butter • 200 ml Sahne • 1 TL Senf

➤ **Vorbereitung:**
Kabeljau mit kaltem Wasser abspülen, trockentupfen und mit Zitronensaft beträufeln.
Zwiebel und Äpfel schälen und würfeln.

➤ **Zubereitung:**
Das Öl in einer Pfanne erhitzen. Kabeljau salzen, pfeffern, in Mehl wenden und im heißen Öl braten. Auf eine Platte geben und im Backofen warm stellen.

Die Butter erwärmen; zuerst die Zwiebeln, dann die Äpfel leicht darin andünsten. Mit Sahne und Senf auffüllen, abschmecken und den Fisch damit übergießen.

Eva Dreyer, Frankfurt/O.

Tipp:

Dazu reicht man Schnee- oder Schalenkartoffeln.

128

Brauner Karpfen

Zutaten für 4 Personen

1 Karpfen (etwa 2 kg) • 125 ml Karpfenblut • 2 EL Essig

2-3 mittlere Zwiebeln • 50 g Rosinen • 30 g Butter • 2 Lorbeerblätter • 6 Pimentkörner

6 Wacholderbeeren • Salz, Pfeffer • Zucker • ½ l Malzbier

75 g Pfefferkuchen • 1 Bund Petersilie

➤ **Vorbereitung:**
Den Fisch waschen, trockentupfen und in vier, gleich große Stücke schneiden. Karpfenblut mit Essig vermischen. Zwiebeln schälen und fein hacken. Rosinen waschen und abtropfen lassen. Petersilie abspülen, trockenschleudern und zerpflücken.

➤ **Zubereitung:**
Butter erhitzen und die Zwiebeln hellbraun anbraten. Lorbeerblätter, Pimentkörner, Wacholderbeeren, Salz, Pfeffer und Zucker zugeben. Mit Malzbier aufgießen und alles 20 Minuten köcheln lassen. Die Flüssigkeit durch ein Sieb in einen anderen Topf gießen. Pfefferkuchen fein zerbröckeln und mit den

Rosinen in den Sud geben; aufkochen lassen.
Karpfenstücke in den Sud legen und bei niedriger Hitze etwa 30 Minuten garen. Herausheben und auf einer vorgewärmten Platte anrichten.
Den Sud mit Karpfenblut binden und die Fischstücke mit Sauce beträufeln. Vor dem Servieren mit Petersilie garnieren.

Doris Pelikan, Neubrandenburg

Tipp:
Die restliche Sauce getrennt reichen.

129

Lengfilet auf Zucchinistreifen

Zutaten für 4 Personen

4 Lengfilets (à 150 g) • 2 Zitronen • 2 Zucchini (etwa 500 g) • Salz • 4 Tomaten

2 Knoblauchzehen • einige Zweige Basilikum, Dill, und Schnittlauch • 3 EL Olivenöl

Pfeffer • 50 g geriebener Gouda • 30 g Paniermehl • Öl für die Form

➤ Vorbereitung:

Die Fischfilets waschen, trockentupfen, mit dem Saft einer Zitrone beträufeln und salzen.

Zucchini waschen und zunächst der Länge nach in dünne Scheiben, dann in feine Streifen schneiden. In kochendem Salzwasser blanchieren und in einem Sieb abtropfen lassen.

Tomaten häuten und in Scheiben schneiden. Knoblauch schälen. Die zweite Zitrone schälen und in acht Scheiben schneiden. Die Kräuter waschen, zupfen und klein schneiden.

➤ Zubereitung:

Olivenöl in einem Topf erhitzen, Knoblauch hineinpressen und die Zucchinistreifen zugeben.

Leicht andünsten und mit Salz und Pfeffer würzen.

Die Fischfilets in eine leicht geölte, feuerfeste Auflaufform geben und mit Tomatenscheiben belegen. Zucchinistreifen aufstreuen.

Geriebenen Gouda, Paniermehl und Kräuter mischen und auf den Tomaten verteilen.

Den Auflauf im vorgeheizten Backofen bei 200 °C 25 Minuten backen. Mit Zitronenscheiben belegen und servieren.

Annette Schamm, Wolfach

Tipp:

Dazu schmeckt frisches Baguette oder Reis.

Prinzenfisch

Zutaten für 4 Personen

200 g weiße Lauchstaude, Zwiebeln, Sellerie

Möhren und Petersilienstängel

Salz, weiße Pfefferkörner, Kümmel

1 Lorbeerblatt • Weißwein und Essig

2 kleine Hummer (à 500 g; ersatzweise 200 g ausgelöstes Hummerfleisch)

12 frische Spargelstangen • Salz

4 Dorschfilet (à 150 g) • Saft von 1 Zitrone

35 g Butter • 30 g Mehl

200 ml Kalbfleischbrühe

200 ml Sahne • 50 ml trockener Sherry • weißer Pfeffer

8 Stück kleines Blätterteiggebäck

➤ **Vorbereitung:**
Gemüse und Petersilienstängel waschen und klein schneiden. Mit 2 Liter Wasser, Salz, Pfeffer, Kümmel und Lorbeer aufkochen. 10 Minuten köcheln lassen. Essig und Weißwein zugeben, Hummer mit den Köpfen voran in die kochende Court bouillon geben. Hummer etwa 10 Minuten im leicht wallenden Sud gar ziehen. Schwanz- und Scherenfleisch der Hummer auslösen. Spargel waschen, schälen und in Salzwasser bissfest garen.

➤ **Zubereitung:**
Dorschfilets waschen, trockentupfen. Einen Kochtopf mit 1 Teelöffel Butter ausreiben und die Filets hineinlegen. Mit Zitronensaft beträufeln, salzen und mit kochendem Wasser übergießen.
Zugedeckt bei mäßiger Hitze dünsten. Die Butter für die Sauce schmelzen und mit

dem Mehl zu einer Mehlschwitze verarbeiten.
Mit Brühe und Sahne auffüllen und unter ständigem Rühren aufkochen. 10 Minuten köcheln lassen, dann mit Sherry, Salz und Pfeffer abschmecken.
Fisch auf einer heißen Platte anrichten, mit Sauce beträufeln und mit Hummerfleisch und Spargel garnieren. Mit Blätterteiggebäck servieren.

Ashild Haugrönning, Itzehoe

131

Rotbarbenfilets in Thymiankruste

Zutaten für 4 Personen

½ kg Fleischtomaten • 200 g Zwiebeln

2 Knoblauchzehen

200 g Lauch, Sellerie, Möhren

8 Rotbarbenfilets (à100 g) • Saft von 1 Zitrone • 1 Strauß Feldthymian

50 ml Olivenöl • 200 ml herben Weißwein

Salz, Pfeffer Thymian, Rosmarin • 1 Lorbeerblatt • 100 g Butter • Öl für die Folie

➤ Vorbereitung:
Die Tomaten entstielen, blanchieren, häuten und in Stücke schneiden. Zwiebeln und Knoblauchzehen schälen und würfeln. Gemüse waschen, schälen und ebenfalls in Würfel schneiden.
Die Rotbarbenfilets waschen, trockentupfen und mit Zitronensaft beträufeln.
Den Thymian waschen, zupfen und klein hacken.
Backofen (Ober- und Unterhitze) auf 220 °C vorheizen.

➤ Zubereitung:
Öl erhitzen. Zwiebel, Knoblauch und Gemüse darin andünsten. Mit Weißwein ablöschen und die Tomaten zufügen; mit Salz, Pfeffer, Thymian, Rosmarin und Lorbeer würzen. 30 Minuten köcheln lassen, dann passieren und abschmecken.
Ein Backblech mit Alufolie auslegen und mit etwas Öl einstreichen.
Die Fischfilets salzen und pfeffern. Butter schmelzen. Die Filets erst durch die Butter ziehen und anschließend in Thymian wälzen. Auf die Alufolie legen.
Das Backblech in den heißen Ofen schieben und die Filets 10 Minuten garen.

Wolfgang Boenke, Aachen

Tipp:

Auf Tomatensauce anrichten und mit Reis servieren. Im Frühling und Sommer kann man das Filet mit Stiefmütterchenblüten garnieren.

132

Schollenröllchen auf Blattspinat

Zutaten für 4 Personen

1 unbehandelte Zitrone

8-12 Schollenfilets(küchenfertig, ca. 600 g) • 2 EL Tomatenmark

100 g gemahlene Mandeln • Salz, schwarzer Pfeffer, • 300 g Blattspinat (Tiefkühlware)

4 Schalotten • 50 g gehobelte Mandeln • 1 EL Olivenöl • 100 ml Fleischbrühe

100 ml Sahne • Muskatblüte

➤ **Vorbereitung:**
Die Zitrone unter heißem Wasser abbürsten.
Abtrocknen und etwas Schale abreiben. Die
Zitrone halbieren; eine Hälfte auspressen.
Die Schollenfilets abspülen, auf Küchenkrepp ausbreiten (Hautseite nach oben) und
mit Zitronensaft beträufeln. Tomatenmark,
gemahlene Mandeln, Zitronenschale,
1 Esslöffel Zitronensaft, Salz und Pfeffer verrühren und gleichmäßig auf die Schollenfilets streichen. Die Schollenfilets aufrollen
und kalt stellen. Den Spinat ausdrücken. Die
Schalotten schälen und fein würfeln.
Die gehobelten Mandeln in einer trockenen
Pfanne goldbraun rösten.

➤ **Zubereitung:**
Olivenöl in einer feuerfesten Form erhitzen.
Schalotten darin glasig schwitzen. Spinat

zufügen und mit Fleischbrühe und Sahne
auffüllen. Mit Salz, Pfeffer und Muskatblüte
würzen; unter ständigem Rühren erhitzen.
Die Schollenröllchen auf den Spinat legen.
Die Form mit Alufolie bedecken und im vorgeheizten Backofen bei 150 °C 10 Minuten
garen.
Vor dem Servieren mit den gerösteten
Mandel bestreuen.

Sybille Bender, Mühlhausen-Tairnbach

Tipp:
Mit Salzkartoffeln servieren.

133

Seezungenfilets im Gemüsebett

Zutaten für 4 Personen

8 küchenfertige Seezungenfilets (à 60 g) • Saft von 1 Zitrone

2 Stangen Lauch • 200g Rosenkohl • 200 g Brokkoli • 8 Schalotten • 80 g Butter

250 ml Sahne • 150 ml trockener Weißwein

Salz, Pfeffer, Muskat, Kräuter der Provençe

► Vorbereitung:
Die Seezungenfilets waschen, trockentupfen und mit Zitronensaft beträufeln; einige Zeit kühl stellen.
Das Gemüse putzen, waschen, zerkleinern und nacheinander in Salzwasser bissfest blanchieren. Die Schalotten schälen und fein hacken. Backofen auf 200 °C vorheizen.

► Zubereitung:
In einer Auflaufform 40 Gramm Butter schmelzen und die Schalotten darin glasig dünsten. Das noch warme Gemüse hinzufügen, mit Sahne und Weißwein auffüllen. Gemüse mit Salz, Pfeffer, Muskat und Kräutern würzen; umrühren. Die restliche Butter erwärmen. Aus den Seezungenfilets Schleifen formen und auf das Gemüsebett legen. Mit Butter bepinseln, salzen und pfeffern. Mit Alufolie abdecken und im heißen Ofen 15 Minuten garen.

Waldemar Will, Bollendorf

Zitronenfisch

Zutaten für 4 Personen

4 Rotbarsch (à 200 g) • 2 Zitronen • Salz • 5 Knoblauchzehen

5 EL Olivenöl • 1 Bund Petersilie • 1 Bund Dill • 50 g Butter • Pfeffer, Thymian

200 g geriebener Emmentaler • Butter für die Form

► Vorbereitung:
Die Fischfilets waschen, trocknen, mit dem Saft einer Zitrone beträufeln und salzen. Die zweite Zitrone mit einem Messer schälen. Die Knoblauchzehen schälen, pressen und mit Olivenöl vermischen. Petersilie und Dill waschen, zupfen und fein hacken.

► Zubereitung:
Eine flache, feuerfeste Form mit Butter ausstreichen und die Filets dicht nebeneinander hineinlegen; mit Zitronenscheiben belegen; mit Pfeffer und Thymian würzen und mit gehackten Kräutern bestreuen. Das Knoblauchöl darüberträufeln.
Gleichmäßig mit Käse bestreuen und im vorgeheizten Backofen bei 200 °C etwa 20 Minuten garen.

Andreas Bigos, Senden

134

Tintenfisch mit Chinakohl

Zutaten für 4 Personen

500 g gekochte Tintenfische (küchenfertig)

Saft von 1 Zitrone • 3-4 EL Sojasauce • 2 EL Austernsauce

Salz, Pfeffer • 2 Knoblauchzehen

1 Stück Ingwerwurzel • 3-4 Frühlingszwiebeln

1 mittelgroßer Chinakohl

3-4 EL Sojaöl • 250 ml Fischfond

Chinesische Gewürzmischung

25 g Maisstärke, oder Weizenstärke • 4 cl Reiswein

➤ **Vorbereitung:**
Die Tintenfische klein schneiden. Mit Zitronensaft, Soja- und Austernsauce beträufeln ; mit Salz und Pfeffer würzen. 10 bis 15 Minuten ziehen lassen.
Knoblauchzehen schälen und fein würfeln. Ingwerwurzel fein reiben. Frühlingszwiebeln putzen, waschen und in feine Ringe schneiden. Chinakohl putzen, waschen und in mundgerechte Stücke schneiden.

➤ **Zubereitung:**
In einem Wok das Sojaöl erhitzen. Knoblauch und Ingwerwurzel darin anschwitzen. Frühlingszwiebeln zugeben und das Ganze weiterschmoren lassen. Chinakohl zufügen,

mit Fischfond auffüllen und einige Minuten garen. Tintenfische in den Wok geben und den Geschmack mit Chinesischer Gewürzmischung abrunden. Maisstärke in etwas Flüssigkeit anrühren und die Sauce damit binden.
Vor dem Servieren abschmecken und mit Reiswein verfeinern.

Frank Richter, Ilvesheim

Tipp:

Wer keinen Wok besitzt kann das Gericht auch in einem flachen Topf zubereiten.

135

Bücklingspfannkuchen

Zutaten für 4 Personen

150 g Mehl • 300 ml Milch • 4 Eier • 25 ml Öl

Salz, Pfeffer, Muskat • 4 Bücklinge • 1 Bund Schnittlauch • 60 g Butter

➤ Vorbereitung:

Mehl sieben und in eine Schüssel geben.
Mit Milch, verquirlten Eiern und Öl zu einem
glatten Teig rühren und mit Salz, Pfeffer und
Muskat abschmecken. 30 Minuten ruhen
lassen.
Die Bücklinge filieren; dabei Haut und
Gräten entfernen.
Schnittlauch waschen, trockenschleudern
und in feine Ringe schneiden.

➤ Zubereitung:

In einer Pfanne die Butter erhitzen. Aus dem

Teig vier dünne Pfannkuchen backen. Jeden
Pfannkuchen mit Bücklingsfilets belegen,
aufrollen und warm stellen.
Auf angewärmten Tellern anrichten, mit
Schnittlauch bestreuen und sofort servieren.

Monika Burow, Berlin

Tipp:

**Bücklingspfannkuchen können als warmes
Zwischengericht, aber auch als leichter
Hauptgang gereicht werden.**

Fisch Stroganoff

Zutaten für 4 Personen

600 g Fischfilets (etwa Rotbarsch oder Steinbeißer)

Saft von 1 Zitrone • 160 g Gewürzgurken • 160 g gekochter Schinken • 4 kleine Tomaten

100 g gewürfelte Schalotten • 2 Knoblauchzehen • 40 g Butter • 200 ml Sahne

200 g Crème fraîche • Salz, Pfeffer • 1 Bund gehackte Petersilie

➤ Vorbereitung:

Die Fischfilets waschen, trocknen, würfeln
und mit Zitronensaft beträufeln.
Gewürzgurken und Schinken in feine Streifen schneiden. Die Tomaten häuten, halbieren, entkernen und das Fruchtfleisch
würfeln. Schalotten und Knoblauch schälen
und in feine Würfel schneiden.

➤ Zubereitung:

Butter in einer Pfanne erhitzen, die Fisch-

würfel darin anbraten, herausnehmen und
warm stellen. In der gleichen Pfanne Schalotten mit Knoblauch anschwitzen.
Sahne und Crème fraîche angießen, etwas
einkochen und mit Salz und Pfeffer würzen.
Gewürzgurken, Schinken, Tomaten und
Fisch zufügen.
Nochmals abschmecken und mit Petersilie
bestreuen.

Anne-Katrin Schröder, Tating

Forellen in Estragonsahne

Zutaten für 4 Personen

4 Forellen (à 250 g, küchenfertig) • Saft von 1 Zitrone

Salz, Zitronenpfeffer, gemahlener Koriander • 1 Bund Estragon

1 kleiner Bund Frühlingszwiebeln • 50 g Butter • 100 g Mehl

125 g Crème double • 125 g Crème fraîche

➤ Vorbereitung:
Den Backofen auf 175 °C vorheizen.
Forellen unter kaltem Wasser abspülen und
mit Küchenkrepp trockentupfen. Mit Zitronensaft beträufeln. Innen und außen mit
Salz, Zitronenpfeffer und Koriander würzen.
Den Estragon verlesen und jeweils 2 Kräu-
terzweige in die Bauchöffnung der Forellen
geben. Die Frühlingszwiebeln putzen,
waschen und in schräge Ringe schneiden.

➤ Zubereitung:
Die Butter in einer Pfanne aufschäumen.
Forellen in Mehl wenden und in die Pfanne
legen. Von jeder Seite 2 bis 3 Minuten braten. Die Fische in eine breite Gratinform
legen, mit Frühlingszwiebeln bestreuen und

warm stellen. In einer Schüssel Crème
double und Crème fraîche verrühren, einige
gehackte Estragonblättchen untermischen
und mit Salz und Zitronenpfeffer würzen.
Die Creme über die Forellen gießen und alles
im heißen Ofen (mittlere Schiene) goldgelb
backen. Vor dem Servieren mit Estragon-
zweigen garnieren.

Michael Plöger, Rauenberg

Tipp:

**Schmeckt besonders gut mit Butterkartof-
feln und Tomatensalat.**

137

Überbackene Austern

Zutaten für 4 Personen

16 Austern • 1 Schalotte

1 Knoblauchzehe • 40 g Butter

200 g abgetropfter Blattspinat (Tiefkühlware)

Salz, Pfeffer, Muskat

200 ml Hollandaise (Fertigware)

➤ **Vorbereitung:**
Jede Auster mit der gewölbten Seite nach unten auf ein Tuch legen; mit einer Hand festhalten. Mit dem Austernmesser in das Gelenk stechen; Messer drehen und Gelenk durchtrennen.
Dann mit dem Messer rundherum fahren und die oberer Austernschale abheben.
Das Austernfleisch herausnehmen und kalt stellen. Die unteren Schalenhälften warm stellen.
Schalotte und Knoblauchzehe schälen, fein hacken und in Butter glasig dünsten. Den Spinat klein schneiden.

➤ **Zubereitung:**
Schalotten, Knoblauch und Spinat erhitzen. Mit Salz, Pfeffer und Muskat abschmecken und in die vorgewärmten Austernschalen geben. Austern auf Blattspinat anrichten, mit Hollandaise beträufeln und im vorgeheizten Ofen (Oberhitze) bei 200 °C überbacken.

Edmund Köhler, Enger

Tipp:

Mit frischem Baguette und einem trockenen Weißwein servieren.

Jakobsmuscheln mit Zucchini

Zutaten für 4 Personen

2 kleine Zucchini • 100 g Mehl

2 Tomaten • ½ Bund Kerbel

4 Schalotten • 50 ml Olivenöl

16 Jakobsmuscheln (aus der Schale gelöst)

Saft von 1 Zitrone • 250 ml Sahne

250 ml trockenen Weißwein

Salz, Pfeffer • 2 Thymianzweige • 50 g Butter

➤ Vorbereitung:

Zucchini waschen und von Frucht und Stielansatz befreien; in Scheiben schneiden und
in Mehl wenden. Tomaten enthäuten und
entkernen; das Fruchtfleisch würfeln.
Den Kerbel waschen und zupfen. Fein
hacken.

Tipp:

Als Beilage genügen einige Scheiben frisch
gebackenes Weißbrot

➤ Zubereitung:

Olivenöl erhitzen und die Zucchinischeiben
von beiden Seiten golden braten. Auf
Küchenkrepp abtropfen lassen und im
Backofen warm stellen.
Die Jakobsmuscheln mit Zitronensaft beträufeln und im Bratfett der Zucchini von beiden
Seiten etwa 3 Minuten dünsten. Ebenfalls
warm halten. Schalotten in die Pfanne
geben und glasig dünsten. Mit Weißwein
ablöschen, dann Sahne, Salz, Pfeffer und
Thymianzweige hinzufügen. Kurz aufkochen
lassen, Thymianzweige wieder herausfischen und kalte Butterflöckchen einmontieren.
Zucchinischeiben, Muschelfleisch und Tomatenwürfel in die Sauce geben. Abschmecken
und m mit Kerbelblättchen bestreuen.

Sigrid Duermeier, Gräfelfing

Gratinierte Muscheln

Zutaten für 4 Personen

1,5 kg Miesmuscheln • 1 Zwiebel

200 g Möhren, Lauch, Sellerie und Zwiebeln • 40 g Butter

Salz, schwarzer Pfeffer, getrockneter Majoran

100 ml trockenen Weißwein • 2 ½ EL Öl • 200 g Basmatireis

400 ml Kalb- oder Hühnerbrühe • 80 g geriebener Parmesan

Butter für die Gratinform

➤ **Vorbereitung:**
Die Miesmuscheln unter fließendem Wasser abbürsten und die Bärte entfernen. Geöffnete Muscheln wegwerfen. Die Zwiebel schälen und klein würfeln. Das Gemüse putzen, waschen und klein schneiden.

➤ **Zubereitung:**
Butter in einem großen Topf erhitzen. Gemüse darin bei geringer Hitze glasig dünsten. Muscheln einfüllen, Salz, Pfeffer und Majoran darauf geben und mit Weißwein angießen.
Die Muscheln im geschlossenen Topf 6 bis 8 Minuten garen; den Topf zwischendurch mehrmals rütteln. Die Muscheln mit einem Schaumlöffel aus dem Topf nehmen. Geschlossene Muscheln wegwerfen, die anderen aus der Schale lösen. Den Fond vorsichtig abgießen, damit sich eventuell vorhandener Sand oder Kalk absetzen können. Öl erhitzen und die Zwiebel darin glasig dünsten. Den Reis einstreuen und verrühren, bis er leicht glasig scheint. Mit Brühe auffüllen und 10 Minuten garen lassen. Im vorgeheizten Backofen bei 150 °C fertig garen. Herausnehmen und mit einer Gabel lockern. Die Temperatur auf ca. 225 °C erhöhen. Den Reis mit Muschelsud verrühren und in eine leicht gebutterte Auflaufform füllen. Muscheln darauf verteilen. Käse aufstreuen und alles im Ofen (mittlere Schiene) 10 Minuten gratinieren. Mit einigen leeren Muschelschalen garnieren.

Susanne Rieger, Düsseldorf

Muscheln in Weinsud

Zutaten für 4 Personen

2 kg Miesmuscheln • 4 mittelgroße Zwiebeln • 2 Knoblauchzehen

1 unbehandelte Zitrone • 4 EL Olivenöl • 250 ml trockener Weißwein

4 frische Thymianzweige • Salz, weißer Pfeffer

➤ **Vorbereitung:**
Muscheln gründlich unter fließendem Wasser waschen und abbürsten. Bereits geöffnete Muscheln wegwerfen.
Zwiebeln und Knoblauchzehen schälen und fein würfeln. Die Zitrone heiß waschen und in Scheiben schneiden

➤ **Zubereitung:**
Öl in einem flachen Topf erhitzen, Zwiebeln und Knoblauch darin glasig schwitzen. Mit Wein ablöschen. Zitronenscheiben, Thymianzweige, Salz und Pfeffer zufügen und alles aufkochen.
Die Muscheln in den sprudelnd kochenden Sud geben. Deckel aufsetzen und alles unter

ständigem Rütteln auf großer Flamme etwa 10 Minuten garen, bis sich alle Muscheln geöffnet haben.
Muscheln mit einem Schaumlöffel aus dem Sud nehmen (geschlossene Muscheln entfernen), in vorgewärmte Schüsseln füllen und mit dem Sud übergießen.

Wolfgang Bender, Mönchengladbach

Tipp:

Mit Knoblauchbutter bestrichenes, geröstetes Baguette dazu reichen.

141

Riesengarnelen in Cognacsauce

Zutaten für 4 Personen

600 g Garnelen (küchenfertig, ohne Schale)

Saft von 1 Zitrone

4 Schalotten • 2 Knoblauchzehen

5 EL Erdnussöl • 20 ml Cognac

Salz, Pfeffer, Cayennepfeffer • 125 ml Sahne

125 g Crème fraîche

➤ **Vorbereitung:**
Garnelen waschen, trocknen, mit Zitronensaft beträufeln.
Schalotten und Knoblauch schälen und fein
würfeln.

➤ **Zubereitung:**
Garnelen in heißem Erdnussöl anrösten.
Zwiebel- und Knoblauchwürfel zufügen und
leicht anschwitzen. Mit Cognac ablöschen
und herzhaft mit Salz, Pfeffer und Cayenne-

pfeffer würzen. Etwas einkochen lassen.
Sahne und Crème fraîche zugeben, nochmals abschmecken und sofort servieren.

Susanne Neumann, Wilhelmshaven

Tipp:

**Die besten Beilagen sind Reispilaw und
Kopfsalat oder ganz einfach frisches Stangenbrot.**

142

Flambierte Scampi

Zutaten für 4 Personen

16 frische Scampischwänze • 1 Zwiebel

½ Lorbeerblatt • 3 Pfefferkörner

125 ml Weißwein • 3 Tomaten • 3 Schalotten

1-2 Knoblauchzehen • 40 g Butter • 3 cl Cognac

2 EL gemischte Kräuter

(Basilikum, Rosmarin, Salbei, Thymian, Estragon)

3 EL Sahne • Salz, Cayennepfeffer

➤ **Vorbereitung:**

Die Scampi schälen und den Darm (dunkler Faden) entfernen. Die Schalen mit der grob geschnittenen Zwiebel, dem Lorbeerblatt, den zerdrückten Pfefferkörnern und dem Weißwein 5 Minuten auskochen.
Den Sud in einen neuen Topf passieren und auf 50 Milliliter reduzieren.
Die Tomaten häuten, halbieren, das Kerngehäuse entfernen und das Fruchtfleisch würfeln.
Die Schalotten und Knoblauch schälen und fein hacken.

➤ **Zubereitung:**

Die Hälfte der Butter in einer Flambierpfanne erhitzen. Schalotten, Knoblauch und Scampi zugeben und unter ständigem Wenden 2 bis 3 Minuten dünsten. Mit Cognac flambieren.
Die Tomatenwürfel und die Hälfte der Kräuter zugeben und 2 Minuten weiterdünsten. Den reduzierten Sud und die Sahne zufügen; etwas reduzieren. Die restliche Butter in Flöckchen einmontieren. Mit Salz und Cayennepfeffer abschmecken.
Mit den restlichen Kräutern bestreuen und servieren.

Juta Bennert, Hamburg

Tipp:

Dazu reicht man frisches Weißbrot.

Nordseekrabbengratin

Zutaten für 4 Personen

300 g Heilbutt-, Steinbutt- oder Seezungengräten

250 g Suppengemüse (Lauch, Sellerie, Zwiebeln, Petersilienwurzel)

2½ EL Öl • 125 ml trockener Weißwein

Salz, Fenchel, Wacholderbeeren, Lorbeerblatt, Pfefferkörner

500 g Kartoffeln • 75 g Butter • 25 g Mehl

400 g gepulte Nordseekrabben

125 ml trockenen Weißwein

Salz, Pfeffer, Muskat • 1 Zweig Thymian

Saft von 1 Zitrone • 2 Eidotter • 50 ml Sahne

Butter für die Form

➤ **Vorbereitung:**

Die Fischgräten abspülen; abtropfen lassen. Suppengemüse putzen, waschen und in erbsengroße Stücke zerkleinern. In heißem Fett dünsten, die Fischkarkassen zufügen, mit Weißwein und 250 Milliliter Wasser auffüllen. Kräftig aufkochen lassen, abschäumen und mit Salz, Fenchel, Wacholderbeeren, Lorbeer und Pfefferkörnern würzen. 15 Minuten köcheln lassen. Den Fischfond durch ein feines Sieb passieren und auf die Hälfte reduzieren.

In der Zwischenzeit die Kartoffeln in der Schale garen, abgießen, pellen und in Scheiben schneiden.

Aus 25 Gramm Butter und Mehl eine Mehlschwitze herstellen; abkühlen lassen.

Die Krabben waschen und auf Küchenkrepp trocknen.

➤ **Zubereitung:**

Eine feuerfeste Form buttern und die Kartoffeln dachziegelartig einschichten.

Die Mehlschwitze mit Fischfond und Weißwein auffüllen und unter gelegentlichem Rühren aufkochen lassen; mit Salz, Pfeffer, Muskat, Thymian und Zitronensaft würzig abschmecken. Eidotter und Sahne vermengen und in die nicht mehr kochende Sauce geben.

Die Krabben in der restlichen Butter sautieren und würzen. Auf den Kartoffeln verteilen und mit der Sauce gleichmäßig bedecken.

Gratin im vorgeheiztem Backofen (mittlere Schiene) bei 220 °C 15 Minuten backen. Die letzten Minuten bei Oberhitze überkrusten.

Markus Pacht, Stuttgart

144

Fisch-Frikassee

Zutaten für 4 Personen

4 Rotbarschfilets (à 200 g, küchenfertig)

Saft von 1 Zitrone • Salz • 200 g Champignons (abgetropft)

40 g Butter • 50 g Mehl • 375 ml Fischfond • 125 ml Weißwein • Weißer Pfeffer

1 TL scharfer Senf • 125 ml Sahne • 1 Bund gehackte Petersilie

➤ Vorbereitung:
Die Fischfilets waschen, trockentupfen, in gleichmäßige Stücke schneiden, mit Zitronensaft beträufelt 10 Minuten ziehen lassen und leicht salzen. Champignons abtropfen lassen und in Scheiben schneiden.

➤ Zubereitung:
In der Zwischenzeit die Sauce zubereiten. Dazu die Butter im Topf erhitzen, Mehl einrühren, mit heißem Fischfond und Weißwein auffüllen und glatt rühren. 10 Minuten leicht kochen, die Champignonscheiben dazugeben und abschmecken. Die Fischstücke hinzufügen, einmal in der Sauce aufkochen und etwa 10 Minuten bei kleiner Hitze gar ziehen. Mit weißem Pfeffer abschmecken, dann die Sahne einrühren, mit der Petersilie vermischen, anrichten und servieren.

Elke Scheuer, Köln

Russische Schollenfilets

Zutaten für 4 Personen

600 g Schollenfilets (küchenfertig) • Zitronensaft • Salz, weißer Pfeffer

1 dicke Zwiebel • 40 g Butter • 4 El Semmelbrösel • 250 ml Sahne

je 1/2 Bund Petersilie und Dill zum Garnieren

➤ Vorbereitung:
Schollenfilets unter kaltem Wasser abwaschen und trockentupfen. Auf beiden Seiten mit Zitronensaft beträufeln. 15 Minuten ziehen lassen, dann salzen und pfeffern. Die Zwiebel schälen und fein würfeln.

➤ Zubereitung:
Butter in einer großen Pfanne erhitzen und die Zwiebelwürfel darin anschwitzen. Die Semmelbrösel beifügen und goldgelb werden lassen. Unter ständigem Rühren die Sahne zugeben. Mit Salz und Pfeffer würzen. Fischfilets in jeweils drei Stücke schneiden und zufügen. Deckel auflegen und bei kleiner Hitze 15 Minunten dünsten.
Mit Petersilien- und Dillzweigen garniert servieren.

Brigitte Colette, Erftstadt

Fleischgerichte

Dicke Rippe mit Dijonsenf und Honig

Zutaten für 4 Personen

1 Knoblauchzehe • 1,5 kg Schweinerippe • 2 TL geschroteter, weißer Pfeffer

Saft von 1 Zitrone • 6 EL Dijonsenf • 1 Bund Suppengemüse (Lauch, Sellerie, Möhren)

5 mittelgroße Zwiebeln • 1 Bund Petersilie • 1 Bund Schnittlauch

50 g geklärte Butter • 250 ml Fleischbrühe • 100 ml Sherry oder Weißwein

125 g Honig • 3 TL edelsüßer Paprika • 125 ml Sahne • Salz, Muskat

➤ **Vorbereitung:**
Knoblauchzehe schälen und pressen.
Fleisch mit Knoblauch und geschrotetem
Pfeffer einreiben und mit Zitronensaft
beträufeln. Anschließend mit Senf bestrei-
chen und 1 Stunde ruhen lassen.
Suppengemüse putzen und klein schneiden.
Zwiebeln schälen und grob würfeln.
Die Kräuter waschen und fein hacken. Mit
dem Suppengemüse und den Zwiebeln ver-
mischen. Backofen auf 200 °C vorheizen.

➤ **Zubereitung:**
Geklärte Butter in einem Bräter erhitzen und
das Fleisch von allen Seiten 10 Minuten
anbraten.
Butter in einen Brattopf abgießen und das
Fleisch im Backofen 1,5 bis 2 Stunden garen.
Nach 15 Minuten Bratzeit die Brühe

angießen und weiter schmoren. In der Zwischenzeit die Kräuter-Zwiebel-Gemüse-
Mischung in der Butter anschwitzen und
würzen. 20 Minuten vor Ende der Bratzeit
zum Fleisch geben. Bratensatz mit Sherry
oder Wein ablöschen. Honig und Paprika
vermischen und das Fleisch damit bestreichen. Bei Oberhitze gratinieren. Fleisch herausnehmen, tranchieren und mit der Sauce
beträufeln.

Helmut Ehlers, Hannover

Tipp:

**Dazu schmecken Ofenkartoffeln und Zu-
ckermais.**

Eisbein in Malzbier

Zutaten für 4 Personen

1 l Malzbier

2-3 Lorbeerblätter

4 mittelgroße Zwiebeln, geschält und geachtelt

10 zerdrückte Pimentkörner

Salz, Salbei, Thymian , Kümmel

4 Schinkeneisbeine, à 350 - 400 g

(mild gepökelt)

25 g Speisestärke

125 g saure Sahne

➤ **Vorbereitung:**
Aus Malzbier, Lorbeerblättern, Zwiebeln, Piment, Salz, Salbei, Thymian und Kümmel eine Marinade bereiten.
Behutsam Salzen, da die gepökelten Eisbeine bereits recht salzig sind. Die Eisbeine in die Marinade legen und über Nacht ziehen lassen.

➤ **Zubereitung:**
Die Eisbeine in der Marinade erhitzen. Den Schaum abschöpfen. Für etwa 2 Stunden knapp am Siedepunkt halten, bis das Fleisch gar ist.

Zwischenzeitlich mit Wasser aufgießen. Fleisch herausnehmen und warm halten. Speisestärke mit saurer Sahne verrühren und die Flüssigkeit damit binden. Abschmecken.

Peter Weintritt, Leipzig

Tipp:

Am besten passen dazu Kartoffelklöße und Sauerkraut.

Feines Schweineragout in Kerbelsauce

Zutaten für 4 Personen

600 g Schweinefilet • 150 g Schalotten • 250 g Champignons

1 EL Zitronensaft • 1 Bund Kerbel • 3 EL Öl • 1 TL Curry • 30 g Mehl • 100 ml Sherry

Salz, Pfeffer • 500 ml Fleischbrühe • 15 g Butter • 125 g Crème fraîche

➤ **Vorbereitung:**

Das Fleisch in feine Streifen schneiden. Die Schalotten schälen und fein würfeln. Die Champignons putzen, waschen und vierteln, mit Zitronensaft beträufeln und mit Küchenfolie abdecken. Kerbel waschen und zupfen

➤ **Zubereitung:**

Das Öl in einem Bratentopf erhitzen und das Schweinefleisch rundum anbraten. Mit Curry und Mehl bestäuben; mit Sherry ablöschen. Mit Salz und Pfeffer würzen und mit der Brühe auffüllen. Bei mäßiger Hitze etwa 10 Minuten garen. Die Butter in einer Pfanne erhitzen, Schalotten anschwitzen, die Champignons hinzugeben und kurze Zeit mitdünsten. Fleisch und Champignons vermischen. Abschmecken und mit Crème fraîche und Kerbel abrunden.

Sabine Hesse, Holzsußra

Tipp:

Schmeckt gut mit Wildreis-Risotto und Feldsalat.

150

Hackfleisch-Pirogge kölsche Art

Zutaten für 4 Personen

600 g Mehl • 40 g frische Hefe • 2 TL Zucker • 125 ml Milch

200 g Butter • 2 TL Salz • 125 ml Kölsch

2 Eidotter • 2 Zwiebeln • 3 EL Olivenöl

Curry • 250 ml Weißwein • 600 g gemischtes Hackfleisch • 2 Eier

2 EL Semmelbrösel • Salz, Pfeffer • 150 g geriebener, mittelalter Gouda

1 Ei • 2 EL Sesamsamen • Öl zum Ausrollen und für das Backblech

➤ **Vorbereitung:**
Mehl in eine Schüssel sieben und eine Mulde hineindrücken. Hefe hineinbröckeln, mit Zucker, lauwarmer Milch und etwas Mehl verrühren. Zugedeckt 20 Minuten gehen lassen. Die Butter schmelzen und leicht abkühlen lassen. Mit Salz, Kölsch und Eidotter zum Mehl geben und alles so lange kneten, bis sich der Teig vom Schüsselrand löst. Weitere 20 Minuten ruhen lassen. Zwiebeln schälen und würfeln.

➤ **Zubereitung:**
1,5 EL Öl in einem Schmortopf erhitzen und die Zwiebeln darin glasig dünsten; leicht salzen. Curry zugeben, Wein angießen und schmoren bis die Flüssigkeit verdampft ist. Hackfleisch im restlichen Öl anbraten (eventuell entstehende Flüssigkeit abgießen) und abkühlen lassen. Alle Zutaten miteinander vermischen.
Eier, Semmelbrösel, Salz und Pfeffer zugeben und alles gut miteinander verkneten. Den Hefeteig auf einer leicht geölten Unterlage ausrollen. Hackfleischmasse gleichmäßig darauf verteilen. Käse darüberstreuen und den Teig zu aufrollen.
Die Pirogge auf ein geöltes Backblech legen, mit verquirltem Ei bestreichen und mit Sesamsamen betreuen.

Im vorgeheizten Backofen (Umluft) erst 10 Minuten bei 50 °C, dann 40 Minuten bei 190 °C backen.

Ingo Richter, Köln-Hochkirchen

Tipp:

Dazu schmeckt Sauerkraut herrlich.

Pfälzer Saumagen

Zutaten für 4 Personen
500 g Schweinefleisch (aus Nacken oder Schulter)
500 g Kartoffeln
500 g Schweinemett oder Bratwurstbrät
100 g Zwiebelwürfel
je ¼ TL Majoran, Thymian, Koriander,
Nelkenpulver, Kardamom und Basilikum
Salz, Pfeffer, Muskat
1 Saumagen (beim Fleischer vorbestellen)

➤ Vorbereitung:
Das Fleisch in Würfel schneiden. Die Kartoffeln schälen, würfeln und blanchieren.

➤ Zubereitung:
Fleisch, Kartoffeln, Mett und Zwiebelwürfel vermischen. Gewürze zugeben und mit Salz, Pfeffer und Muskat abschmecken. Den Saumagen unter fließendem Wasser gründlich waschen und trockentupfen.
Eine Öffnung mit einem Bindfaden zunähen. Durch die zweite Öffnung den Magen mit der gewürzten Fleischmasse füllen und ebenfalls verschließen.

Den Magen nicht zu prall füllen, damit er nicht platzt.
Reichlich Wasser zum Kochen bringen, Temperatur reduzieren und den Magen bei 80 °C pochieren.
Da die Temperatur stets konstant bleiben muss, kontrolliert man sie mit einem Thermometer.
Den Saumagen fertig garen. Pro Kilo rechnet man dabei mit 40 Minuten Garzeit. Am Ende der Garzeit mit einem Fleischthermometer die Kerntemperatur (70 °C) überprüfen. Dabei das Thermometer so einstechen, dass das Ende der Messsonde genau im Kern des Magens steckt. Den gegarten Saumagen aus dem Sud nehmen, abtropfen lassen und servieren. Erst am Tisch in Scheiben schneiden.

Josef Koschuth, Bünde

Tipp:
Dazu schmecken Weinkraut und Pfälzer Wein.

152

Schweinefilet in der Kräuterkruste

Zutaten für 4 Personen

1 Bund Petersilie

je ¼ Bund Kresse, Kerbel, Estragon, Basilikum, Majoran, Dill und Thymian

600 g Schweinefilet, küchenfertig pariert • Salz, schwarzer Pfeffer

50 ml Olivenöl • 2 Eiklar • 2 El Semmelbrösel • Curry

➤ **Vorbereitung:**
Backofen auf 180 °C vorheizen.
Die Kräuter waschen, abtrocknen, die groben Stiele entfernen. Die Kresse schneiden, die anderen Kräuter fein hacken; einige zum Garnieren zurückbehalten.

➤ **Zubereitung:**
Das Schweinefilet mit Salz, Pfeffer würzen und im heißen Öl 10 Minuten anbraten. Herausnehmen und 5 Minuten warm halten. Inzwischen das Eiklar zu steifem Schnee schlagen. Kräuter, Semmelbrösel, Salz, Pfeffer und Curry unter den Eischnee heben.

Backofen auf 150 °C zurückschalten.
Das Schweinefilet mit dem Kräutereischnee überziehen und im Ofen etwa 10 Minuten garen. Auf eine Platte heben und mit den restlichen Kräutern garnieren. Am Tisch tranchieren.

Sybille Bender, Mühlhausen-Tairnbach

Tipp:

Gut mit gratinierten Kartoffel und grünen Bohnen.

Schweinefilet in Whiskeyrahm

Zutaten für 4 Personen

4 Schalotten • 2 Knoblauchzehen • 1 Bund Petersilie

1 rote Peperoni • 250 g frische Champignons

600 g Schweinefilet, küchenfertig pariert

Salz, schwarzer Pfeffer, Paprikapulver, Currypulver • 50 ml Öl • 40 g Butter

1 EL Tomatenmark • 150 g Bratenfond • 150 g Crème fraîche • 50 cl Whiskey

➤ **Vorbereitung:**
Schalotten und Knoblauchzehen schälen und fein würfeln. Die Petersilie waschen, trockenschleudern und hacken. Die Peperoni in feine Ringe schneiden. Champignons waschen, vierteln und mit Folie abdecken.

➤ **Zubereitung:**
Das Schweinefilet würzen und im heißen Öl 10 bis 15 Minuten braten. Das Filet herausnehmen und bei 100 °C warm halten. Bratfett abgießen.
In der Zwischenzeit in einer Kasserolle die Butter erhitzen, Schalotten und Knoblauch zufügen und mit Tomatenmark andünsten. Peperoni, Champignons und Petersilie zufügen und einige Minuten mitdünsten. Bratenfond und Crème fraîche zugeben; aufkochen. Mit Whisky abschmecken. Das Schweinefilet tranchieren, mit Sauce beträufeln und servieren.

Johanna Fell, Merzig

Tipp:
Schmeckt gut mit Reis und Rosenkohl mit Käsekruste

Schweinenierchen mit Senfgurken

Zutaten für 4 Personen

600 g Schweinenierchen • 4 mittelgroße Zwiebeln

200 g Senfgurken

50 g Bratfett • 50 g Mehl

1 Schuss Essig • 40 g Senf

125 g Bratenfond • 125 ml Sauerrahm

Salz, Pfeffer • Zucker

▶ **Vorbereitung:**
Die Nieren gut waschen (wässern), längs halbieren und von allen Häuten und Sehnen befreien. Anschließend in feine Streifen schneiden. In reichlich kochendem Wasser blanchieren und kalt abschrecken.
Die Zwiebeln schälen und würfeln. Die Senfgurken in feine Streifen schneiden.

▶ **Zubereitung:**
Bratfett in einem Bräter erhitzen und die Zwiebeln darin anrösten. Mit Mehl bestäuben. Essig, Senf, Bratenfond und Sauerrahm hinzufügen. Mit Salz, Pfeffer und Zucker abschmecken. Aufkochen lassen.
Die Nierchen hinzufügen, erwärmen und sofort servieren.

Renate Bernau, Barby

> ## Tipp:
> **Dazu serviert man Kartoffelpüree und gemischten Salat.**

Schweinemedaillons mit Paprika

Zutaten für 4 Personen
8 Schweinemedaillons, vom Schweinefilet ohne Parüren
3 El Öl • 200 g Zwiebeln • 500 g rote Paprikaschoten
200 g Frischkäse mit Kräuter der Provençe
150 ml Milch • 2 Eier
1 Bund Basilikum • Salz, Pfeffer
Eine ausgefettete Auflaufform

▶ **Vorbereitung:**
Schweinemedaillons waschen und trockentupfen.
Zwiebeln schälen und in Spalten schneiden.
Paprika putzen, waschen, entkernen und in grobe Stücke schneiden.
Basilikum waschen, die Hälfte in feine Streifen schneiden.
Den Backofen auf 220 °C vorheizen

▶ **Zubereitung:**
Schweinemedaillons im heißen Öl von jeder Seite ca. 3 Minuten goldbraun anbraten, dann würzen, aus der Pfanne nehmen und warmstellen.

Zwiebeln im Bratfett anbraten, Paprika zufügen und dünsten.
Frischkäse, Milch, Eier glattrühren, Basilikumstreifen zufügen.
Sauce mit Salz und Pfeffer abschmecken.
Medaillons, Zwiebel und Paprika in der Auflaufform verteilen.
Die Frischkäsemasse darübergießen.
Im Backofen 25-30 Minuten backen.
Mit dem übrigen Basilikum garnieren und mit groben Pfeffer bestreut servieren.
Beilage: Kartoffelkroketten

Annegret Kuhn, Dortmund

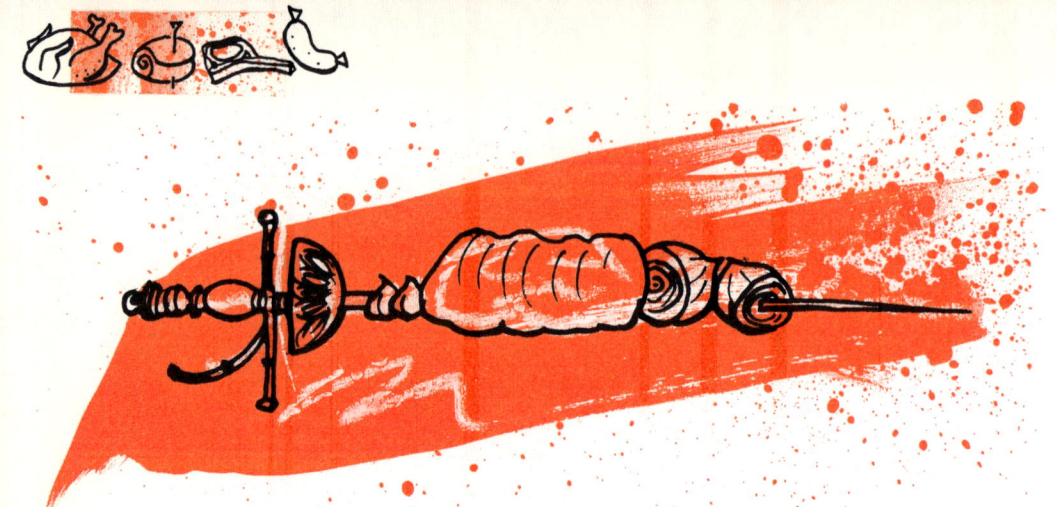

Senfbraten vom Spieß

Zutaten für 4 Personen

1 Bund Petersilie • 2 Gemüsezwiebeln

2 Knoblauchzehen • Salz

1 EL grüner Pfeffer • 6 EL scharfer Senf

½ TL Majoran • ½ TL Salbei

½ TL fein gehacktes Basilikum • 5 EL Öl • Pfeffer

2 kg ausgelöstes Kotelettstück vom Schwein

100 ml Knoblauchöl

➤ Vorbereitung:
Petersilie waschen, ausschlagen und fein hacken. Zwiebel schälen und ohne Wurzel in feine Würfel schneiden.
Knoblauch schälen und zusammen mit einer Prise Salz mit der flachen Messerklinge zerdrücken. Pfefferkörner ebenfalls zerdrücken. Aus Senf, Majoran, Salbei , Basilikum, Salz, 2 Esslöfel Öl, zerdrücktem Knoblauch und zerdrückten Pfefferkörnern eine Würzmischung herstellen.
Kotelettstück mit kaltem Wasser abwaschen, trockentupfen und der Länge nach bis zur Mitte halbieren.

Innen und außen kräftig salzen und pfeffern.

➤ Zubereitung:
Die Innenseite des Fleisches gleichmäßig mit der Würzmischung bestreichen. Zwiebel und Petersilie darauf verteilen. Das Fleisch der Länge nach zusammenklappen, mit Bindfaden (keine Kunstfaser) zusammenbinden. Das Schweinefleisch auf einen Grillspieß stecken und 100 Minuten grillen. Zwischendurch immer wieder mit Knoblauchöl bestreichen.

Ria Trzetiak, Rostock

156

Rinderzunge im Apfelsud mit Meerrettichsauce

Zutaten für 4 Personen

1 kg parierte Rinderzunge • 500 ml Apfelsaft • 250 ml Apfelwein

1 Apfel • 2 Gewürznelken • 1/4 Lorbeerblatt

250 ml Sahne • 80 g roher, geriebener Meerrettich

Salz, Pfeffer, Zucker • 20 g Zwiebackbrösel

➤ **Vorbereitung:**
In einem größeren Topf Apfelsaft und Apfelwein erhitzen, leicht salzen, die Zunge darin bei mittlerer Hitze 2 bis 3 Minuten garziehen. Apfel schälen, Kerngehäuse ausstechen, mit Nelken und Lorbeerblatt spicken und eine Stunde im Sud mitkochen. Gegebenenfalls mehrmals etwas Wasser angießen. Danach im Sud abkühlen lassen und die Haut abziehen.

➤ **Zubereitung:**
Für die Sauce die Sahne mit dem Meerrettich zum Kochen bringen, mit Salz, Pfeffer und Zucker abschmecken und die Zwiebackbrösel einmischen, sodass eine kurze Bindung entsteht (mit dem Kochsud kann die Sauce geschmacklich ergänzt werden).

➤ **Anrichten:**
Die gehäuteten Zungenscheiben im Sud erwärmen, kranzförmig auf einer Platte anrichten und die Sauce dazugeben. Als Beilagen eignen sich Kartoffeln aller Art und Salate der Saison

Finchen von Reth, Brühl

157

Schweinefilet mit Orangen-Fenchel

Zutaten für 4 Personen

500 g Schweinefilet (pariert) • 50 ml Sojasauce • 6 EL Olivenöl

1 EL eingelegte grüne Pfefferkörner • 4 Fenchelknollen (à 200 g) • 1 Zwiebel

100 ml Orangensaft • 4 cl Wermut • Salz, frisch gemahlener weißer Pfeffer

➤ **Vorbereitung:**
Schweinefilet waschen, trockentupfen und in sehr dünne Scheiben schneiden (maximal 1 Zentimeter). Aus Sojasauce, 2 Esslöffel Olivenöl und zerdrückten Pfefferkörnern eine Marinade rühren. Die Fleischscheiben damit beträufeln. Zugedeckt mindestens 30 Minuten marinieren lassen.
Fenchel waschen und putzen. Die Knollen halbieren (dabei den Strunk entfernen), dann der Länge nach in etwa ½ Zentimeter dicke Scheiben schneiden. Fenchelgrün fein hacken. Zwiebeln schälen und fein würfeln.

➤ **Zubereitung:**
Zwiebelwürfel in 2 Esslöffel Olivenöl andünsten. Fenchelscheiben zugeben und kurz anbraten. Mit Orangensaft und Wermut ablöschen und 5 Minuten dünsten lassen. Das restliche Öl in einer Pfanne erhitzen. Das Fleisch aus der Marinade nehmen, abtropfen lassen und von jeder Seite etwa 2 Minuten braten. Die Marinade durch ein Sieb in die Pfanne passieren.
Fenchel mit Salz, Pfeffer und Fenchelgrün abschmecken. Mit dem Fleisch servieren.

Hiltrud Groh, Bad Kissingen

Tipp:

Dazu schmecken Kartoffelplätzchen.

158

Gebackene Kalbsfüße

Zutaten für 4 Personen

4 Kalbsfüße (küchenfertig, weiß und sauber gebrüht)

Basilikum, Majoran, Rosmarin, Salbei, Thymian

1 mittelgroße Zwiebel

1 Lorbeerblatt

2 Gewürznelken

1 Stange Lauch (nur das weiße)

¼ Sellerieknolle • 2 Zitronen

Salz, Pfeffer • 1 Bund Petersilie

100 g Mehl • 2 Eier

150 g getrocknetes, geriebenes Weißbrot ohne Rinde

200 ml Öl zum Braten

➤ **Vorbereitung:**
Die Kalbsfüße der Länge nach spalten.
Die Kräuter (außer der Petersilie) in ein
Gewürzsieb geben. Gewürzsieb in leicht sie-
dendes Wasser geben und die Kalbsfüße
darin garen.
Das Fleisch von den Knochen lösen. Zwiebel
schälen. Mit Lorbeerblatt und Nelken
spicken.
Lauch und Sellerie putzen, waschen und mit
einem Bindfaden zusammenschnüren.
Eine Zitrone schälen und in Scheiben schnei-
den. Die zweite pressen.
Die Petersilie waschen, zupfen und hacken.

➤ **Zubereitung:**
Das erkaltete, ausgelöste Fleisch in nicht zu
kleine Stücke schneiden.
Mit Zitronensaft beträufeln, salzen und
pfeffert. Mit Mehl bestäuben und zuerst in
verquirltem Ei, dann in geriebenem Weißbrot wenden. Panade leicht andrücken.

In einem tiefen Topf das Öl erhitzen und die
panierten Kalbsfüße goldgelb backen.
Mit Zitronenscheiben und Petersilie
garnieren.

Edith Krecker, Niemegk

Tipp:

**Dazu passen Kartoffelsalat und eine Remou-
ladensauce.**

Kalbsnierchen in Trollingersauce

Zutaten für 4 Personen

600 g Kalbsnierchen • 2 mittelgroße Zwiebeln • 2 Knoblauchzehen

1 Bund Petersilie • 50 ml Olivenöl • Pfeffer • 25 g Mehl • 150 ml Trollinger

150 ml Fleischbrühe • 1 Lorbeerblatt • Salz

➤ **Vorbereitung:**
Die Nieren waschen, trocknen, längs halbieren und in Scheiben schneiden.
Die Zwiebeln schälen und in feine Würfeln schneiden. Den geschälten Knoblauch fein hacken oder pressen. Petersilie waschen und grob zupfen oder hacken.

➤ **Zubereitung:**
Das Olivenöl in einem Bratentopf erhitzen und die Nierchen kurz braten. Pfeffern.
Herausnehmen und warm stellen.
Öl abgießen und im selben Topf Zwiebeln und Knoblauch andünsten. Mit Mehl bestäuben. Wein und Fleischbrühe aufgießen, Lorbeerblatt zufügen; einkochen lassen.
Lorbeerblatt herausnehmen, die Nierchen zufügen und mit Salz abschmecken. Vor dem Servieren mit Petersilie bestreuen.

Dietrich Reinhardt, Winnenden

Tipp:

Schmeckt am besten mit Reis oder Teigwaren und einem grünen Salat

Orangenleber

Zutaten für 4 Personen

3 Orangen • 4 Scheiben Kalbsleber • 1 EL Kräutersenf • 50 g Mehl

1 EL Olivenöl • Salz • 50 g Butter • 2 cl Grand Marnier

➤ **Vorbereitung:**
Die Orangen auspressen. Leber von beiden Seiten dünn mit Kräutersenf bestreichen, in Mehl wenden; überschüssiges Mehl abklopfen.

➤ **Zubereitung:**
Olivenöl in einer Pfanne erhitzen und die Leber darin von beiden Seiten höchstens 6 Minuten braten. Salzen, pfeffern, aus der Pfanne nehmen und warm stellen.
Überschüssiges Bratfett abgießen.
Den Bratensatz mit dem Orangensaft löschen.
Butter und Likör zugeben und unter Rühren ein wenig eindicken lassen. Leber mit der Sauce servieren.

Wolfgang Bender, Rauenberg

Kalbsschnitzel mit Currysauce

Zutaten für 4 Personen

4 Kalbsschnitzel, à 175 g (nicht zu dünn)

1 Bund Frühlingszwiebeln

25 g Butter • 1 Banane • Saft von ½ Zitrone

Salz, Pfeffer • 50 ml Öl • Curry

250 ml Kalbsfond • 1 Apfel

40 g Schmand

➤ **Vorbereitung:**

Schnitzel waschen, trockentupfen und eine tiefe Tasche hineinschneiden.

Die Frühlingszwiebeln putzen, waschen und in feine Röllchen schneiden. Die Butter erhitzen und die Zwiebeln 5 Minuten glasig dünsten.

Die Banane schälen, in Scheiben schneiden und sofort mit 1 Esslöffel Zitronensaft marinieren.

➤ **Zubereitung:**

Die Schnitzel außen und innen mit Salz und Pfeffer würzen. Mit Zwiebelröllchen und Bananenscheiben füllen; die Öffnungen mit Zahnstochern verschließen.

Das Öl in einer großen Pfanne erhitzen und die Schnitzel von jeder Seite 5 Minuten braten. Herausnehmen, Zahnstocher entfernen und warm stellen.

Bratfett abschütten und den Bratensatz mit Curry bestreuen, sofort mit dem Kalbsfond ablöschen und zu einem Saucenfond loskochen. Den Apfel schälen, viertel, entkernen, würfeln und zum Fond geben.

Die Sauce würzen, mit dem restlichen Zitronensaft abschmecken und mit Schmand verfeinern. Zu den Schnitzeln reichen.

Sara Hoff, Koblenz

Tipp:

Die beste Beilage sind hausgemachte Spätzle.

Kalbsteak-Involtini

Zutaten für 4 Personen

500 g Kalbsfilet (ersatzweise Kalbshüfte) • 100 g Parmaschinken

25 g geschälte Schalotten • 10 g Salbei • 15 g Petersilie

Salz, Pfeffer • 15 g Butter • 100 g Mehl • 100 g Butterschmalz

50 ml Marsala • 250 ml Fleischbrühe • 25 g kalte Butter

➤ **Vorbereitung:**
Das Kalbsfilet in 32 hauchdünne Schnitzel schneiden. Parmaschinken sehr fein würfeln. Schalotten schälen und wie die Kräuter hacken.

➤ **Zubereitung:**
Die Kalbsschnitzel ausbreiten, salzen und pfeffern. Parmaschinken, Schalotten und Kräuter in Butter anschwitzen. Diese Mischung auf den Schnitzeln verteilen; das Fleisch aufrollen und mit Bindfaden verschnüren.
Im Mehl wenden. Die Kalbsschnitzel im Butterschmalz goldbraun braten, herausnehmen und warm stellen.

Bratensatz mit Marsala und Fleischbrühe auflösen. Kalbsschnitzelröllchen wieder in die Pfanne geben und etwa 10 Minuten glasieren. Wieder herausnehmen und warm stellen. Butter in Flocken in den Fond einschlagen. Die Involtini mit Sauce beträufeln und servieren.

Christiane Muelder, Heidelberg

Tipp:

Schmeckt gut mit Risibisi.

162

Ossobuco mit Cremolata

Zutaten für 4 Personen

4 Kalbshaxenscheiben (à 250 g) • 3 Zwiebeln

8 Knoblauchzehen

4 Möhren • 4 Staudensellerie • 500 g Tomaten

2 Bund Petersilie • Salz, Pfeffer

100 g Mehl • 50 ml Olivenöl

2 Lorbeerblätter

Thymian, Oregano • 250 ml Weißwein

250 ml Kalbfleischbrühe (ersatzweise Bratensaft)

Schale von 1 unbehandelter Zitrone

5 Knoblauchzehen, fein gewürfelt

➤ **Vorbereitung:**
Seitliche Haut der Haxenscheiben abschneiden und eine feuerfeste Form damit
auslegen.
Die Zwiebeln und 3 Knoblauchzehen
schälen und fein würfeln. Die Möhren
schälen und mit einem Buntmesser in
Scheiben schneiden. Staudensellerie putzen,
waschen und in mundgerechte Stücke
schneiden.
Die Tomaten enthäuten, halbieren, entkernen und das Fruchtfleisch in Streifen
schneiden.
Petersilie waschen und klein schneiden.

➤ **Zubereitung:**
Kalbshaxenscheiben mit Salz und Pfeffer
würzen und in Mehl wenden. Öl in einem
Bräter erhitzen und die Kalbshaxen beid-
seitig anbraten. Herausnehmen und über-
schüssiges Öl abgießen.
Zwiebeln, Knoblauch, Möhren, Sellerie,
Tomaten und die Hälfte der Petersilie in den

Bräter geben und andünsten. Das Fleisch
wieder zugeben. Salz, Pfeffer, Lorbeer,
Thymian, Oregano und Weißwein zufügen
und einkochen lassen.
Mit Kalbsfond oder Bratensaft auffüllen,
bis das Fleisch bedeckt ist. Zugedeckt im
Ofen weich schmoren, dabei gelegentlich
wenden.
Währenddessen aus Zitronenschale, der
restlichen Petersilie und den restlichen, fein
gehackten Knoblauchzehen eine Cremolata
mischen.
Kalbshaxenscheiben anrichten, mit der
Sauce beträufeln und mit Cremolata
bestreuen.

Karin Heider, Mannheim

Tipp:
Dazu serviert man am besten ein Risotto.

Schlemmerrouladen

Zutaten für 4 Personen

4 Kalbsschnitzel (à 160 g)

25 g Senf

4 Scheiben gekochter Schinken

4 Scheiben Gouda • 4 Schalotten

400 g frische Champignons

Saft von ½ Zitrone • 50 ml Öl

100 ml trockenen Weißwein

250 g saure Sahne • Salz, Pfeffer

➤ **Vorbereitung:**
Die Kalbsschnitzel leicht klopfen; von beiden Seiten salzen und pfeffern. Auf einer Seite mit Senf bestreichen.
Je eine Scheibe Schinken und Käse darauf legen, zusammenrollen und feststecken.
Die Schalotten schälen und fein würfeln.
Die Champignons waschen, vierteln und mit Zitronensaft beträufeln.

➤ **Zubereitung:**
Kalbsrouladen in heißem Öl scharf anbraten. Die gewürfelten Schalotten zufügen und dünsten. Mit Weißwein ablöschen, Deckel aufsetzen und die Rouladen 5 Minuten schmoren lassen. Gelegentlich wenden. Champignons zufügen und weitere 5 Minuten schmoren. Die Rouladen herausnehmen und warm stellen.
Die Sauce mit der sauren Sahne verfeinern und mit Salz und Pfeffer abschmecken. Rouladen mit Sauce beträufeln und servieren.

Tipp:
Dazu schmecken Serviettenknödel und Apfelrotkohl.

Jutta Henke, Schöneiche

164

Schnitzel mit Weintrauben

Zutaten für 4 Personen

400 g Weintrauben • 4 Kalbsschnitzel (à 160 g) • Salz, Pfeffer

50 g Mehl • 50 ml Öl • 25 g Butter • Curry • 200 g saure Sahne • 1 Msp. löslicher Kaffee

➤ **Vorbereitung:**
Die Weintrauben abziehen, halbieren und die Kerne entfernen.
Die Kalbsschnitzel leicht klopfen, salzen und pfeffern.

➤ **Zubereitung:**
Öl in einer Pfanne erhitzen. Schnitzel in Mehl wenden und auf beiden Seiten 4 Minuten braten. Herausnehmen und warm halten. Bratfett abgießen und durch die Butter ersetzen. Curry leicht anschwitzen und Weintrauben zufügen.

Saure Sahne und löslichen Kaffee zugeben, aufkochen und abschmecken.
Die Schnitzel auf einer Platte anrichten und mit Sauce beträufeln.

Rudolf Niemeyer, Rheine

Tipp:
Schmeckt gut mit Kartoffelbällchen oder Kroketten und einem pikanten Apfel-Selle-rie-Salat.

Saltimbocca

Zutaten für 4 Personen

8 dünne Kalbsschnitzel (etwa 500 g) • 100 g Butter • 8 frische Salbeiblätter

8 Scheiben luftgetrockneten Schinken (Parma oder San Daniele)

Salz, frisch gemahlener weißer Pfeffer • 4 EL trockener Marsala

➤ **Zubereitung:**
Kalbsschnitzel vorsichtig flach klopfen. In einer großen Pfanne die Butter aufschäumen. Salbeiblätter etwa 1 Minute darin schwenken, herausnehmen und warm stellen. Den Schinken in der Salbeibutter leicht anbraten und ebenfalls warm stellen. Die Kalbsschnitzel in der selben Pfanne von beiden Seiten etwa 2 Minuten braten. Mit Salz und Pfeffer würzen. Die Schnitzel auf eine vorgewärmte Platte legen und jeweils 1 Scheibe Schinken und 1 Salbeiblatt darauf

legen. Abdecken und warm stellen. Den Bratensatz mit Marsala und 2 Esslöffel Wasser angießen, losköcheln und über die Kalbsschnitzel gießen. Sofort servieren.

Lydia Kreft, Haasen

Tipp:
Dazu reicht man italienisches Weißbrot und einen frischen Salat.

Kalbsleber mit Ingwer

Zutaten für 4 Personen

500 g parierte Kalbsleber • 1 Knollen frischen Ingwer (etwa 25 g)

4 Knoblauchzehen • 120 g Perlzwiebeln •50 ml Öl

Salz, frisch gemahlener weißer Pfeffer • 250 ml trockener Weißwein

2 EL brauner Saucenbinder • 150 g Crème fraîche

➤ Vorbereitung:
Kalbsleber in Streifen schneiden.
Ingwer und Knoblauch schälen und in feine Würfel schneiden. Perlzwiebeln fein hacken.

➤ Zubereitung:
Öl in einer Pfanne erhitzen und die Leber rundum anbraten. Zuerst mit Salz und Pfeffer würzen, dann Ingwer, Knoblauch und Perlzwiebeln zufügen. Weißwein angießen

und die Sauce mit Saucenbinder andicken. Mit Crème fraîche verfeinern und nochmals abschmecken.

Yvonne Sendlinger, Friedberg

Tipp:
Als Beilage sind Langkornreis und grüner Salat zu empfehlen.

Zürcher Geschnetzeltes

Zutaten für 4 Personen

600 g Kalbfleisch (Hüfte oder Filet) • 160 g Zwiebeln • 320 g Champignons

80 g Butterfett • 80 g Butter • 250 ml Weißwein • 250 ml Sahne • Salz, weißer Pfeffer

➤ Vorbereitung:
Kalbfleisch waschen, trockentupfen und in feine Streifen schneiden. Zwiebeln schälen und in feine Würfel schneiden. Champignons putzen und vierteln.

➤ Zubereitung:
In einer Kasserolle das Butterfett erhitzen und darin das Fleisch anbraten. Herausnehmen und warm halten.
Butter in die Kasserolle geben und die Zwiebeln glasig dünsten. Champignons zugeben und ebenfalls dünsten. Mit Weißwein ablö-

schen und mit Sahne auffüllen. Den angesammelten Fleischsaft zugeben und die Sauce reduzieren. Mit Salz und Pfeffer abschmecken. Das Fleisch in die Sauce geben, unterschwenken und nochmals abschmecken. Nicht mehr kochen lassen.

Christian Flügge, Wennigsen

Tipp:
Mit Rösti und einem Salat servieren.

166

Rinderbrust mit Meerrettichsauce

Zutaten für 4 Personen

1 kg gepökelte Rinderbrust • 500 g Sandknochen

300 g Suppengemüse (Lauch, Sellerie und Möhren)

10 zerdrückte, schwarze Pfefferkörner • 40 g Butter • 40 g Mehl

Salz, Pfeffer • Zucker • 150 g Meerrettich • 100 g Crème fraîche

➤ **Vorbereitung:**

Fleisch und Knochen in heißes Wasser
geben, blanchieren und wieder abschütten.
Zuerst heiß, dann kalt abspülen. Suppengemüse putzen, waschen und grob zerkleinern.
Knochen mit Pfefferkörnern erneut in kaltem
Wasser aufsetzen, aufkochen und abschäumen. Fleisch in die siedende Brühe geben;
gelegentlich abschäumen. Knapp am Siedepunkt halten und 1 Stunde garen.
Suppengemüse zufügen und alles weitere
30 Minuten garen lassen. Fleisch herausnehmen und warm halten. Brühe aufheben.

➤ **Zubereitung:**

Butter und Mehl zu einer Mehlschwitze verarbeiten und leicht abkühlen lassen.
Mit 500 Milliliter gefilterter Fleischbrühe
auffüllen; mit Salz, Pfeffer und Zucker
würzen. Meerrettich zugeben und alles
10 Minuten ziehen lassen. Sauce durch ein
feines Sieb passieren und mit Crème fraîche
verfeinern.
Über das tranchierte Fleisch geben.

Gunnar Remmers, Stuhr

Tipp:

**Mit Salzkartoffeln und kalten Beilagen (Rote
Bete, Gewürzgurke, Perlzwiebeln) servieren.**

Rinderfilet mit Mozzarella und Basilikumsauce

Zutaten für 4 Personen

4 Filetsteak (à 150 g) • 4 Scheiben Mozzarella • 4 Scheiben Parmaschinken

½ Bund Basilikum • Salz, Pfeffer • 4 EL Öl • 100 ml Kalbsfond

200 g Crème double

➤ **Vorbereitung:**
Den Backofen auf 220 °C vorheizen.
In jedes Steak eine Tasche einschneiden.
Mozzarellascheiben mit Parmaschinken
umwickeln. Basilikum waschen, zupfen und
fein schneiden.

➤ **Zubereitung:**
Filettaschen salzen und pfeffern und mit
Käse und Schinken füllen. Jedes Steak mit
2 Zahnstochern verschließen.
Öl in einer Pfanne erhitzen und die Steaks
von beiden Seiten 2 Minuten scharf anbraten. Dann auf Alufolie setzen und auf der
mittleren Schiene für 8 bis 10 Minuten in

den vorgeheizten Ofen geben (160 °C).
Zwischenzeitlich einmal wenden.
Den Bratensatz in der Pfanne mit Kalbsfond
loskochen. Crème double hinzufügen, würzen und glatt rühren.
Zum Schluss Basilikum zufügen. Die Steaks
anrichten und mit der Sauce beträufeln.

Elke Michel, Mannheim

Tipp:

**Dazu passen Tomatenrisotto und gedünste-
te Okraschoten.**

168

Rinderrouladen mit Reisfüllung

Zutaten für 4 Personen

2 EL Öl • 120 g Langkornreis

240 ml Fleischbrühe

Salz, Pfeffer

120 g gekochter Schinken • ½ Bund Petersilie

2 EL Kapern • 4 mittelgroße Zwiebeln

abgeriebene Schale von ½ Zitrone

einige Zweige Thymian

4 Rinderrouladen (à 175 g, aus der Oberschale)

40 g Bratfett

100 ml Rotwein

100 g Crème fraîche

➤ **Vorbereitung:**
Öl in einem Topf erhitzen und den Reis glasig schwitzen. Mit der Fleischbrühe auffüllen, salzen und pfeffern; zudecken.
Bei mäßiger Hitze (160 °C) im Backofen etwa 18 Minuten quellen lassen.
Den Schinken würfeln.
Petersilie waschen, die Blättchen abzupfen und fein wiegen. Die Kapern hacken.
Zwiebeln schälen und in grobe Würfel zerkleinern.

➤ **Zubereitung:**
Den gegarten Reis in eine große Schüssel füllen und etwas abkühlen lassen. Mit Schinkenwürfeln, Petersilie, Kapern, geriebener Zitronenschale und Thymian mischen.
Die Rinderrouladen ausbreiten, salzen und pfeffern und mit der Reisfüllung belegen.
Aufrollen und mit Rouladennadeln feststecken.

Das Bratfett in einem Bräter erhitzen, die Rouladen rundherum anbraten. Zwiebel hinzufügen, Deckel aufsetzen und schmoren lassen. Mit Rotwein und etwas Wasser ablöschen. Das Fleisch etwa 40 Minuten garen, währenddessen immer wieder begießen und wenden. Rouladen herausnehmen, die Nadeln entfernen und warm stellen.
Die Sauce nach Wunsch durch ein feines Sieb passieren, abschmecken und mit Crème fraîche abrunden. Die Rouladen mit der Sauce servieren.

Margit Schiefele, Derndorf

Tipp:

Schmeckt gut mit Rohkostsalat aus Sojasprossen

Rinderzunge baskische Art

Zutaten für 4 Personen

1 Rinderzunge, pariert und gepökelt (etwa 1,4 kg) • 3 mittelgroße Zwiebeln

6 Knoblauchzehen • 1 Bund Petersilie • 80 g Tomatenmark

Salz, Pfeffer • 125 ml Roséwein • 75 g geriebenes Weißbrot

80 g Butter • Fett für die Auflaufform

➤ **Vorbereitung:**
Rinderzunge einige Stunden wässern.
Zunge in kaltem Wasser ansetzen und in
etwa 2 Stunden weich sieden.
Die gegarte Zunge aus dem Wasser heben,
kalt abspülen und häuten. In den Topf
zurückgeben und in der Kochflüssigkeit
abkühlen lassen.
Währenddessen Knoblauchzehen schälen
und fein pürieren. Die Zwiebeln schälen
und in feine Streifen schneiden. Petersilie
waschen, zupfen und hacken.
Den Backofen auf 200 °C vorheizen.

➤ **Zubereitung:**
Tomatenmark mit Knoblauchpüree, Salz und
Pfeffer glatt rühren. Die Auflaufform erst mit
Öl, dann mit Tomatenpüree bestreichen. Die

kalte Zunge in mundgerechte Stücke schneiden und auf das Tomatenmark legen.
Mit einer Schicht Zwiebeln und Petersilie
bedecken. Mit Wein übergießen und mit
geriebenem Weißbrot bestreuen. Zum
Schluss das Ganze mit Butterflöcken belegen
und im Backofen etwa 30 Minuten braun
backen.
In der Auflaufform servieren.

Karl-Heinz Osterholz, Winnert

Tipp:

**Am besten mit frischem französischem Brot
und Kräuterbutter.**

170

Rindfleisch brasilianische Art

Zutaten für 4 Personen

600 g Rinderfilet, pariert und küchenfertig

3 mittelgroße Zwiebeln

1 Knoblauchzehe

1 Dose geschälte Tomaten (450 g)

50 ml Erdnussöl • Paprikapulver

50 g Mehl • 250 ml kalter Kaffee

250 ml Fleischbrühe

2 Würfel brauner Zucker

Salz, Pfeffer, Muskat, gemahlener Fenchel

➤ **Vorbereitung:**
Rindfleisch in feine Streifen schneiden.
Die Zwiebel schälen und ebenfalls in feine
Streifen schneiden.
Knoblauch schälen und pürieren.
Die Tomaten mit einem Pürierstab pürieren.

➤ **Zubereitung:**
In einem Brattopf das Erdnussöl erhitzen, die
Filetstreifen scharf anbraten und würzen.
Fleisch sofort wieder aus dem Topf nehmen
und bei geringer Wärme aufbewahren.
Im Bratensatz die Zwiebeln mit dem Knob-
lauchpüree anschwitzen. Mit Paprikapulver
und Mehl bestäuben. Tomaten, Kaffee,
Fleischbrühe und Zuckerwürfel zugeben;
alles aufkochen und mit Salz, Pfeffer,
Muskat und Fenchel abschmecken.
Die Filetstreifen in die fertige Sauce geben
und bei mäßiger Hitze erwärmen (sie sollten
saftig und nicht trocken sein).

Gaby Spitzhüttl, Krailling

Tipp:
**Dazu serviert man hausgemachte Spätzle
und Salat.**

Rindfleisch in Rotwein

Zutaten für 4 Personen

500 g mageres Rindfleisch (parierter Schulterspitz) • 3 große Zwiebeln

6 Knoblauchzehen • 50 g schwarze und grüne Oliven (ohne Stein) • 75 g Korinthen

35 g Mehl • 50 g Schweineschmalz • 300 ml roter Bordeaux

2 EL grüne Pfefferkörner • Thymian, Rosmarin, Liebstöckel • Salz, Pfeffer

250 ml Sahne • 4 cl Weinbrand

➤ **Vorbereitung:**
Fleisch in etwa 40 Gramm schwere Würfel schneiden. Zwiebeln und Knoblauchzehen schälen und fein würfeln. Je 4 schwarze und grüne Oliven für die Garnitur beiseite legen. Die restlichen Oliven mit den Korinthen fein hacken. Pfefferkörner zerdrücken.

➤ **Zubereitung:**
Das Fleisch in heißem Schmalz anbraten. Zwiebeln und Knoblauch zufügen. Mit Mehl bestäuben. 5 Minuten schmoren lassen; mit Wein aufgießen. Oliven, Korinthen, Pfefferkörner und die Kräuter zufügen. Mit Salz

und Pfeffer abschmecken, Deckel aufsetzen und in 60 Minuten weich schmoren. Gegebenenfalls noch etwas Wein oder Wasser nachgießen.
Das Ragout mit Sahne und Weinbrand abschmecken. Vor dem Servieren mit den ganzen Oliven garnieren.

M. Kersten, Berlin

Tipp:
Dazu serviert man französisches Brot und Tomatensalat.

Tafelspitz mit Dillsauce

Zutaten für 4 Personen

800 g Tafelspitz (Hüftdeckel)

500 g Sandknochen • 1 Bund Suppengemüse

1 TL zerdrückte Pfefferkörner • 1 Lorbeerblatt

1 Bund Dill • 1 mittelgroße Zwiebel

2 Knoblauchzehen • Salz, Pfeffer, Muskat

40 g Butter • 40 g Mehl • 100 ml Sahne

➤ **Vorbereitung:**
Fleisch und Knochen in heißes Wasser geben, blanchieren und abschütten. Zuerst heiß, dann kalt abspülen.
Suppengemüse putzen, waschen und grob zerkleinern. Knochen erneut in kaltem Wasser aufsetzen, aufkochen und abschäumen. Fleisch in die siedende Knochenbrühe geben, zerdrückte Pfefferkörner und Lorbeerblatt zufügen, gelegentlich abschäumen und etwa 1,5 Stunden knapp am Siedepunkt halten. Suppengemüse zufügen und das Fleisch eine weiter ½ Stunde fertig garen. Fleisch heraus nehmen, in Alufolie wickeln und warm halten.
Dill waschen, trocken tupfen und fein schneiden. Zwiebel schälen und fein würfeln. Die Knoblauchzehen ebenfalls schälen und fein hacken.

➤ **Zubereitung:**
Zwiebeln und Knoblauch in Butter anschwitzen. Mit Mehl bestäuben und leicht abkühlen lassen.
Mit ½ Liter gefilterter, heißer Brühe auffüllen, würzen und 10 Minuten köcheln lassen. Sauce nach Wunsch durch ein feines Sieb passieren und mit geschnittenem Dill und der Sahne abschmecken. Über das tranchierte Fleisch geben.

Margit Engel, Frankfurt/M.

Tipp:
Dazu passen Bratkartoffeln und Blattspinat.

Tatarensteak in pikanter Sauce

Zutaten für 4 Personen

4 Schalotten • 600 Tatar • 1 Ei • Salz, Pfeffer • 50 ml Öl • 150 ml Tomatensaft

75 ml Barbecuesauce • 1 EL Senf • Saft von ½ Zitrone

1 Prise Zucker

➤ **Vorbereitung:**
Die Schalotten schälen und fein hacken.

➤ **Zubereitung:**
Das Tatar mit den Schalotten, dem verquirlten Ei, Salz und Pfeffer gut vermischen.

Tipp:
Dazu reicht man französisches Brot und Gewürzgurken.

Acht kleine Steaks formen und von beiden Seiten in heißem Öl braten.
Die garen Steaks aus der Pfanne heben und auf einer Platte warm halten.
Bratfett abschütten und den Bratensatz mit etwas Wasser loskochen.
Mit Tomatensaft, Barbecuesauce, Senf, Zitronensaft und Zucker verrühren; abschmecken. Steaks mit der Sauce umgießen.

Wolfgang Bender, Mühlhausen

Rinderrouladen mit Schafskäse

Zutaten für 4 Personen

4 Scheiben Rinderoberschale (à 200 g)

50 g Rosinen • 50 g Pistazienkerne • 8 schwarze Oliven

100 g Wurzelgemüse (Sellerie, Möhren, Zwiebel)

2 Knoblauchzehen

4 frische Minzeblättchen • 4 EL Senf • Salz, Pfeffer

Thymian • 200 g Schafskäse

80 g Butterschmalz • 250 ml Rotwein

500 ml Brühe • 2 TL Kartoffelstärke

➤ **Vorbereitung:**

Rindfleischscheiben zwischen zwei Lagen Frischhaltefolie legen und mit einem großen Messer flach drücken.

Rosinen in Rotwein einweichen. Pistazienkerne grob hacken. Oliven entkernen und ebenfalls grob hacken.

Wurzelgemüse waschen, schälen und grob würfeln.

Knoblauch schälen und fein hacken. Minzblätter waschen, trocknen und in Streifen schneiden.

➤ **Zubereitung:**

Das Fleisch auf der Arbeitsfläche auslegen, dünn mit Senf bestreichen und mit Salz, Pfeffer, Knoblauch und Thymian würzen. Schafskäse zerkrümeln und zusammen mit Pistazien, Oliven und den abgetropften Rosinen gleichmäßig auf dem Fleisch verteilen. Fleisch zu Rouladen rollen, mit Bindfaden (keine Kunstfasern) in Form binden und von außen mit Salz und Pfeffer würzen.

In einem schweren Topf das Butterschmalz erhitzen und die Rinderrouladen von allen Seiten scharf anbraten. Dabei mehrmals mit Rotwein ablöschen.

Mit Brühe auffüllen, Deckel aufsetzen und das Fleisch im vorgeheizten Backofen bei 180 °C 50 Minuten schmoren lassen.

Rouladen herausnehmen, die Sauce passieren und mit kalt angerührter Kartoffelstärke binden.

Rouladen wieder in die Sauce geben und weitere 20 Minuten bei mäßiger Hitze ziehen lassen. Vor dem Servieren mit Minze garnieren.

Carmen Moritz, Essen

Filetsteak »Spanische Art«

Zutaten für 4 Personen

200 g frische Champignons • 2 Gemüsezwiebeln • 15 schwarze Oliven • 2 EL Butterschmalz

4 Filetsteaks (à 220 g) • Salz, Pfeffer • 20 ml Weinbrand

➤ **Vorbereitung:**
Champignons waschen, trocknen und in Scheiben schneiden. Zwiebel schälen und fein würfeln. Oliven entkernen und halbieren.

➤ **Zubereitung:**
In einer Kasserolle das Butterschmalz erhitzen und die Filetsteaks von beiden Seiten scharf anbraten. Mit Salz und Pfeffer würzen. Das Fleisch nochmals wenden, auf der anderen Seite würzen und in den vorgeheizten Ofen (200 °C) geben. 15 Minuten garen lassen. Die Kasserolle aus dem Ofen nehmen und die Steaks mit Cognac flambieren. Herausnehmen und warm stellen. Zwiebeln und Oliven im Bratensatz andünsten. Champignons zufügen, ebenfalls hellbraun dünsten und alles mit Salz und Pfeffer abschmecken. Die Steaks auf einer Platte anrichten und mit dem Pilzgemüse bedecken.

Diethild Rehm, Augsburg

Rinderkarbonaden

Zutaten für 4 Personen

4 Rindersteaks aus der Hüfte (à 180 g) • 4 große Zwiebeln

250 ml dunkles Bier • 50 ml Bratensaftextrakt • Salz, frisch gemahlener weißer Pfeffer

1 Lorbeerblatt • Speisestärke

➤ **Vorbereitung:**
Einen Römertopf nach Gebrauchsanleitung wässern.
Die Rindersteaks abwaschen und mit Küchenkrepp trockentupfen.
Zwiebeln schälen und in Ringe schneiden.

➤ **Zubereitung:**
Die Steaks von beiden Seiten mit Salz und Pfeffer einreiben. Das Bier mit dem Bratensaftextrakt mischen. Steaks, Zwiebelringe und Bier in den Tontopf füllen. Lorbeerblatt, Salz und Pfeffer zufügen.

Zugedeckt in den kalten Backofen stellen. Die Temperatur auf 225 °C einstellen und das Fleisch 1 bis 1,5 Stunden garen. Falls nötig den Fond vor dem Servieren mit etwas Speisestärke binden.

Bettina Buschheuer, Erftstadt

Tipp:
Schmeckt am besten mit Salzkartoffel, Risotto oder Teigwaren und Salat.

Rindfleischstew

Zutaten für 4 Personen

300 g Wurzelgemüse (Lauch, Sellerie, Möhren)

1 Gemüsezwiebel • 300 ml Rotwein • Salz, Pfeffer

1 Bund Petersilie • 1 Bund Thymian • 2 Knoblauchzehen

1 Lorbeerblatt • 500 g Rinderschulter

200 g mageren Speck • 12 Schalotten

500 g Champignons, frisch

1 EL Butter • 50 g Mehl

700 ml Rindfleischbrühe

➤ **Vorbereitung:**

Wurzelgemüse waschen, schälen und grob würfeln.
Zwiebel schälen und ebenfalls grob würfeln. Aus Rotwein, Pfeffer, Salz, gehackter Petersilie, gezupftem Thymian, Knoblauch, Gemüsezwiebel, Wurzelgemüse und Lorbeerblatt eine Marinade anrühren.
Das Fleisch in gleichmäßige Stücke schneiden (etwa 5 x 5 x 0,5 Zentimeter) und in die Marinade geben und mit einem Teller beschweren. 6 Stunden ziehen lassen.

Speck von Schwarte und Knorpel befreien und in Würfel schneiden.
Schalotten schälen und ohne Wurzel in feine Streifen schneiden. Champignons waschen, trocknen und in grob würfeln.

➤ **Zubereitung:**

Speckwürfel in einem Topf auslassen und die Schalotten darin rösten. Speck und Schalotten herausheben. Das Rindfleisch aus der Marinade nehmen und gut abtropfen lassen. Die Butter mit dem in der Pfanne verbliebenen Fett erhitzen und das Fleisch von allen Seiten darin anbraten. Mit Mehl bestäuben, nochmals kurz rösten und mit der ungefilterten Marinade ablöschen. Sofort mit Brühe auffüllen. Den Deckel aufsetzen und alles bei mäßiger Hitze 2 Stunden köcheln lassen. Währenddessen die Champignons in Butter dünsten. Pilze zusammen mit Speck und Schalotten zum Rindfleisch geben. das Stew weitere 30 Minuten köcheln lassen. Dabei immer wieder mit kaltem Wasser aufgießen. Vor dem Servieren mit Salz und Pfeffer abschmecken.

Matthias Bilz, Erdmannsdorf

Irish Stew Aroser Art

Zutaten für 4 Personen

600 g Lammschulter oder -keule (ohne Knochen; vom Fleischer auslösen lassen;

Knochen und Parüren einpacken lassen) • 2 mittelgroße Zwiebeln • 600 g Kartoffeln

400 g grüne Bohnen • 2 Bund Petersilie

2 Knoblauchzehen • 25 g Butterschmalz • Salz, Pfeffer, Kümmel

▶ **Vorbereitung:**
Knochen und Parüren in kaltem Wasser aufsetzen und etwa 1 Stunde simmern lassen. Dabei regelmäßig abschäumen. Das Fleisch in etwa 2 cm große Würfeln schneiden. Zwiebeln und Kartoffeln schälen und grob würfeln. Bohnen putzen und in etwa 3 Zentimeter lange Stücke schneiden.
Die Petersilie waschen und hacken.

▶ **Zubereitung:**
Butterschmalz in einem Bratentopf erhitzen

und das Fleisch darin rundum anbraten. Knoblauch schälen und dazu pressen. Zwiebeln, Bohnen und Kartoffeln beigeben. Alles andünsten und mit etwa 1 Liter gefilterter Knochenbrühe aufgießen. Mit Salz, Pfeffer und Kümmel würzen und gut verrühren. Zugedeckt bei mittlerer Hitze etwa 90 Minuten garen lassen. Nicht mehr umrühren. Vor dem Servieren mit der Petersilie bestreuen.

Kurt Kulke, Hoepfingen

Lammcouscous

Zutaten für 4 Personen

100 g Kichererbsen (über Nacht eingeweicht)

400 g Lammfilet (pariert)

100 g rote, gelbe oder grüne Paprikaschoten

100 g Tomaten • 100 g kleine Zucchini

100 g kleine Möhren • 2 mittelgroße Zwiebeln

2-4 Knoblauchzehen

4 EL Olivenöl • Salz, Pfeffer, Rosmarin, Salbei, Safran

Harissa (sehr scharfe Chilipaste)

400 ml Fleischbrühe

400 g fertigen Couscous (gedämpfter Hartweizengrieß)

➤ **Vorbereitung:**
Kichererbsen kräftig aufkochen und im heißen Wasser ziehen lassen.
Das Lammfilet waschen, trockentupfen und in etwa 2 Zentimeter breite Scheiben schneiden.
Paprika putzen, waschen und in Streifen schneiden.
Die Tomaten enthäuten, halbieren, entkernen und das Fruchtfleisch in Streifen schneiden.
Zucchini waschen, der Länge nach halbieren und je nach Größe vierteln oder achteln.
Die Möhren schälen und wie die Zucchini schneiden.
Zwiebeln und Knoblauchzehen schälen und fein würfeln.

➤ **Zubereitung:**
Das Olivenöl erhitzen, das Lammfleisch dazugeben und anbraten. Zwiebeln und Knoblauch hinzugeben. Mit Salz, Pfeffer, Rosmarin, Salbei, Safran und Harissa herzhaft würzen. Mit Fleischbrühe auffüllen, Deckel aufsetzen und alles 20 Minuten schmoren lassen.
Deckel abnehmen, Gemüse zufügen und nochmals abschmecken.
Ein großes Sieb auf den Topf setzen und den Couscous einfüllen; etwas auflockern.
Deckel wieder aufsetzen, und bei mäßiger Hitze weitere 20 bis 30 Minuten köcheln lassen.
Couscous auf einer Platte aufhäufen, Gemüse und Fleisch darauf anrichten.

Angelika Kröger, Hamburg

178

Lammbällchen mit Kirschen

Zutaten für 4 Personen

½ Bund Petersilie • 4 Schalotten

600 g mageres Lammhackfleisch • 2 Eier

2 gepresste Knoblauchzehen

Salz, schwarzer Pfeffer, geriebene Muskatnuß

400 g Sauerkirschen, abgetropft (Saft auffangen)

½ TL gemahlener Zimt

Zucker • Saft von 1 Zitrone

10 g Speisestärke • 4 EL Öl

➤ Vorbereitung:

Petersilie waschen, trockenschwenken und grob hacken. Schalotten schälen und fein würfeln.

➤ Zubereitung:

Hackfleisch, Eier, Petersilie und Schalotten verkneten. Knoblauch schälen und dazupressen. Mit Salz, Pfeffer und Muskat abschmecken. Das Fleisch zu sechzehn Bällchen formen. Sauerkirschsaft mit Zimt, Zucker und Zitronensaft aufkochen und mit kalt angerührter Stärke binden.
Die Hackfleischbällchen in heißem Öl braten. In der Zwischenzeit die Sauerkirschen in den gebundenen Saft geben und langsam erhitzen. Nicht kochen. Die Lammbällchen auf einem Teller anrichten. Vor dem Servieren mit Kirschsauce beträufeln

Helmut H. Kroll, Essen

Tipp:

Als Beilage kann man Pilawreis oder Baguette reichen.

179

Lamm-Mussaka

Zutaten für 4 Personen

100 g Zwiebeln • 4 Knoblauchzehen • 200 g Tomaten

600 g Kartoffeln • 200 g Auberginen

1 EL Zitronensaft • 20 g Butter

20 g Mehl • 200 ml Milch • 4 EL Olivenöl

400 g Lammhackfleisch

Salz, Pfeffer, Muskat, gemahlener Rosmarin, Salbei

40 g geriebener Parmesankäse

Butter für die Auflaufform

➤ **Vorbereitung:**

Zwiebeln schälen und in sehr feine Streifen schneiden. Knoblauchzehen schälen und fein hacken.
Tomaten enthäuten, halbieren, entkernen und das Fruchtfleisch würfeln.
Kartoffeln waschen, schälen und in Scheiben schneiden.

Die Auberginen waschen, schälen und in Scheiben scheiden. Bei kleinen Früchten die Haut nicht entfernen.
Auberginenscheiben mit Zitronensaft beträufeln. Den Backofen auf ca. 200 °C vorheizen.

➤ **Zubereitung:**

Aus Butter und Mehl eine Mehlschwitze herstellen. Etwas abkühlen lassen, mit warmer Milch auffüllen, würzen und zu einer Béchamelsauce kochen. Olivenöl in einem flachen Topf erhitzen, Zwiebeln und Knoblauch darin anbraten. Hackfleisch zufügen und kurze Zeit mitdünsten.
Eine feuerfeste Auslaufform buttern. Abwechselnd Kartoffel- und Auberginenscheiben, Tomatenwürfel, Hackfleisch und Gewürzen einschichten. Mit 100 Milliliter Wasser übergießen, mit Béchamelsauce bedecken und mit Käse bestreuen. Im Backofen 40 Minuten backen und heiß servieren.

Jan Schwiersch, Mühltal-Trautheim

180

Lammhaxen auf Gemüse

Zutaten für 4 Personen

4 Lammhaxen • 3 Paprikaschoten (rot, grün und gelb)

2 Chilischoten • 4 Tomaten • 1 kleine Aubergine

1 kleine Zucchini • Saft von 1 Zitrone

2 mittelgroße Zwiebeln • ½ Bund Basilikum

Salz, Pfeffer • 3 EL Olivenöl

4 Knoblauchzehen • 3 EL Balsamessig

➤ **Vorbereitung:**

Lammhaxen von den Sehnen befreien. Aus diesen mit etwa 500 Milliliter Wasser einen Fond kochen.

Paprika- und Chilischoten waschen, halbieren, vom Kerngehäuse befreien und in mundgerechte Stücke schneiden.

Tomaten häuten, halbieren, entkernen und das Fruchtfleisch würfeln.

Aubergine und Zucchini waschen, in Scheiben schneiden und mit etwas Zitronensaft marinieren.

Die geschälte Zwiebeln in Streifen schneiden. Basilikum waschen, zupfen und fein schneiden.

➤ **Zubereitung:**

Haxen mit Salz und Pfeffer einreiben. In einem Bräter das Olivenöl erhitzen und die Haxen rundherum anbraten; einige Zeit schmoren lassen. Aus dem Topf nehmen

und die Zwiebelstreifen im Bratensatz andünsten.

Knoblauchzehen schälen und dazu pressen. Das übrige Gemüse zufügen und würzen.

Die Lammhaxen auf das Gemüse legen, mit Fond begießen und den Deckel auf den Bräter setzen.

Im vorgeheizten Backofen bei 200 °C 1 Stunde garen.

Das fertige Gericht mit dem restlichen Zitronensaft und dem Essig abschmecken. Eventuell nachwürzen.

Heinz U. Schulz, Fulda

Tipp:

Mit Fladenbrot und leicht gekühltem Rotwein servieren.

Lammkeule mit Roquefort

Zutaten für 4 Personen

3 Knoblauchzehen

1 Lammkeule (1,5 kg küchenfertiges Fleisch mit Knochen;

klein gehackte Knochen und Parüren für die Sauce)

einige Zweige Thymian

Salz, schwarzer Pfeffer • 40 g Butterschmalz

5 mittelgroße Zwiebeln • 500 ml Weißwein

100 g Roquefort • 200 g Crème fraîche

➤ Vorbereitung:
Die geschälten Knoblauchzehen in Stifte schneiden. Die parierte Lammkeule an der Knochenseite mit Knoblauchstiften und Thymianzweigen spicken. Mit Salz, Pfeffer und weichem Butterschmalz einreiben; mit Folie abdecken und ziehen lassen.
Zwiebeln schälen und achteln. Backofen auf 220 °C vorheizen.

➤ Zubereitung:
Lammkeule, Knochen, Parüren und Zwiebeln in einem heißen Bräter (ohne weitere Fettzugabe) im Ofen anbraten.

Mit Weißwein ablöschen und etwa 1 Stunde schmoren. Immer wieder mit dem entstehenden Bratenfond begießen.
Roquefort mit einer Gabel zerdrücken und mit der Crème fraîche verrühren. Fleisch aus dem Bräter herausnehmen und mit Roquefortcreme einstreichen.
Den Bratenfond passieren. Die eingestrichene Keule wieder in den Bräter geben, Bratenfond angießen und bei geringerer Temperatur fertig garen.
Die Garzeit richtet sich nach der Größe der Keule. Soll das Fleisch durch sein, rechnet man pro 500 Gramm weitere 20 Minuten.
Die Keule herausnehmen, in Alufolie wickeln und 20 Minuten ruhen lassen.
Tranchieren und mit Sauce beträufeln.

Thomas Nieland, Saarbrücken

Tipp:

Dazu schmecken Macairekartoffeln und grüne Bohnen.

182

Überbackene Lammkoteletts

Zutaten für 4 Personen

3 EL Olivenöl • ½ EL Rosmarin • Pfeffer

2 zerdrückte Knoblauchzehen

4 doppelte Lammchops (4 cm dick)

4 Fleischtomaten • ½ Bund Petersilie

½ Bund Basilikum • 200 g Schafskäse

Salz • Öl für die Auflaufform

➤ **Vorbereitung:**
Aus Olivenöl, Rosmarin, Pfeffer und Knoblauchzehen eine Marinade mischen.
Die Lammkoteletts damit einstreichen.
Zugedeckt über Nacht marinieren lassen.

➤ **Zubereitung:**
Die Tomaten häuten und in dicke Scheiben schneiden. Die Marinade mit den Lammkoteletts im Wasserbad leicht erwärmen. Den Backofen auf 220 °C vorheizen.
Gewaschene Petersilie und Basilikumblättchen klein schneiden und mit dem Schafskäse zu einer Masse verrühren. Die Lammkoteletts aus der Marinade nehmen und in einer heißen Pfanne auf jeder Seite 2 Minuten braten; salzen und pfeffern. Lammkoteletts mit Tomatenscheiben belegen und in die geölte Auflaufform legen. Mit Käsemasse bedecken und mit Alufolie bedecken.
20 Minuten garen.

Markus Unrath, St. Georgen

Tipp:

Herrlich mit Annakartoffeln und Blattspinat.

183

Lammschulter »Surbian«

Zutaten für 4 Personen

600 g Lammschulter (küchenfertig ohne Parüren) • 4 mittelgroße Kartoffeln

2 mittelgroße Zwiebeln • 4 Knoblauchzehen • 2 Peperoni

2-3 EL Rosinen • 4 EL Olivenöl • 40 g Tomatenpüree • 200 g Langkornreis

Salz, Pfeffer, gemahlene Nelken, Zimt, Kardamom, Paprikapulver

➤ **Vorbereitung:**

Das Fleisch waschen, in kleine Stücke schneiden und in leicht gesalzenem, kochendem Wasser bissfest garen. Fleisch herausnehmen und den Fond auf 400 Milliliter reduzieren. Die Kartoffeln waschen, schälen und in Scheiben schneiden. Zwiebeln und Knoblauchzehen schälen und klein schneiden. Die Peperoni ebenfalls klein schneiden. Rosinen mit kochendem Wasser überbrühen und abschütten. Den Backofen auf 150 °C vorheizen.

➤ **Zubereitung:**

Olivenöl in einem Schmortopf erhitzen. Zwiebeln und Knoblauch zufügen, anrösten und mit Tomatenpüree anschwitzen. Reis, Gewürze und die restlichen Zutaten zugeben. Mit reduziertem Fond auffüllen. Den abgedeckten Topf für etwa 30 Minuten in den vorgeheizten Backofen stellen. Zwischendurch immer wieder mit einer Bratengabel umrühren. Sehr heiß servieren.

Abdülkader Alsaadi, H. Limbach

Lammragout mit Früchten

Zutaten für 4 Personen

150 g getrocknete Backpflaumen

150 g getrocknete Aprikosen

400 ml Burgunder • 800 g Lammschulter

20 g milden Senf • Salz, Pfeffer

½ TL Thymian • 2 EL Butterschmalz

2 Zwiebeln • 1 TL Tomatenmark

100 g Crème fraîche

50 g milden Schafskäse

➤ **Vorbereitung:**

Getrocknete Früchte mit Burgunder begießen und über Nacht einweichen. Lammschulter in 2 bis 3 Zentimeter große Würfel schneiden. Senf, Salz, Pfeffer und Thymian verrühren, das Fleisch untermischen und über Nacht im Kühlschrank durchziehen lassen.

➤ **Zubereitung:**

Die marinierten Lammfleischwürfel in Butterschmalz 5 Minuten scharf anbraten. Zwiebeln würfeln, zum Fleisch geben und kurz mitdünsten. Tomatenmark zufügen und mitschwitzen.

Die eingeweichten Früchte durch ein Sieb geben, dabei den Rotwein auffangen. Die Früchte zum Schmoransatz geben und kurz anschwitzen. Nach und nach mit Rotwein ablöschen. Die Flüssigkeit zwischendurch stets reduzieren lassen. Mit 600 ml Wasser auffüllen und bei geschlossenem Deckel 40 Minuten schmoren lassen; zeitweise umrühren. Die Sauce mit Crème fraîche binden. Schafskäse zwischen den Fingern zerreiben und in der Sauce schmelzen.

Rosemarie Bormann, Herdecke

Lammragout indische Art

Zutaten für 4 Personen

800 g Lammschulter • 1 Zwiebel • 2 rote Paprikaschoten • 1 Knoblauchzehe

100 g getrocknete Aprikosen • 2 EL Butterschmalz • $\frac{1}{2}$ TL Curry • 100 ml Burgunder

200 ml Fleischbrühe • 100 ml Sahne • 150 g Crème fraîche • Salz, Pfeffer

➤ **Vorbereitung:**

Lammfleisch von Fett und Sehnen befreien und in Würfel schneiden. Zwiebel schälen und fein würfeln. Paprika vierteln, entkernen, waschen und in feine Streifen schneiden. Knoblauchzehe schälen und zusammen mit einer Prise Salz mit dem Messerrücken zerdrücken. Getrocknete Aprikosen mit heißem Wasser überbrühen und auf Küchenkrepp trocknen.

➤ **Zubereitung:**

Butterschmalz in einem schweren Topf erhitzen und die Lammfleischwürfel 5 Minuten scharf anbraten. Gewürfelte Zwiebel und Knoblauch zugeben und mitdünsten. Das Fleisch mit Curry bestäuben, Aprikosen zugeben und vorsichtig mitschwitzen lassen.

Nach und nach mit Rotwein ablöschen, dabei die Flüssigkeit zwischendurch immer wieder reduzieren. Brühe und Sahne zufügen. Deckel aufsetzen und alles bei mittlerer Hitze schmoren lassen; zeitweise umrühren. Nach 30 Minuten Paprika zufügen und das Gericht in 10 Minuten fertig schmoren. Sauce mit Crème fraîche binden und mit Salz und Pfeffer abschmecken.

Ulrike Deck, Gaggenau

Tipp:

Möglichst heiß und mit grünen Nudeln servieren.

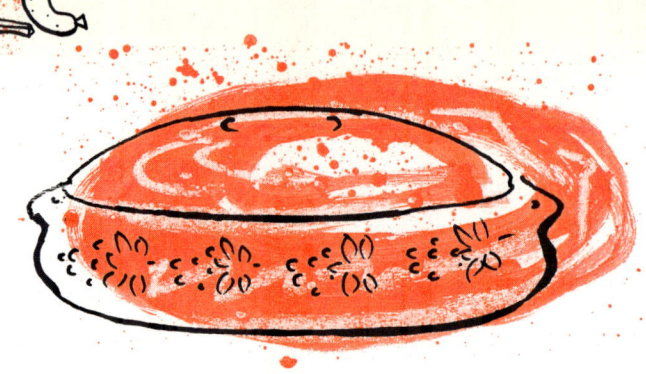

Lammkoteletts aus dem Römertopf

Zutaten für 4 Personen

4 EL Olivenöl • 2 EL Kräuter der Provençe

1 TL schwarzen Pfeffer (grob gemahlen)

1 TL Chinagewürz • 3 Knoblauchzehen

12 Lammkoteletts (à 75 g)

2 Gemüsezwiebeln • 1 Möhre • ½ Sellerie

4 Knoblauchzehen • 4 Tomaten

Salz, Pfeffer • 4 EL gehackte Petersilie

125 ml trockener Weißwein

➤ **Vorbereitung:**

Aus Olivenöl, Kräuter der Provençe, Pfeffer, Chinagewürz und zerdrücktem Knoblauch eine Beize zubereiten. Die Lammkoteletts 24 Stunden darin marinieren. Römertopf nach Anleitung wässern.

➤ **Zubereitung:**

Zwiebel schälen und in Stücke schneiden. Möhre schaben und grob würfeln. Sellerie waschen, schälen und ebenfalls in grobe Stücke schneiden. Knoblauch schälen und vierteln. Tomaten waschen, von den Stielansätzen befreien, kreuzweise einschneiden und mit Salz und Pfeffer würzen. Lammkoteletts mit der Beize in den Römer-topf umfüllen. Zwiebel, Möhre, Sellerie, Knoblauch und Petersilie zufügen, Weißwein angießen und alles gut vermischen. Den geschlossenen Römertopf in den vorgeheizten Backofen (220 °C) stellen. Nach 90 Minuten den Deckel entfernen, die Tomaten zufügen und die Koteletts weitere 15 Minuten bei Oberhitze grillen.

Hildegard Reinhard, Weilheim/Teck

Tipp:

Mit Weißbrot, gemischtem Salat und einem trockenen Weißwein servieren.

Lammfilet in Kaffee

Zutaten für 4 Personen

800 g Lammfilet • 1 rote Paprikaschote

2 Knoblauchzehen • 1 Zwiebel • 1 frische Ananas

3 EL Olivenöl • 3 EL Paprikapulver

1 EL Chilipulver

2 EL gehackter Koriander

2 EL gehackte Petersilie • 4 TL Kartoffelstärke

300 ml starker Kaffee (kalt)

Salz, Pfeffer

100 g Crème fraîche

➤ **Vorbereitung:**

Lammfilet in gleichmäßige Würfel schneiden.
Paprikaschote vierteln, entkernen, waschen und in Streifen schneiden. Knoblauchzehe schälen und grob zerschneiden. Zwiebel schälen und fein würfeln.
Ananas schälen und alle Augen ausstechen. Das Fruchtfleisch erst vierteln (dabei den Strunk entfernen), dann achteln und blättrig schneiden.

➤ **Zubereitung:**

Das Fleisch in Olivenöl scharf anbraten. Gemüse zufügen und mit Paprika, Chili, Koriander, Petersilie und Knoblauch würzen. Ananas zugeben und alles 15 Minuten köcheln lassen.
Speisestärke in etwas kaltem Kaffee lösen. Fleisch und Gemüse damit übergießen und nochmals kochen, bis die Sauce sämig wird. Mit Salz und Pfeffer abschmecken und mit Crème fraîche verfeinern.

Klaus Siegfried, Unna

Lammkeule mit grünen Bohnen

Zutaten für 4 Personen

500 ml Buttermilch • 2 Gemüsezwiebeln

1 EL Rosmarin • 1 EL Thymian • 2 EL groben Pfeffer

Salz • 5 Wacholderbeeren

1 kg Lammkeule (ohne Knochen) • 500 grüne Bohnen

2 Tomaten • 1 rote Paprikaschote

2 EL Butterschmalz • 2 EL Tomatenmark

500 ml Rotwein • 100 g saure Sahne

➤ **Vorbereitung:**

Aus Buttermilch, grob gewürfelten Zwiebeln, Rosmarin, Thymian, Pfeffer, Salz und zerstoßenen Wacholderbeeren eine Beize zubereiten. Die Lammkeule damit bedecken und 24 Stunden im Kühlschrank marinieren.

➤ **Zubereitung:**

Bohnen waschen, putzen halbieren und blanchieren. Tomaten waschen, entstielen und vierteln. Paprika waschen, halbieren, entkernen und in Streifen schneiden. Lammkeule aus der Beize nehmen und trockentupfen. Das Butterschmalz in einem Bräter erhitzen und die Lammkeule von allen Seiten scharf anbraten. Tomatenmark zufügen und mitschwitzen. Tomaten zugeben und nach und nach Rotwein sowie 200 Milliliter Beize angießen.

Die Lammkeule im vorgeheizten Backofen bei 180 °C 60 Minuten schmoren lassen, dabei immer wieder mit der Sauce übergießen. Bohnen und Paprika zufügen und weitere 60 Minuten garen. Verdunstete Flüssigkeit regelmäßig durch Wasser ersetzen.
Braten aus der Sauce nehmen, in Scheiben schneiden und warm stellen. Sauce und Gemüse mit saurer Sahne verfeinern, ein letztes Mal abschmecken und mit dem Fleisch servieren.

Pamela Claußner, Chemnitz

Tipp:

Dazu passen gekochte oder grüne Klöße.

Lammkeule naturell

Zutaten für 4 Personen

6 Knoblauchzehen • 1 TL Rosmarin

1 TL Thymian • ½ TL Piment

½ TL gemahlenen schwarzen Pfeffer

6 zerstoßene Wacholderbeeren

4 EL Senf • 3 TL Salz • 6 EL Olivenöl

1,5 kg Lammkeule • 2 Möhren

1 kleine Sellerieknolle • 3 EL Butterschmalz

200 g Crème fraîche

➤ **Vorbereitung:**

Aus zerdrückten Knoblauchzehen, Rosmarin, Thymian, Piment, Pfeffer, Wacholderbeeren, Senf, Salz und Olivenöl eine Gewürzmischung herstellen. Die Lammkeule gleichmäßig damit einreiben.

Möhren waschen, schaben und grob würfeln. Sellerie schälen und ebenfalls in grobe Würfel schneiden.

Bräter im Backofen auf 200 °C vorheizen.

➤ **Zubereitung:**

Butterschmalz im Bräter schmelzen und die Lammkeule von allen Seiten darin anbraten. Gemüse zufügen und alles 30 Minuten im heißen Backofen braten. 600 ml Wasser angießen, Deckel aufsetzen und das Fleisch

weitere 60 Minuten schmoren lassen. Den Deckel wieder entfernen und das Fleisch in 30 Minuten Farbe annehmen lassen.

Die Keule aus dem Fond nehmen und warm stellen. Sauce und Gemüse mit einem Pürierstab zerkleinern. Crème fraîche unterziehen und alles ein letztes Mal abschmecken. Das Fleisch in Scheiben schneiden und mit der Sauce servieren.

Mathilde Frosch, Ansbach

Tipp:

Dazu schmecken grüne Bohnen mit Speck und Semmelknödel.

Geflügelleber in Dijonsenf

Zutaten für 4 Personen

500 g Geflügelleber • 2 mittelgroße Zwiebeln • 1 Bund Petersilie • 50 ml Öl

100 g Mehl • 50 g Dijonsenf • 20 g Fleischextrakt • 100 ml Portwein

100 ml Geflügelbrühe • Kräutersalz, Pfeffer, gemahlener Beifuß • 100 g Crème fraîche

➤ **Vorbereitung:**
Geflügelleber waschen und mit Küchen-krepp trockentupfen. Zwiebeln schälen und würfeln. Die Petersilie waschen, zupfen und fein schneiden.

➤ **Zubereitung:**
Öl in einem flachen Bratentopf erhitzen. Die Leber in Mehl wenden und in heißem Öl von beiden Seiten anbraten. Dabei mit Salz und Pfeffer würzen. Aus dem Topf nehmen

und auf Küchenkrepp warm stellen. Etwas Bratfett abgießen. Die Zwiebeln im Braten-topf anschwitzen. Mit Senf, Fleischextrakt, Portwein und Geflügelbrühe auffüllen. Den Bratensatz loskochen.
Sauce auf die Hälfte reduzieren, mit Salz, Pfeffer und Beifuß würzen und mit Crème fraîche verfeinern. Geflügelleber in die Sauce geben und mit Petersilie bestreuen.

Ute Tschache, Steinfurt

Hähnchenbrust in Rotwein – Coq au vin rouge

Zutaten für 4 Personen

4 Hähnchenbrüste (à 150 g) • 150 g Schalotten • 150 g Möhren

150 g Champignons • 100 g geräucherter, magerer Speck • 100 g Mehl • 100 ml Geflügelbrühe

Gewürzsalzmischung für Geflügel • ½ TL Speisestärke • 50 ml Erdnussöl • 2 cl Weinbrand

➤ **Vorbereitung:**
Hähnchenbrüste waschen und gut trocknen. Schalotten und Möhren schälen und fein würfeln. Champignons putzen und vierteln. Den Speck in feine Streifen schneiden. Geflügelbrühe aufkochen und mit Stärke binden. Den Backofen auf 200 °C vorheizen.

➤ **Zubereitung:**
Die Geflügelbrüste mit Gewürzsalz würzen und mit Mehl bestäuben. Erdnussöl in einem Bräter erhitzen und die Hähnchenbrüste im heißen Ofen hell braten, bis sie halb gar

sind. Öl abgießen, Brüste mit Weinbrand flambieren und herausnehmen. Butter zum Bratensatz geben. Erst den Speck, dann die Schalotten zufügen und dünsten. Möhren und Champignons zufügen. Mit Rotwein auffüllen und die Flüssigkeit leicht einkochen lassen. Gebundene Geflügelbrühe zufügen. Die Bruststücke wieder in die Sauce legen und fertig schmoren. In einer feuerfesten Form anrichten, mit der Sauce übergießen und servieren.

Hildegard Helmerichs, Köln

190

Hähnchenfilet in Orangensauce

Zutaten für 4 Personen

4 Hähnchenbrüste (à 150 g) • 8 Riesenchampignons

2 Schalotten • 20 Estragonblättchen

20 Estragonblättchen • 1 unbehandelte Orange

4 EL Öl • 100 g Doppelrahmfrischkäse

1 Eidotter • Salz, Pfeffer

2 El Orangenmarmelade • 125 ml klare Brühe

1-2 EL heller Soßenbinder oder Speisestärke

50 g Crème fraîche

➤ Vorbereitung:

Hähnchenbrüste gut waschen und trocken-tupfen.
Champignons waschen; Stiele herausdrehen und klein hacken
Schalotten schälen und fein würfeln. Die Estragonblättchen waschen und schneiden. Die Orange waschen. Eine Hälfte der Schale fein reiben, die andere grob raspeln. Anschließend die Orange halbieren und den Saft auspressen.
Backofen auf 200 °C vorheizen.

➤ Zubereitung:

1 Esslöffel Öl in einer Schwenkpfanne erhitzen.
Schalotten und Champignonstiele darin an-schwitzen, etwas abkühlen lassen und mit Estragon, Frischkäse und Eidotter verrühren. Mit Salz und Pfeffer würzen und die Champignons damit füllen.
Das restliche Öl in einem Bräter erhitzen und das mit Salz und Pfeffer gewürzte Fleisch darin anbraten.
Im Ofen etwa 15 Minuten garen. Heraus-nehmen, mit Orangenmarmelade bestreichen und weitere 15 Minuten garen.

Die gefüllten Champignons zugeben und bei leicht reduzierter Temperatur fertig garen. Fleisch und Pilze herausnehmen und warm stellen.
Den Bratensatz mit Orangensaft und Brühe ablöschen. Kurz aufkochen lassen, mit Saucenbinder oder Speisestärke binden und mit geriebener Orangenschale und Crème fraîche verfeinern.
Hähnchenbrüste anrichten und mit Sauce beträufeln. Vor dem Servieren mit Orangen-raspeln und Estragonblättchen bestreuen.

Christel Hendrischke, Hayn

191

Hühnerschenkel in Estragonsauce

Zutaten für 4 Personen

1 Bund Estragon • 1 EL scharfer Senf • 125 ml trockener Weißwein

4 Hähnchenschenkel (à 150 g, ersatzweise Poulardenschenkel)

Salz, Pfeffer, Paprikapulver • 50 g Butter • 1 Zweig Rosmarin • 1 EL Mehl

2 cl Weinbrand • 125 g Crème fraîche

➤ **Vorbereitung:**

Estragon waschen, trockenschwenken und fein schneiden. 16 Blättchen für die Garnitur beiseite legen. Aus Senf, Weißwein und Estragon eine Marinade mischen. Hähnchenschenkel abspülen, mit Haushaltspapier trockentupfen und mit der Marinade bestreichen. Zugedeckt mindestens 2 Stunden im Kühlschrank ziehen lassen. Die Schenkel herausnehmen und mit Salz, Pfeffer und Paprika gut würzen.

➤ **Zubereitung:**

Butter in einem Bräter erhitzen. Die Geflügelschenkel mit dem Rosmarinzweig 30 Minuten rundherum knusprig braun braten. Herausnehmen und warm stellen. Überschüssiges Fett abschütten; den Bratenfond mit Mehl bestäuben.

Mit Weinbrand, Marinade und Crème fraîche aufgießen und alles kurz durchkochen (gegebenenfalls passieren).

Mit Salz und Pfeffer abschmecken.

Die Hähnchenschenkel auf einer Platte anrichten, mit der Sauce beträufeln und mit Estragonblättchen garnieren.

Torsten Redeker, Wolfsburg

192

Hühnerbrüste mit Pesto

Zutaten für 4 Personen

4 Hähnchenbrustfilets (à 125-150 g, ersatzweise Poulardenbrüste)

4 EL Öl • Salz, Pfeffer • 4 Knoblauchzehen • 40 g Pinienkerne • 1 Bund Basilikum

80 ml Olivenöl • 50 g frisch geriebener Parmesan • Öl für die Form

► **Vorbereitung:**
Die Hähnchenbrüste kalt abspülen und mit Küchenkrepp trockentupfen.
Backofen auf ca. 200 oC vorheizen.

► **Zubereitung:**
In einer Pfanne die Hähnchenbrust in heißem Öl auf jeder Seite etwa 5 Minuten anbraten, dann salzen und pfeffern. Für den Pesto Knoblauchzehen schälen und mit den Pinienkerne grob hacken. Basilikum waschen und die Blättchen abzupfen. Pinienkerne, Knoblauch, Basilikum und Salz in einem Mörser zu einer Paste verarbeiten. Olivenöl und Parmesan untermischen.
Brustfilets in eine geölte, feuerfeste Form legen. Mit Pesto bestreichen und im Backofen 15 Minuten überbacken.

Sabine Schultz, Hockenheim

Putenschnitzel mit Gorgonzola und grünem Pfeffer

Zutaten für 4 Personen

4 Schalotten • 100 g Gorgonzola • 1 EL eingelegter grüner Pfeffer • 40 g Butterschmalz

4 Putenschnitzel (à 150 g) • Salz, Pfeffer • 100 g Mehl • 100 ml trockener Weißwein

100 g Crème fraîche • 1 EL gehackte Petersilie • Senf

► **Vorbereitung:**
Die Schalotten schälen und fein hacken.
Den Gorgonzola mit einer Gabel zerdrücken.
Grünen Pfeffer mit der flachen Seite einer Messerklinge zerdrücken.

► **Zubereitung:**
In einer Pfanne das Butterschmalz erhitzen.
Die Putenschnitzel würzen und mit Mehl bestäuben. Schnitzel in heißem Butterschmalz braten. Die Schalotten zufügen und zusammen mit den Schnitzel gar dünsten.
Nach und nach den Wein angießen. Die Schnitzel herausnehmen und warm stellen.
Den Backofen (Oberhitze) auf 250 °C vorwärmen. Gorgonzola zu den Schalotten in die Pfanne geben. Bei milder Hitze schmelzen. Crème fraîche, grünen Pfeffer und Petersilie zugeben. Zu einer sämigen Sauce kochen. Wenn nötig mit etwas Wasser verdünnen. Mit Salz, Pfeffer und Senf abschmecken. Die Sauce über die Schnitzel geben und im Ofen gratinieren.

Helga Piepenbrink, Bergkamen

Putenschnitzel mit Marsala

Zutaten für 4 Personen

250 g Champignons • 75 g kalte Butter • Salz

4 Putenschnitzel (à 150 g) • 3 EL Öl • 100 g Mehl • Pfeffer • Saft von $\frac{1}{2}$ Zitrone

100 ml trockener Marsala • 3 EL geriebener Parmesankäse

➤ **Vorbereitung:**

Champignons putzen, mit Wasser abbrausen, trockentupfen und in Scheiben schneiden. Mit 25 Gramm Butter anschwitzen, leicht salzen und beiseite stellen
Die Schnitzel waschen, gut trocknen, mit dem Handballen gleichmäßig flach drücken.

➤ **Zubereitung:**

In einer großen Pfanne das Öl erhitzen. Schnitzel mit Mehl bestäuben, das überschüssige Mehl abschütteln. Bei starker Hitze anbraten. Temperatur reduzieren und bei schwacher Hitze 5 bis 6 Minuten fertig garen, dabei nach und nach 25 Gramm Butter zugeben. Mit Salz und Pfeffer würzen und auf einer Servierplatte warm halten.

Die Oberhitze des Backofens auf 220 °C vorheizen. Den Bratenfond in der Pfanne mit Zitronensaft und Marsala lösen und bei starker Hitze einkochen lassen.
Die restliche Butter in Flocken einrühren.
Die Champignons über die Schnitzel verteilen, mit Parmesan bestreuen und den Bratenfond darübergießen.
Die Schnitzel im Backofen überbacken, bis der Käse schmilzt. Sofort servieren.

Anika Klinge, Königsplutter

Tipp:

Dazu frisches Weißbrot und Salat reichen.

Zitronenhähnchen

Zutaten für 4 Personen

1 Hähnchen (etwa 1750 g) • 1 TL Zucker • 1 Msp. Piment

4 Zweige frische Minze • 4 Zweige frische Melisse

Saft von ½ Zitrone

2 EL Öl • Salz, schwarzer Pfeffer • Speisestärke

geriebene, unbehandelte Schale von 1 Zitrone

➤ **Vorbereitung:**
Das Hähnchen in acht Portionsstücke teilen.
Aus Zucker, Piment, Minze, Melisse,
Zitronensaft und ½ Tasse Wasser eine
Marinade mischen. Die Hähnchenteile in der
Marinade etwa 2 Stunden ziehen lassen.
Marinade durch ein Sieb abschütten;
Flüssigkeit auffangen. Den Backofen auf
150 °C vorheizen.

➤ **Zubereitung:**
Das Öl in einem Brattopf erhitzen.
Hähnchenstücke salzen, pfeffern und
5 Minuten anbraten. Mit der gefilterten
Marinade ablöschen. In eine feuerfeste
Form füllen und im Ofen 30 bis 40 Minuten
garen.
Die Hähnchenteile aus der Sauce nehmen.
Die Sauce passieren, mit etwas kalt gerühr-
ter Speisestärke binden und abschmecken.
Mit der Zitronenschale über das Hähnchen-
fleisch gießen.

Karin Koesling, Hennigsdorf

Tipp:

Mit Reis und grünen Erbsen servieren.

Hähnchen Marengo

Zutaten für 4 Personen

2 Eier • 1 Hähnchen (ca. 1,5 kg) • Salz

½ TL gemahlenen Pfeffer • 1 TL Paprika • 2 Knoblauchzehen

200 g Champignons • 6 Sardellenfilets • 12 schwarze Oliven

6 Tomaten • 1 Zweig Petersilie

2 Zweige Thymian • 1 Lorbeerblatt • 250 ml Hühnerbrühe

2 EL Olivenöl • 1 EL Butter • Saft von 1 Zitrone

➤ **Vorbereitung:**

Eier hart kochen, in kaltem Wasser abschrecken, schälen und klein hacken.
Aus dem Hähnchen die Innereien entfernen. Das Fleisch waschen und abtropfen lassen. Hähnchenbrüste und Keulen mit dem Messer auslösen; die Karkasse grob in Stücke hacken.
Keulen und Brüste in acht gleichmäßige Portionen teilen und mit Salz, Pfeffer und Paprika würzen.

Knoblauch schälen und zusammen mit einer Prise Salz mit dem Messerrücken zerdrücken. Champignons putzen, waschen und in Scheiben schneiden. Sardellenfilets würfeln. Oliven entkernen.
Tomaten entstielen, kreuzförmig einritzen und in kochendem Wasser 20 Sekunden überwallen. In Eiswasser abschrecken und häuten. Fruchtfleisch vierteln, entkernen. Kräuter waschen und mit dem Lorbeerblatt zu einem Bouquet garni binden.

➤ **Zubereitung:**

Die Hühnerbrühe mit dem Bouquet garni aufkochen. In einem schweren Topf das Olivenöl erhitzen. Hähnchenfleisch und Karkassen darin von allen Seiten goldbraun braten. Mit Hühnerbrühe ablöschen, Deckel aufsetzen und zugedeckt 25 Minuten schmoren lassen. Champignons in Butter anschwitzen; Knoblauch und Sardellen zugeben. Hähnchenfleisch aus dem Topf nehmen und auf die Pilze geben. Die Sauce darüber passieren. Tomaten und Oliven zugeben, mit Zitronensaft abschmecken und das Gericht weitere 5 Minuten garen. Kurz vor dem Servieren mit gehacktem Ei bestreuen.

Renate Kimiziakowski, Liebenwalde

196

Hähnchen mit 30 Knoblauchzehen

Zutaten für 4 Personen

1 Poularde (ca. 1,8 kg) • 30 Knoblauchzehen

4 Zwiebeln • 1 Bund Petersilie

1 Bund Schnittlauch • 4 EL Olivenöl • Salz

$\frac{1}{2}$ TL gemahlenen Pfeffer • 1 TL Paprika

2 EL Butterschmalz • 3 EL Soja Sauce

500 ml Hühnerbrühe • 100 ml süße Sahne

➤ **Vorbereitung:**

Aus der Poularde die Innereien entfernen, dann das Fleisch waschen und abtropfen lassen.
Brüste und Keulen mit dem Messer auslösen und die Karkasse grob in Stücke hacken.
Knoblauch schälen.
Zwiebeln schälen und ohne Wurzeln in feine Würfel schneiden. Petersilie hacken.
Schnittlauch in feine Röllchen schneiden.

➤ **Zubereitung:**

Das Fleisch in Olivenöl wenden und mit Salz, Pfeffer und Paprika würzen.
In einem schweren Topf das Butterschmalz erhitzen und Fleisch sowie Karkassen darin von allen Seiten goldbraun braten. Knoblauch, Zwiebeln und Sojasauce zugeben und kurz mitdünsten. Mit Brühe auffüllen.
Deckel aufsetzen und das Fleisch 60 Minuten köcheln lassen. Die Fleischstücke aus dem Topf nehmen und im Backofen (Oberhitze, 220 °C) 15 Minuten grillen, bis sie schön kross sind.
Währenddessen die Sauce passieren, mit Sahne verfeinern und reduzieren. Kräuter zufügen.
Das Fleisch mit der Sauce servieren.

Uwe Hansen, Bad Honnef

197

Spinathühnchen

Zutaten für 4 Personen

600 g Blattspinat (Tiefkühlware) • 8 Hähnchenbrüste (à 150 g)

Salz, Pfeffer, Paprika, Muskat • 20 ml Kondensmilch • 2 Knoblauchzehen

1 Zwiebel • 2 EL Butterschmalz • 60 g Butter • 300 ml Sahne

1 EL Pernod • 100 g geriebener Parmesan

➤ **Vorbereitung:**
Spinat im Kühlschrank über Nacht auftauen, ausdrücken und klein schneiden. Hähnchenbrüste häuten, waschen und auf Küchenkrepp trocknen lassen. Mit Salz, Pfeffer und Paprika würzen und mit Kondensmilch einreiben. Knoblauchzehen schälen und fein hacken. Zwiebel schälen und in feine Würfel schneiden.

Tipp:

Besonders gut schmecken dazu gratinierte Kartoffeln.

➤ **Zubereitung:**
Hähnchenbrüste in Butterschmalz von allen Seiten goldgelb anbraten und in eine Auflaufform legen. 30 Gramm Butter zum Bratansatz geben und schmelzen lassen. Knoblauch und Zwiebel darin andünsten. Spinat, Sahne und Pernod zufügen. Die Sauce mit Salz, Pfeffer und Muskat abschmecken und über das Fleisch geben. Mit Parmesan sowie der restlichen Butter in Flöckchen bestreuen und im vorgeheizten Backofen bei 200 °C 40 Minuten überbacken. Notfalls mit Alufolie abdecken, damit der Parmesan nicht verbrennt.

Wolfgang Jegust, Krefeld

Elchbraten

Zutaten für 4 Personen

1 kg Elchfleisch aus der Keule • 1 Karotte

1 Stange Lauch • ½ Bund Petersilie • 2 dicke Zwiebeln

2 Nelken • 5 Wacholderbeeren • 5 Pfefferkörner

4 cl Sherry • 125 ml Rotwein • Salz • Zucker

1 Lorbeerblatt • 1 El Pflanzenfett • Pfeffer • 100 g Johannisbeergelee

25 g Speisestärke • 1 EL Crème fraîche

➤ **Vorbereitung:**

Karotte und Lauch putzen, waschen und in grobe Stücke schneiden. Petersilie waschen und grob zerkleinern. Die Zwiebeln schälen und achteln. Nelken, Wacholderbeeren und Pfefferkörner in einem Mörser zerstoßen. Gemüse und Gewürzkörner mit Sherry, Rotwein, 250 Milliliter Wasser, Salz, Zucker und Lorbeerblatt aufkochen. Den Sud erkalten lassen, das Fleisch hineinlegen und 3 Tage kühl stellen. Ab und zu wenden.

➤ **Zubereitung:**

Backofen auf 200 °C vorheizen. Das Fleisch aus der Beize nehmen. Die Beize in ein Sieb schütten; Flüssigkeit auffangen, Gemüse und Gewürze beiseite stellen. Pflanzenfett in einem Brattopf erhitzen. Fleisch salzen, pfeffern und im heißen Fett von allen Seiten anbraten. Die Einlage aus der Beize hinzufügen. Johannisbeergelee auf das Fleisch streichen. Im Backofen karamellisieren lassen, regelmäßig mit Beize begießen. Zudecken und etwa 2 Stunden garen lassen. Das Fleisch herausnehmen und warm stellen. Die Sauce passieren, abschmecken, mit kalt gerührter Stärke binden und mit Crème fraîche verfeinern. Fleisch tranchieren, mit Sauce beträufeln und servieren.

Rita Kube, Denzlingen

Wildente mit saurem Rahm

Zutaten für 4 Personen

2 junge Wildenten • Salz, Pfeffer • 6 zerdrückte Wacholderbeeren

1 EL getrockneter Salbei • 1 TL getrockneter Rosmarin

2 EL Öl • 250 ml Geflügelbrühe • 125 ml Rotwein • 150 g saure Sahne

20 g Speisestärke • 1 EL Sojasauce (salzig) • Zucker • 2-4 cl Calvados • Saft einer Zitrone

➤ **Vorbereitung:**

Die Enten waschen und gut trockenreiben. Salz, Pfeffer, Wacholderbeeren, Salbei und Rosmarin vermischen. Die Enten innen und außen mit der Gewürzmischung einreiben. Den Backofen auf 200 °C vorheizen.

➤ **Zubereitung:**

In ein er Kasserolle das Öl erhitzen. Die Wildenten von allen Seiten anbraten. Mit der Hälfte der Brühe ablöschen und im Backofen 1 Stunde braten. Häufig mit Brühe und Rotwein begießen und gelegentlich wenden. Enten herausnehmen und warm stellen.

Bratenfond passieren und entfetten. Saure Sahne, Speisestärke und Sojasauce verrühren. Die Mischung zum Bratenfond geben und aufkochen lassen. Mit Salz, Pfeffer, Zucker und Calvados abschmecken. Enten tranchieren und servieren. Die Sauce getrennt reichen.

Anneliese Hillesheim, Gifhorn

Tipp:

Herrlich mit Serviettenknödeln und Rosenkohl oder Rotkohl.

Entenbrust in Sherrysauce mit Feigen

Zutaten für 4 Personen

800 g Flugentenbrust • Salz, Pfeffer • 8 frische Feigen • 1 EL Butterschmalz

250 ml Wildbrühe (Fertigprodukt) • 50 g Zucker • 50 ml Rotwein

60 ml trockener Sherry • 100 ml Sahne

➤ **Vorbereitung:**
Brustfilets salzen und pfeffern.
Feigen mit einem kleinen Küchenmesser
enthäuten und vierteln.

➤ **Zubereitung:**
Entenbrüste in Butterschmalz von beiden
Seiten anbraten, mit Wildbrühe ablöschen
und zugedeckt 15 Minuten schmoren.
Währenddessen Zucker mit wenig Wasser
karamellisieren. Vorsichtig mit Rotwein ab-

löschen, reduzieren und die Feigen darin
schwenken. Warm halten.
Entenbrüste aus dem Topf nehmen und bei
100 °C im Backofen warm halten.
Den Fond passieren, mit Sherry und Sahne
einkochen und abschmecken.
Das Fleisch schräg in dünne Scheiben
schneiden, auf der Sherrysauce anrichten
und mit Feigen umlegen.

Lutz Herrmann, Lehrte

200

Entenbrust mit Orangensauce

Zutaten für 4 Personen

4 Entenbrüste (à 150 g) • 4 Orangen (unbehandelt)

100 ml Rotwein • Pfeffer, Salz • $\frac{1}{2}$ TL Rosmarin

1 EL Butterschmalz • 50 ml Portwein

1 TL Honig • 50 g Zucker • $\frac{1}{2}$ EL Himbeeressig • 1 EL Butter

➤ **Vorbereitung:**
Entenbrüste waschen und auf Küchenkrepp trockenlegen.
3 Orangen schälen und die weiße Innenhaut entfernen. Die einzelnen Fruchtfilets mit einem spitzen Messer herauslösen. Dabei den heraustropfenden Saft auffangen. Orangenreste ausdrücken.
Von der letzten Orange die Schale mit einem Juliennereißer in schmale Streifen reißen und diese kurz in Rotwein blanchieren.

➤ **Zubereitung:**
Entenbrüste mit reichlich Salz, Pfeffer und Rosmarin würzen. In einer feuerfesten Pfanne das Butterschmalz erhitzen und die Entenbrüste zunächst auf der Hautseite, dann auf der Fleischseite scharf anbraten. Das Fleisch mit der Hauseite nach oben für 20 Minuten in den auf 200 °C vorgeheizten Backofen schieben.
Portwein leicht erhitzen, den Honig darin auflösen und die Entenbrüste alle 5 Minuten damit bestreichen.
Zucker mit wenig Wasser mischen und in einem Topf karamellisieren. Mit Orangensaft ablöschen und solange kochen, bis sich der Karamell sich vollständig aufgelöst hat und der Sauce ihre Bindung verleiht. Restlichen Honigportwein sowie den Himbeeressig zugeben. Die kalte Butter in Flocken unter die Sauce schlagen.

Orangenfilets und Orangenjulienne in Rotwein erhitzen, auf einem Sieb abtropfen lassen und in die Sauce geben.
Entenbrüste aus der Pfannen nehmen und warm stellen. Den Bratensaft mit Küchenkrepp entfetten und durch ein feines Sieb zur Orangensauce geben.
Das Fleisch schräg in dünne Scheiben schneiden. Den austretenden Fleischsaft auffangen und zur Sauce geben. Auf jeden Teller einen Saucenspiegel gießen und das Fleisch fächerförmig darauf anrichten.

Frank Hecker, Weilerswist

201

Finsterwalder Fasan

Zutaten für 4 Personen

2 küchenfertige Fasane • 1 EL Wacholderbeeren • 1 TL Pfefferkörner

3 EL Honig • 5 cl Whiskey • Salz, Pfeffer • 2 dicke Zwiebeln • 1 Stange Staudensellerie

1 Stange Lauch • 100 g geräucherter magerer Speck • 1 TL Thymian • 1 TL Majoran

2 Lorbeerblätter • 500 ml Wildbrühe • 50 g Butterschmalz • 1 Bund Schnittlauch

➤ Vorbereitung:

Die Fasane unter fließendem Wasser abwaschen, gut abtropfen lassen und vierteln. Die Wachholderbeeren und die Pfefferkörner in einem Mörser zerreiben und mit etwas Wasser, Honig und Whiskey zu einer Paste verrühren. Fasane mit Salz und Pfeffer würzen und auf dem Grillrost 10 Minuten rösten, dabei öfter mit der Würzpaste bestreichen. Zwiebeln schälen und in feine Würfel schneiden. Das Gemüse putzen, waschen und in mundgerechte Stücke schneiden; mit den Zwiebeln mischen. Den Speck würfeln. Thymian, Majoran, Lorbeerblätter und Wildbrühe etwa 25 Minuten köcheln lassen.

➤ Zubereitung:

Butterschmalz in einem flachen Topf erhitzen und den Speck darin auslassen. Zwiebeln und Gemüse hineingeben, mit Salz und Pfeffer würzen und mitschwitzen lassen. Die Fasanenteile dazugeben und mit dem passierten Wildfond auffüllen. Bei mäßiger Hitze weitere 50 bis 60 Minuten schmoren lassen.

Die Finsterwalder Fasane anrichten und mit der Sauce überziehen. Vor dem Servieren mit frisch geschnittenem Schnittlauch bestreuen.

Markus Meier, Eichenau

202

Kaninchen mit Sherryrosinen

Zutaten für 4 Personen

2 EL Rosinen • 40 ml trockener Sherry • 1 kg Kaninchenrücken (küchenfertig)

Salz, schwarzer Pfeffer, gemahlener Rosmarin • 2 mittelgroße Zwiebeln

2 Knoblauchzehen • 2 EL Öl • 2 cl Armagnac • 125 ml Fleischbrühe • 125 ml Sahne

➤ **Vorbereitung:**
Die Rosinen heiß abspülen, gut abtropfen lassen, in eine Schüssel geben, den Sherry darübergießen und zugedeckt ziehen lassen. Die Kaninchenteile waschen und gründlich abtrocknen, rundherum mit Salz, Pfeffer und Rosmarinpulver einreiben. Zwiebeln und Knoblauchzehen schälen und fein hacken.

➤ **Zubereitung:**
Das Öl in einem flachen Bratentopf erhitzen, die Kaninchenteile von allen Seiten anbraten. Zwiebeln und Knoblauch dazugeben, unter

Rühren etwas Farbe annehmen lassen. Mit Armagnac flambieren und mit der Fleischbrühe ablöschen. Zugedeckt etwa 1 Stunde bei mittlerer Hitze schmoren lassen. Die Kaninchenteile aus dem Topf nehmen. Die Sauce durch ein feines Sieb passieren. Die Sahne mit den marinierten Rosinen und dem Sherry unter den Saucenfond ziehen. Pikant abschmecken und zusammen mit den Kaninchenteilen servieren.

Wolfgang Bender, Rauenberg

Hasenrückenfilet mit Kirschsauce

Zutaten für 4 Personen

2 Zwiebeln • 500 g Champignons • 1 Glas Schattenmorellen

4 Hasenrückenfilets (à 150 g) • Salz, Pfeffer • 1 EL Butterschmalz

20 ml Cognac • 2 EL saure Sahne • 1 EL Senf

➤ **Vorbereitung:**
Zwiebeln schälen und in feine Würfel scheiden. Champignons waschen, trocknen und in feine Streifen schneiden.
Kirschen in einem Küchensieb abtropfen lassen.

➤ **Zubereitung:**
Hasenrückenfilets von allen Seiten salzen und pfeffern und in heißem Butterschmalz

rund herum kurz und scharf anbraten. Mit Cognac flambieren. In Alufolie wickeln und warm halten. Zwiebel im Bratensatz andünsten.
Kirschen und saure Sahne zugeben und alles einmal aufkochen lassen.
Mit Salz, Pfeffer und Senf abschmecken. Filets in der heißen Sauce servieren.

Birgit Mönninghoff, Hamm

Hasenfleisch auf Matrosenart

Zutaten für 4 Personen

600 g Hasenrückenfilet (pariert) • 250 g Röstgemüse (Zwiebeln, Möhren, Sellerie)

250 g Pilze der Saison • 1 mittelgroße Zwiebel

Wacholderbeeren, Pimentkörner, Nelken, Thymian, Lorbeer

1 Bund Petersilie • 50 g Bratfett • 500 g gehackte Hasenknochen und -parüren

50 g Tomatenmark • 30 g Mehl • 200 ml Rotwein • Salz, Pfeffer

50 g Butter • 50 ml Öl • 5 cl Weinbrand • 100 g Crème fraîche

➤ **Vorbereitung:**

Das Hasenrückenfilet in dünne Streifen schneiden und ebenfalls kühl stellen.
Das Röstgemüse putzen, waschen und in grobe Würfel schneiden.
Die Pilze putzen, kurz waschen, zerkleinern und kühl stellen. Die Zwiebel schälen und fein würfeln.
Aus Wacholderbeeren, Pimentkörner, Nelken, Thymian und Lorbeer einen Gewürzbeutel herstellen.
Die Petersilie waschen, zupfen und hacken.

➤ **Zubereitung:**

Bratfett in einem Bräter erhitzen; die Hasenknochen und -parüren allseitig gut anrösten. Röstgemüse beigeben und gut mitrösten. Tomatenpüree zugeben. Alles mit Mehl bestäuben. Mit Rotwein und etwas Wasser ablöschen und etwa 2 Stunden köcheln lassen. Durch ein feines Sieb passieren, entfetten und mit Salz und Pfeffer abschmecken.
In einer Pfanne die Butter erhitzen und die Pilze bei starker Hitze anschwitzen; salzen und pfeffern.
In einer zweiten Pfanne das Öl erhitzen und das Fleisch unter ständigem Rühren braten (Vorsicht: Das Fleisch wird bei zu langem Braten zäh). Mit Salz und Pfeffer würzen und mit Weinbrand flambieren.
Sauce und Pilze zum Fleisch geben und mit Crème fraîche verfeinern. Vor dem Servieren mit gehackter Petersilie bestreuen.

Regina-H. Wetzel, Radebeul

Tipp:

Wer Zeit sparen will, kann auch eine fertige Wildsauce verwendet.

204

Kaninchen mit Estragon

Zutaten für 4 Personen

2 Knoblauchzehen • 4 EL Olivenöl • 6 EL Sonnenblumenöl

4 EL Senf • Salz, schwarzer Pfeffer • 1 küchenfertiges Kaninchen (etwa 2,5 kg)

4 Zwiebeln • 300 g Wurzelgemüse • 2 Bund Estragon • 40 g Butter

40 g Mehl • 80 g Butterschmalz • 1 Bund Suppengrün • 300 ml Gemüsebrühe

200 ml Weißwein • 200 g Crème fraîche • 2 EL Worcestersauce

➤ **Vorbereitung:**
Knoblauchzehen schälen und mit wenig
Salz mit einer Messerklinge zerdrücken. Mit
Olivenöl, Sonnenblumenöl, Senf, Salz und
Pfeffer eine Marinade herstellen.
Kaninchen auslösen und gleichmäßig mit der
Marinade bestreichen.
Zwiebeln schälen und in Streifen schneiden.
Wurzelgemüse waschen, schälen und in
grobe Würfel schneiden. Estragon waschen,
auf Küchenkrepp trocknen und grob hacken.
Aus Mehl und Butter eine Mehlschwitze
bereiten.

➤ **Zubereitung:**
Das Kaninchen von allen Seiten in Butterschmalz anbraten. Zusammen mit Wurzel-

gemüse, Zwiebeln und Suppengrün auf ein
tiefes Backblech legen und mit Estragon
bestreuen.
Mit Brühe und Weißwein begießen und im
vorgeheizten Backofen bei 225 °C 90 Minuten garen.
Das Fleisch während des Garens immer
wieder mit Marinade bestreichen. Fleisch
herausnehmen und warm halten.
Den Kochsud passieren, mit Crème fraîche
verfeinern und aufkochen. Die Sauce mit
Mehlschwitze binden und mit Worcestersauce, Pfeffer und Salz abschmecken.
Kaninchen auf der Sauce anrichten, das
Wurzelgemüse getrennt reichen.

Christina Appel, Wehrtal

Kaninchen im Senfmantel

Zutaten für 4 Personen

4 Knoblauchzehen • 1,5 kg ausgelöstes Kaninchenfleisch • Salz, Pfeffer

3 Stangen Breitlauch • 4 EL Öl • 2 EL Cognac • 150 g körniger Senf

150 g Crème fraîche • 150 ml Weißwein

➤ **Vorbereitung:**
Knoblauchzehen schälen und mit wenig Salz zerdrücken. Kaninchenfleisch waschen, trockentupfen und mit Knoblauch, Salz und Pfeffer einreiben. Breitlauch waschen und in dünne Ringe schneiden.

➤ **Zubereitung:**
Öl in einer Pfanne erhitzen, das gewürzte Kaninchenfleisch von allen Seiten scharf anbraten und mit Cognac flambieren.

Lauchringe und Weißwein zufügen und andünsten.
Das Fleisch in einen Bräter legen, mit Senf bestreichen und im vorgeheizten Backofen bei 200 °C 90 Minuten braten.
Crème fraîche und Wein zum Lauch geben, Sauce einkochen, mit Salz und Pfeffer abschmecken und kurz vor dem Servieren über das Fleisch geben.

Heike Siegmund, Salzgitter

Taubengeschnetzeltes

Zutaten für 4 Personen

400 g Taubenbrüste • 250 g rote, grüne und gelbe Paprikaschoten

1 mittelgroße Zwiebel • 40 g Mehl • Paprikapulver • 40 g Butter • 125 ml Fleischbrühe

125 g Crème fraîche • Salz, Pfeffer

➤ **Vorbereitung:**
Die Taubenbrüste, waschen, trocknen und in feine Streifen schneiden.
Die Paprikaschoten putzen, waschen und in sehr feine Streifen schneiden.
Die Zwiebel schälen und fein würfeln.

➤ **Zubereitung:**
20 Gramm Butter in einem flachen Braten-topf erhitzen. Die Taubenbruststreifen mit Mehl und Paprikapulver bestäuben und in

der Butter vorsichtig braten. Herausnehmen und bei mäßiger Hitze warm stellen.
Die restliche Butter in den Topf geben.
Erst die Zwiebeln und anschließend die Paprikaschoten hinzufügen und dünsten.
Fleischbrühe und Crème fraîche zugeben, alles aufkochen und mit Salz und Pfeffer abschmecken.
Die Taubenbrust zugeben und anrichten.

Sigrid Schüler, Höchst

Rehkeulenbraten mit Zwetschensauce

Zutaten für 4 Personen

1 Rehkeule (1,2-1,5 kg; ausgebeint und pariert)

Salz, Pfeffer, Kräuter der Provençe, gemahlener Piment

1 EL Pflaumenmus • 50 ml Öl • 250 ml Rotwein

10-15 Zwetschen (entsteint und halbiert)

250 ml Wildfond • 100 ml Orangensaft

Speisestärke

➤ **Vorbereitung:**
Rehkeule innen und außen mit den Gewürzen und Kräutern einreiben. Anschließend flach ausbreiten und die Innenseite mit Pflaumenmus bestreichen. Zusammenrollen und mit einem Bindfaden zusammenschnüren.
Backofen auf 85 °C vorheizen.

➤ **Zubereitung:**
Öl in einem Bratentopf erhitzen und die Rehkeule scharf anbraten. Bratrückstände mit einem Schuss Rotwein loskochen und das Fleisch damit übergießen. Deckel aufsetzen und die Rehkeule für etwa 2,5 bis 3 Stunden im Backofen garen.
Die Zwetschen in einem kleinen Topf mit dem restlichen Rotwein nicht zu weich pochieren. Herausnehmen und warm stellen.
Rotwein, Wildfond und Orangensaft stark einkochen und mit etwas Speisestärke binden.
Das Fleisch aus dem Ofen nehmen und den Bindfaden entfernen. Den Bratenfond mit den Zwetschen zur Sauce geben und abschmecken. Tranchiertes Fleisch anrichten und mit Sauce beträufeln.

Robert Fricke, Darmstadt

Tipp:

Als Beilage reicht man Nudeln, einen Salat, glasierte Maronen oder glasierte Feigen

207

Wachteln in Rotwein mit Trauben

Zutaten für 4 Personen

8 Wachteln • Salz, Pfeffer • 200 g blaue Weintrauben • 40 g Butterschmalz

125 ml Rotwein • 125 ml Traubensaft • 20 g Speisestärke

➤ **Vorbereitung:**
Die Wachteln waschen, trockentupfen und
mit Salz und Pfeffer einreiben.
Die Weintrauben waschen, häuten, halbieren und entkernen.

➤ **Zubereitung:**
Butterschmalz in einem Bräter erhitzen.
Wachteln darin rundherum 15 Minuten
braten. Auf einer vorgewärmten Platte oder
im Backofen zugedeckt warm stellen.

Bratenfond mit 100 Milliliter Wein und
Traubensaft loskochen; etwa 5 Minuten
reduzieren. Speisestärke mit dem restlichen
Rotwein verquirlen und die Sauce damit
binden. Einmal aufkochen lassen und
abschmecken.
Die Trauben in der Sauce erhitzen, über die
Wachteln gießen und sofort servieren.

Ina Herr, Gotha

Kalbsleberspitzen mit Brombeeren

Zutaten für 4 Personen

600 g Kalbsleber • Wacholderbeeren • Rotweinessig • Salz

einige frisch gemahlene weiße und schwarze Pfefferkörner

200 ml Rotwein • 50 g Mehl • 100 ml frische Sahne • 50 g Butterschmalz

200 g sehr reife Brombeeren • 50 g Zucker • 40 cl Brombeerlikör

➤ **Vorbereitung:**
Die Leber enthäuten und in Stücke von etwa
20 g schneiden. Alle Zutaten von Wacholderbeeren bis Rotwein miteinander verrühren
und über die Leberstücke gießen. In einer
Schüssel 24 Stunden lang ziehen lassen.
Dabei öfter umdrehen, damit alle Leberstücke gleichmäßig durchzogen werden.

➤ **Zubereitung:**
Leberstücke auf ein Sieb geben und gut
abtropfen lassen. Nach dem Abtropfen erst
in Mehl, dann in Sahne wenden und sofort
im heißen Butterschmalz braten. Die Leberstücke aus der Pfanne heben und auf einer
Platte warm stellen.
Die Brombeeren zusammen mit dem Zucker,
dem Likör und der restlichen Sahne parieren.
Den Bratenfond damit ablöschen. Diese
Sauce aufkochen und eventuell noch einmal
abschmecken.

➤ **Anrichten:**
Ein Teil der Sauce über die heißen Leberstücke träufeln, den Rest à part.

➤ **Beilagentipp:**
Nudeln mit feinen Würfeln von Zwiebeln

und Bauchspeck anrösten, rohe Champignons in Viertel geschnitten dazu und mit etwas Sahne binden. Außerdem einen Salat aus Radieschen in Vinaigrette reichen.

Brigitte Tischendorf, Wesseling-Berzdorf

Kalbslende mit Entenleber auf Hagebuttensauce

Zutaten für 4 Personen

600 pariertes Kalbsfilet (Mittelstück)

200 g Mastentenleber

Salz, weißer Pfeffer • 40 g Butter

150 g Hagebuttenmark

200 ml Rotwein • 100 g frische Sahne

Cayennepfeffer

50 ml Madeira oder Portwein

➤ **Vorbereitung:**
Das Filet vier- bis achtmal schräg auf etwa ein Drittel des Durchmessers einschneiden, sodass entsprechend viele »Taschen« entstehen. Diese innen mit Salz und Pfeffer würzen. Danach die Entenleber roh in Scheiben schneiden, diese halbieren und in die »Taschen« so einstecken, dass die Leber außen mit der Fläche des Filets abschließt.

➤ **Zubereitung:**
Das Filet außen mit Salz und Pfeffer einreiben und mit etwas Butter in der Pfanne allseits anbraten. Dann trocken im Ofen bei 120 °C nachziehen lassen (eventuell in Folie einwickeln). Den Bratenfond mit Hagebuttenmark, das mit Rotwein angerührt wurde, löschen. Auf großer Hitze reduzieren. Sahne zufügen, mit Cayennepfeffer und mit

Madeira oder Portwein würzen, weiter einkochen, sodass eine feinsämige Sauce entsteht. Diese mit der restlichen Butter montieren.

➤ **Anrichten:**
Die Lende mit den Leberstücken ganz präsentieren und dann in gerade Scheiben schneiden oder als Portionsstücke anrichten. Die Sauce als Spiegel ausgießen.

➤ **Beilagentipp:**
Nudeln mit feinen Würfeln von Zwiebeln und Bauchspeck anrösten, rohe Champignons in Viertel geschnitten dazu und mit etwas Sahne binden. Außerdem einen Salat aus Radieschen in Vinaigrette reichen.

Ina Herr, Gotha

Desserts

Creme mit Beeren in Orangenlikör

Zutaten für 4 Personen

210 g Zucker • 300 g Speisequark (20 % Fett) • 100 g Crème fraîche • 1 EL Zitronensaft

500 g gemischte Beerenfrüchte • 70 g Puderzucker • 2 EL Cointreau • 200 ml Sahne

2 Eiklar • 1 Bund Zitronenmelisse

➤ **Vorbereitung:**
200 Milliliter Wasser und 200 Gramm Zucker aufkochen und abkühlen lassen. Von dem entstandenem Läuterzucker 2 Esslöffel abnehmen. Speisequark, Crème fraîche, Läuterzucker und Zitronensaft mit einem Schneebesen glatt rühren. Die Quarkcreme kühl stellen.
Die Beeren vorsichtig putzen, waschen und auf einem Küchenkrepp trocknen lassen.

➤ **Zubereitung:**
Abgetropfte Beeren in eine Schüssel füllen. Mit gesiebtem Puderzucker bestreuen, mit

Cointreau beträufeln und alles vorsichtig mischen; ziehen lassen.
Sahne steif schlagen.
Eiklar mit dem restlichen Zucker zu steifem Schnee schlagen und mit der Sahne vorsichtig unter die Quarkcreme heben. Nochmals kalt stellen.
Von der Creme mit einem Esslöffel Nocken abstechen und mit den marinierten Beerenfrüchten auf einem Teller anrichten. Mit einem Zweig Zitronenmelisse garnieren.

Ilse und Werner Burr, Ulm

212

Buttermilchmousse auf Erdbeersauce

Zutaten für 4 Personen

6 Blatt Gelatine • 400 ml Buttermilch • 75 g Puderzucker • 2 Limonen

250 ml Sahne • 250 g Erdbeeren (ersatzweise Himbeeren)

75 g Puderzucker • 4 cl Grand Manier • 4 cl Portwein

➤ **Zubereitung:**

Gelatine in kaltem Wasser etwa 10 Minuten einweichen. Buttermilch mit gesiebtem Puderzucker glatt rühren. Limonen pressen; den Saft durch ein feines Sieb filtern. Saft aufkochen, etwas abkühlen lassen und und die ausgedrückte Gelatine darin auflösen. Auf Zimmertemperatur abkühlen lassen. Limonensaft mit einem feinen Schneebesen sorgfältig unter die Buttermilch rühren. Sahne steif schlagen und vorsichtig unterheben. Die Mousse abdecken und etwa

8 Stunden in den Kühlschrank stellen. 150 Gramm Erdbeeren mit Puderzucker im Mixer pürieren; durch ein Sieb streichen. Mit Grand Manier aromatisieren. Die restlichen Erdbeeren vierteln und mit Portwein beträufeln. Erdbeersauce auf flachen Tellern zu Fruchtspiegeln ziehen. Mit einem heißen Löffel von der Buttermilchmousse Nocken abstechen und auf die Sauce setzen.

Renate Unsicker, Dudenhofen

Champagnercreme

Zutaten für 4 Personen

2 Orangen • 8 Blatt Gelatine • 4 Eier • 400 ml Champagner • Saft von 1 Zitrone

100 ml Orangensaft (frisch gepresst) • 90 g Zucker • 200 ml Sahne

➤ **Vorbereitung:**

Orangen schälen; dabei auch die weiße Innenhaut entfernen. Mit einem Messer zwischen die Trennhäutchen fahren und die Fruchtfilets herauslösen.

➤ **Zubereitung:**

Gelatine in kaltem Wasser etwa 10 Minuten einweichen.
Eier trennen, Eiklar kalt stellen. Eidotter, Champagner, Orangensaft, Zitronensaft und Zucker in einer Rührschüssel mit einem dichten Schneebesen über dem heißen Wasser-

bad aufschlagen, bis ein dickflüssiger Schaum entstanden ist.
Gelatine ausdrücken und unter die warme Champagnermasse rühren. Kalt stellen. Sahne schlagen. Das kalte Eiklar zu steifem Schnee schlagen. Sahne und Eischnee unter die Champagnermasse ziehen. Sofort in die Dessertschälchen füllen und erneut kalt stellen. Vor dem Servieren mit Orangenfilets garnieren.

Loretta Dussinger, Bruchsal

Diplomatencreme mit Beeren

Zutaten für 4 Personen

500 ml Milch • 200 g Zucker • 2 Pck. Vanillezucker • 15 g Butter

1 Pck. Vanillepudding • 2 Eidotter • 20 g Puderzucker • 250 ml Sahne

300 g gemischte Beeren • 200 ml Rotwein • 30 g Kartoffelstärke

➤ **Zubereitung:**

$2/3$ der Milch mit 100 Gramm Zucker, 1 Päckchen Vanillezucker und Butter aufkochen. Restliche kalte Milch mit Puddingpulver und Eidotter glatt rühren und unter die heiße Milch ziehen. Aufkochen lassen und etwa 30 Sekunden anziehen lassen. Dann in eine Schüssel geben, mit gesiebtem Puderzucker bestreuen und abkühlen lassen. Frische Beeren vorsichtig putzen, waschen und auf Küchenkrepp trocknen lassen. Zucker mit wenig Wasser mischen und in einem Topf karamellisieren. Mit $2/3$ Rotwein ablöschen und so lange kochen, bis der

Karamel sich vollständig aufgelöst hat. Restlichen Vanillezucker hinzufügen. Stärke im restlichen Wein auflösen und unter die heiße Flüssigkeit rühren. Aufkochen lassen und etwa 30 Sekunden anziehen lassen. Vom Herd nehmen, Beeren einrühren und kalt stellen. Sahne steif schlagen. $1/3$ der geschlagenen Sahne mit der kalten Crème glatt rühren, dann die restliche steife Sahne vorsichtig unterziehen. In Dessertschalen füllen. Mit Beerensauce beträufeln.

Ruth Zimmermann, Aalen

Eierlikörmousse

Zutaten für 4 Personen

6 Blatt Gelatine • 5 Eidotter • 200 ml Milch • 100 g Zucker

80 ml Eierlikör • 500 ml Sahne • 10 g Kakaopulver

➤ **Zubereitung:**

Gelatine in kaltem Wasser etwa 10 Minuten einweichen. Milch mit 50 Gramm Zucker zum Kochen bringen. Eidotter und restlichen Zucker mit einem dichten Schneebesen über dem heißen Wasserbad zu dickflüssigem Schaum aufschlagen. Warme Milch zugeben und kurz auf dem Wasserbad weiterschlagen. Gelatine ausdrücken und zusammen mit dem Eierlikör in die warme Eicreme ein-

rühren. Kalt stellen. Sahne steif schlagen und vorsichtig unter die Eierlikörcreme ziehen. Etwa 8 Stunden abkühlen lassen. Einen Esslöffel in heißes Wasser tauchen und von der Mousse Nocken abstechen. Auf flachen Tellern anrichten und mit Kakaopulver bestäuben.

Helga Sutter, Reichartshausen

214

Gelbe Grütze

Zutaten für 4 Personen

750 g gemischte, gelbe, frische Früchte

(Pfirsiche, Aprikosen, Äpfel, Birnen, Ananas, Mango, Bananen)

80 g Zucker • 250 ml Weißwein (halbtrocken) • Saft von 1 Zitrone

1 Pck. Vanillepudding • 50 ml Cointreau • 250 ml Sahne

➤ **Zubereitung:**

Pfirsiche und Aprikosen, kreuzweise einschneiden, kurz in kochendes Wasser tauchen und in Eiswasser abschrecken; häuten, vierteln und entkernen. Äpfel, Birnen, Ananas und Mango schälen. Kerne entfernen und das Fruchtfleisch in nicht zu kleine Stücke schneiden.
100 Milliliter Wasser und Zucker in einem großen Topf zum Kochen bringen. Zunächst Äpfel und Birnen, dann Ananas und Mango

zum Schluss Pfirsiche, Aprikosen und Bananen bei schwacher Hitze dünsten. 200 Milliliter Wein sowie etwas Wasser hinzufügen; zu einem Kompott kochen. Zitronensaft zugeben. Den restlichen Wein mit Puddingpulver verrühren und das Kompott damit binden; mit Cointreau aromatisieren. Kalt stellen. Mit geschlagener Sahne anrichten.

Hans-Dieter Schäper, Simmern

215

Grießhalva

Zutaten für 4 Personen

2 unbehandelte Zitronen • ½ Vanilleschote • 600 ml Milch

125 g Butter • 200 g Zucker • ½ Zimtstange • 1 Gewürznelke

60 g Mandelstifte • 150 g Hartweizengrieß • 2 Eier

➤ **Zubereitung:**

Zitronen unter heißem Wasser mit einer Wurzelbürste abschrubben; abtrocknen und die gelbe Schale abreiben. Anschließend die Frucht halbieren und den Saft auspressen. Vanilleschote der Länge nach halbieren und das Mark ausschaben. Milch, 100 Gramm Butter, Zucker, Zimtstange, ausgeschabte Vanilleschote, Vanillemark, Zitronenschale und Gewürznelke aufkochen. Vom Herd nehmen und etwa 5 Minuten ziehen lassen. Die restliche Butter erhitzen, Mandelstifte und Grieß einstreuen und nicht zu heiß anschwitzen. Vanilleschote, Zimtstange und Nelke aus der Milch entfernen und diese nochmals aufkochen. Milch auf angeschwitzten Grieß und Mandeln gießen und verrühren.

Zitronensaft zufügen und alles glatt rühren. Flammeri auf der ausgeschalteten Herdstelle etwa 10 Minuten quellen lassen. Eier trennen; Eiklar mit einer Prise Zucker zu steifem Schnee schlagen; Eidotter unter rühren. Die Eimasse unter das heiße Flammeri heben.

Dessertschälchen mit kaltem Wasser ausspülen und Grießhalva einfüllen. Gut durchkühlen lassen.

Sandra Leiter, Gießen

216

Holunderblütenmousse

Zutaten für 4 Personen

6 Blatt Gelatine • 200 ml Buttermilch

100 g Crème fraîche • Saft von 1 Zitrone • 100 ml Holunderblütensirup

8 g Puderzucker • 250 ml Sahne

➤ Zubereitung:

Gelatine etwa 10 Minuten in kaltem Wasser einweichen. Buttermilch, Crème fraîche, Zitronensaft und Holunderblütensirup mit Puderzucker verrühren. Gelatine gut ausdrücken und bei mäßiger Hitze in einem Topf schmelzen. Gelöste Gelatine mit einem Esslöffel Buttermilchcreme glatt rühren und das Gemisch zügig mit einem Schneebesen in die Creme einrühren. Kalt stellen, bis die Gelatine anzuziehen beginnt.
Sahne steif schlagen und vorsichtig unter die Creme heben. Etwa 8 Stunden auskühlen lassen und mit frischen Früchten oder auf Fruchtmark anrichten.

Gabi Markert, Burghausen

Kefir-Himbeer-Creme

Zutaten für 4 Personen

300 g frische Himbeeren • 6 Blatt Gelatine • 300 ml Kefir

100 ml Milch • 80 g Puderzucker • ½ Zitrone • 200 ml Sahne

1 Pck. Vanillezucker

➤ Zubereitung:

Himbeeren in ein Haarsieb legen und vorsichtig in einer Schüssel mit Wasser waschen. Auf Küchenkrepp trocknen lassen. Gelatine etwa 10 Minuten in kaltem Wasser einweichen. Kefir und Milch mit Puderzucker verrühren. Zitrone unter heißem Wasser mit einer Wurzelbürste abschrubben. Abtrocknen und etwa die Hälfte der gelben Schale abreiben. Anschließend den Saft auspressen und zum Kefir geben.
Gequollene Gelatine gut ausdrücken und bei mäßiger Hitze in einem Topf schmelzen.

Gelöste Gelatine mit einem Esslöffel Kefirmasse glatt rühren; dann die Kefirgelatine zügig in die Creme einrühren.
Kalt stellen.
Sobald die Creme zu gelieren beginnt, Sahne mit dem Vanillezucker steif schlagen und vorsichtig unterheben. Die Hälfte der Himbeeren unter die Creme mischen.
8 Stunden kalt stellen und vor dem Servieren mit den restlichen Himbeeren garnieren.

Wolfgang Gundlach, Bonn

Schwarzwälder Kirschcreme

Zutaten für 4 Personen

50 g Kartoffelstärke • 500 ml Milch • 80 g Zucker • 2 Pck. Vanillezucker

250 ml Sahne • 200 ml Rotwein • 300 g entsteinte Sauerkirschen

20 ml Kirschwasser • 40 ml Rum (54 %) • 50 g Zartbitterschokolade

➤ **Zubereitung:**

30 Gramm Kartoffelstärke in ½ Tasse kalter Milch lösen. Restliche Milch mit 40 Gramm Zucker und Vanillezucker aufkochen und mit der gelösten Stärke binden. Kurz auf der ausgeschalteten Kochplatte quellen lassen; in eine Schüssel umfüllen und unter Rühren abkühlen. Kalt stellen.
Sahne steif schlagen und unter die abgekühlte Crème heben. Restlichen Zucker mit wenig Wasser mischen und in einem Topf karamellisieren. Mit ⅔ Rotwein ablöschen und so lange kochen, bis der Karamel sich vollständig aufgelöst hat.

Stärke im restlichen Rotwein lösen und in die kochende Flüssigkeit rühren.
Aufkochen und etwa 30 Sekunden anziehen lassen.
Vom Herd nehmen; Kirschen, Kirschwasser und Rum hinzufügen. Kalt stellen.
Blockschokolade grob raspeln. Kirschen und Creme abwechselnd in Dessertgläser schichten.
Mit Schokoladenraspeln garnieren.

Christine Lieder, Hildesheim

Mohndessert

Zutaten für 4 Personen

50 g Rosinen • 20 ml Cognac • 200 ml Milch • 25 ml Honig

100 g gemahlener Mohn • 1 Eidotter • 150 g Quark • 100 g Bananen

abgeriebene Schale von 1 unbehandelter Zitrone • 150 ml Sahne

➤ **Zubereitung:**

Rosinen in Cognac einweichen. Milch mit Honig aufkochen, Mohn damit übergießen und etwa 15 Minuten auf der ausgeschalteten Herdplatte quellen lassen; danach kalt stellen.
Eidotter, Quark, Bananen und Zitronenschale mit einem Mixstab pürieren. Sahne steif

schlagen. Quarkmasse und kalten Mohnbrei miteinander vermischen; die eingeweichten Cognacrosinen zugeben. Die geschlagene Sahne unterheben und die Creme in Dessertschälchen füllen.

Thomas Rechter, Hengersberg

218

Kokoscreme mit Mangospalten

Zutaten für 4 Personen

100 g Kokosflocken • 150 ml Milch • 6 Blatt Gelatine • 2 Eier

abgeriebene Schale von 1 unbehandelter Zitrone

40 ml Kokosrum (ersatzweise Kokoslikör) • 20 g Honig • 250 ml Sahne

2 Mango • 20 ml Grand Marnier • Saft von 1 Limette

➤ **Zubereitung:**

Kokosflocken in lauwarme Milch geben und etwa 30 Minuten quellen lassen. Gelatine 10 Minuten in kaltem Wasser einweichen. Eidotter, Zitronenschale, Kokosrum und Honig über dem heißen Wasserbad aufschlagen, bis ein dickflüssiger Schaum entstanden ist. Erst die ausgedrückte Gelatine, dann den Kokosrum unterrühren. Kalt stellen, bis die Creme zu gelieren beginnt. Sahne steif schlagen und vorsichtig unterziehen. In Sturzförmchen füllen und etwa

6 Stunden in den Kühlschrank stellen. Mangos schälen. Das Fleisch rechts und links des Kerns ablösen. Die Hälfte mit Grand Marnier und Limettensaft pürieren und durch ein Sieb streichen. Das restliche Fleisch in Spalten schneiden. Auf weißen Tellern einen Fruchtspiegel aus Mangopüree ziehen. Sturzförmchen kurz in heißes Wasser tauchen und Creme auf die Teller stürzen. Mit Mangospalten umlegen.

Marga Mischur, Frankfurt/M.

Panna Cotta

Zutaten für 4 Personen

4 Blatt Gelatine • 600 g Crème double • 70 g Zucker

20 ml Grand Marnier • 100 ml Milch • 100 g Zartbitterschokolade

➤ **Zubereitung:**

Gelatine etwa 10 Minuten in kaltem Wasser einweichen. Crème double, Zucker und Grand Marnier aufkochen, dabei ständig rühren. Von der Kochstelle nehmen, Gelatine gut ausdrücken und in der Creme auflösen. Durch ein Sieb in Sturzförmchen füllen. Etwa 6 Stunden im Kühlschrank kalt stellen. Milch aufkochen und auf 50 °C abkühlen

lassen, Schokolade in grobe Stücke hacken und unter Rühren in der Milch schmelzen. Förmchen kurz in heißes Wasser tauchen und die Creme auf flache Teller stürzen. Mit 2 Esslöffel Schokoladensauce angießen.

Diana Gloger, Schwepnitz

Pflaumensalat

Zutaten für 4 Personen

125 g Rosinen • 20 ml Rum • 1 Pck. Vanillezucker • Saft von 1 Zitrone

100 ml Weißwein (halbtrocken) • 800 g blaue Pflaumen • 80 g Zucker

20 ml Slibowitz • 250 ml Sahne

➤ **Zubereitung:**
Rosinen in Rum, Vanillezucker, Zitronensaft und Weißwein einweichen und 1 Stunde ziehen lassen. Plaumen entsteinen in mundgerechte Stücke schneiden, zuckern und mit Slibowitz begießen. 1 Stunde marinieren.

Sahne steif schlagen.
Rosinen und Pflaumen mischen, in Dessertschalen füllen und mit geschlagener Sahne servieren.

Carola Michel, Zittau

Russische Creme

Zutaten für 4 Personen

6 Blatt Gelatine • 3 Eier • 150 g Zucker • 2 Pck. Vanillezucker

300 ml Weißwein • 20 ml Maraschino • 300 ml Sahne

➤ **Zubereitung:**
Gelatine 10 Minuten in kaltem Wasser einweichen. Eier, Zucker, Vanillezucker und die Hälfte des Weißweins über dem heißen Wasserbad zu einem dickflüssigen Schaum schlagen. Ausgedrückte Gelatine in die warme Masse geben und den restlichen

Wein sowie den Maraschino unterrühren. Kalt stellen.
Sahne steif schlagen, mit dem Schneebesen vorsichtig unter die anziehende Masse heben. In Dessertgläser füllen.

Irmgard Zobel, Lauben

Safrancreme mit Früchten

Zutaten für 4 Personen:

200 g Vollmilchjogurt • 200 g Sauerrahm • 200 g Crème fraîche

150 g Doppelrahmfrischkäse • 10 ml Grand Marnier • 80 g Puderzucker

1 Msp. Muskat • 1 g Safranfäden • 20 g gehackte Pistazienkerne

500 g Ananas, Mango, Pfirsich, Birne, Orange (frisch) • 10 ml Kirschwasser

➤ Zubereitung:
Jogurt, Sauerrahm, Crème fraîche, Doppelrahmfrischkäse und Grand Marnier mit Puderzucker, Muskat und Safran glatt rühren. Gehackte Pistazien unterziehen und die Creme kalt stellen.
Obst waschen, schälen und in gleichmäßige

Stücke schneiden; mit Kirschwasser marinieren. Creme auf einem Bett aus Obstsalat anrichten.

K. Metelmann-Heller, Hamburg

Schoko-Jogurt-Creme mit Himbeeren

Zutaten für 4 Personen:

250 g Himbeeren (frisch) • 60 g Puderzucker • 3 Blatt Gelatine

100 g weiße Schokolade • 500 g Jogurt

20 ml Cointreau • 250 ml Sahne

➤ Vorbereitung:
Himbeeren in ein Haarsieb legen und vorsichtig in einer Schüssel mit Wasser waschen.
Auf Küchenkrepp trocknen lassen, in eine Schüssel füllen und mit 30 Gramm gesiebtem Puderzucker bestreuen (nicht mischen).

➤ Zubereitung:
Gelatine etwa 10 Min in kaltem Wasser einweichen. Schokolade in kleine Stücke schneiden und im Wasserbad (etwa 50 °C) vorsichtig schmelzen. Jogurt in eine Schüssel

geben und mit dem restlichen Puderzucker und Cointreau glatt rühren. Gelatine gut ausdrücken und bei mäßiger Hitze in einem Topf schmelzen. Mit 1 Esslöffel Jogurt glatt rühren und mit dem Schneebesen in das restliche Jogurt einrühren. Geschmolzene Schokolade unterrühren.
Sahne steif schlagen und vorsichtig unter die Creme heben. Die Creme abwechselnd mit den Himbeeren Dessertgläser schichten.

Alexandra Huber, Wuppertal

Teetrüffeln

Zutaten für 4 Personen

250 ml Sahne • 30 g schwarze Teeblätter • 300 g weiße Schokolade

20 ml Rum (54 %) • 30 g Kokosfett • 50 g Butter • 20 g Pistazienkerne

➤ **Zubereitung:**

Sahne zum Kochen bringen. Tee zugeben und 10 Minuten ziehen lassen. Schokolade in kleine Stücke schneiden und im Wasserbad (etwa 50 °C) vorsichtig schmelzen. Sahnetee durch ein Sieb in eine Schüssel gießen und mit Rum aromatisieren. Kokosfett dazugeben und unter Rühren schmelzen (eventuell kurz in das Wasserbad stellen). Butter schmelzen und unter den lauwarmen Sahnetee mischen. Die Trüffelmasse kalt stellen. Nach dem Abkühlen in einen Spritzbeutel mit Sterntülle füllen und in Aluminiumförmchen spritzen. Mit Pistazien garnieren. Bis zum Verzehr kühl lagern.

Rosa Berner, Deutenkofen

Tiramisu aus Turin

Zutaten für 4 Personen

3 Eier • 80 g Zucker • 60 ml Marsala • 250 g Mascarpone

100 ml Sahne • 250 ml kalter Espresso • 20 ml Tia Maria • 200 g Löffelbiskuits

30 g ungesüßtes Kakaopulver

➤ **Zubereitung:**

Eier trennen. Eidotter mit 40 Gramm Zucker und 30 Milliliter Marsala in schaumig rühren. Eiklar mit restlichem Zucker zu steifem Schnee schlagen.

Sahne schlagen. Mascarpone mit dem Schneebesen glatt rühren, nacheinander Eigelbmasse, Schlagsahne und Eischnee unterheben.
Restlichen Marsala, Espresso und Tia Maria vermischen und die Löffelbiskuits damit beträufeln. Biskuits und Mascarponecreme abwechselnd in eine Form schichten (mit Mascarponecreme abschließen).
Die Form 5 Stunden kalt stellen. Tiramisu vor dem Anrichten mit gesiebtem Kakaopulver bestreuen.

Ulrich Braig, Günzburg

222

Zucchinikuchen

Zutaten für 4 Personen

3 Eier • 250 g Zucker • 1 Pck. Vanillezucker • 1 TL Zimt • 125 ml Öl • 400 g Zucchini

250 g Mehl • ½ Pck. Backpulver • 100 g gemahlene Haselnüsse • Margarine für die Form

➤ **Zubereitung:**
Eier, Zucker und Vanillezucker schaumig schlagen; Zimt und Öl unterrühren. Zucchini waschen, Stiel- und Blütenansätze entfernen. Auf einer Kartoffelreibe zerkleinern und zur Eimasse geben. Mehl und Backpulver sieben und zusammen mit den gemahlenen Nüssen unter die Zucchinimasse rühren. Eine Kastenform mit Margarine einfetten, Teig einfüllen, glatt streichen und bei im vorgeheizten Backofen (mittlere Schiene) bei 180 °C 1 Stunde backen.

Johanna Fritscher, Oettingen

Tipp:

Überzieht man den Kuchen mit Schokoladenguss, bleibt er länger saftig.

Apfelwaffel mit Calvadossahne

Zutaten für 4 Personen

2 Äpfel • 40 ml Calvados • Saft von 1 Zitrone • ¼ TL Nelkenpulver

1 TL Zimt • 3 Eier • 250 g Butter • 1 Pck. Vanillezucker • 120 g Zucker

250 g Mehl • 1 TL Backpulver • 300 ml Milch • ½ TL Salz • 200 ml Sahne

➤ **Vorbereitung:**
Äpfel schälen, entkernen, achteln und blättrig schneiden. Mit 20 ml Calvados, Zitronensaft, Nelkenpulver und Zimt marinieren. Eier trennen.

➤ **Zubereitung:**
Warme Butter, Eidotter, Vanillezucker und 100 Gramm Zucker mit dem Handmixer schaumig rühren. Mehl und Backpulver in eine Schüssel sieben, in der Mitte eine Vertiefung drücken; Milch hineingeben. Mit dem Schneebesen vom Rand her vorsichtig Mehl unter die Milch mischen, bis ein zähflüssiger klumpenfreier Teig entsteht. Butter-Ei-Mischung und Salz unterrühren und den Teig 10 Minuten quellen lassen. Eiklar zu steifem Schnee schlagen und vorsichtig unter Masse heben. Nicht rühren. Marinierte Apfelstücke zufügen. Waffeleisen vorheizen und sofort Waffeln backen. Sahne mit restlichem Zucker und Calvados steif schlagen und zu den frischen Apfelwaffeln reichen.

Sonja Radespiel, Wiesbaden

Dattelwaffeln mit Zimtsahne

Zutaten für 4 Personen

100 g getrocknete Datteln • 40 ml Rum • 4 Eier • 250 g Butter

1 Pck. Vanillezucker • 80 g Zucker • 1 TL Ingwerpulver • 250 g Mehl

1 TL Backpulver • 300 ml Milch • ½ TL Salz • 200 ml Sahne

20 g Puderzucker • 1 TL Zimt • 1 Bund frische Minze

➤ **Vorbereitung:**
Getrocknete Datteln mit Ingwerpulver in Rum einweichen. Eier trennen.

➤ **Zubereitung:**
Warme Butter, Eidotter, Vanillezucker, Zucker und Ingwerpulver mit dem Handrührgerät schaumig rühren.
Mehl und Backpulver in eine Schüssel sieben, in der Mitte eine Mulde drücken; Milch hinein schütten. Mit dem Schneebesen das Mehl vorsichtig mit der Milch vermischen, bis ein zähflüssiger klumpenfreier Teig ent

steht. Butter-Ei-Mischung und Salz hinzufügen und alles 10 Minuten quellen lassen.
Eiklar zu Eischnee schlagen und unterheben. Marinierte Datteln klein schneiden und unter den Teig heben.
Waffeln sofort im heißen Waffeleisen backen. Warm servieren. Sahne mit Puderzucker und Zimt steif schlagen; mit frischer Minze garnieren. Zu den Dattelwaffeln reichen.

Nadja Derich, Großdeuben

Gratinierte Feigen

Zutaten für 4 Personen

12 frische Feigen • 1 Birne • 20 ml Cassis • Saft von 1 Zitrone

1 Ei • 60 g Zucker • 150 g Crème fraîche • 100 ml Sahne

➤ **Zubereitung:**
Feigen waschen, enthäuten und vierteln. Birne waschen und vierteln. Das Kerngehäuse entfernen und das Fruchtfleisch in mundgerechte Stücke schneiden. Mit den Feigen in eine Auflaufform geben und mit Zitronensaft sowie Cassis marinieren.
Ei trennen, Eidotter mit 30 Gramm Zucker schaumig rühren. Eiklar mit dem restlichen Zucker zu steifem Schnee schlagen.

Crème fraîche in einer Schüssel glatt rühren, Eidotter unterrühren.
Sahne steif schlagen und unter das Crème fraîche ziehen. Zuletzt vorsichtig den Eischnee unterheben. Die Creme auf die Früchte geben und im vorgeheizten Backofen (Oberhitze) bei 200 °C goldbraun überbacken.

Ursula Döser, Altusried

Ausgebackene Holunderblüten

Zutaten für 4 Personen

20 Holunderdolden (voll erblüht) • 250 g Mehl • 2 TL Backpulver

30 g Zucker • 30 g Puderzucker • 1 TL Zimt • 125 ml Milch • 20 ml Rum

1 Ei • 20 ml Speiseöl • Butterschmalz zum Ausbacken

➤ **Vorbereitung:**
Holunderdolden auf Insekten und Schmutz untersuchen, unter fließendem Wasser waschen, und auf einem Küchentuch abtropfen lassen.

➤ **Zubereitung:**
Mehl, Backpulver, Zucker, Puderzucker und Zimt in eine Schüssel sieben, in der Mitte eine Mulde drücken; Milch und Rum in die Mulde gießen und mit einem Schneebesen so viel Mehl einarbeiten, bis ein zähflüssiger, klumpenfreier Teig entstanden ist. Ei und Öl einarbeiten; alles etwa 10 Minuten quellen lassen.
Schmalz in einem tiefen Topf erhitzen. Holunderblüten durch den Teig ziehen und im heißen Fett goldbraun ausbacken.
Mit einem Gemisch aus Zucker und Zimt bestreuen und sofort servieren.

Michael Schönleber, Hildesheim

225

Überbackene Vanillecreme

Zutaten für 4 Personen

600 ml Milch • 10 Eier • 80 g Zucker • 1 Pck. Vanillezucker • 1 Prise Muskat

➤ **Zubereitung:**

Eier und Zucker mit dem Schneebesen schaumig rühren. Milch und Vanillezucker zufügen und kurz weiterschlagen. Mischung in feuerfeste Förmchen geben und mit Muskat bestreuen. Einen Bräter mit einer dicken Schicht Küchenkrepp auslegen. Zu ¾ mit heißem Wasser (etwa 80 °C) füllen und die Förmchen hineinstellen; das Ganze mit Alufolie bedecken. Im vorgeheizten Backofen (mittlere Schiene) bei 180 °C etwa 40 Minuten pochieren.

Alex Grünwald, Katzenelnbogen

Tipp:

Um zu testen, ob die Creme innen fest ist, sticht man mit einem Zahnstocher hinein. Bleibt er beim Herausziehen sauber, ist die Creme fertig. An der Oberfläche gibt sie dann auf Fingerdruck nur noch leicht nach.

Apfelpfannkuchen

Zutaten für 4 Personen

200 g Mehl • 6 Eier • 100 ml Öl • 400 ml Milch

40 g Zucker • 1 Prise Salz • 4 Kochäpfel • 50 g Zimtzucker

➤ **Vorbereitung:**

Mehl sieben und in eine Schüssel geben. Eier trennen. Mehl, Eidotter, 40 Milliliter Öl und Milch zu einem glatten Teig verrühren. 30 Minuten ruhen lassen.
Eiklar, Zucker und Salz zu steifem Schnee schlagen und vorsichtig unter den Teig heben.
Die Äpfel schälen, das Kerngehäuse ausstechen, das Fleisch in Ringe schneiden und mit Mehl bestäuben.

➤ **Zubereitung:**

¼ des restlichen Öls einer Pfanne erhitzen, ¼ der Teigmenge hineingießen, glatt strei-

chen und mit Apfelringen belegen. Sobald der Pfannkuchen stockt in den vorgeheizten Backofen geben und bei °C fertig backen. Warm halten und die restliche Pfannkuchen backen. Vor dem Servieren mit Zimtzucker bestreuen.

Christian Krockow, Nümbrecht

Tipp:

Die Pfannkuchen sind fertig, wenn sie goldgelb und leicht aufgebläht sind.

Apfel-Biskuit-Auflauf

Zutaten für 4 Personen

500 g Äpfel • 4 Eier (à 50 g) • 200 g Zucker • 1 Prise Salz

125 g Mehl • 100 g Speisestärke • 5 g Backpulver

Butter und Semmelbrösel für die Form

➤ **Vorbereitung:**
Äpfel schälen, vierteln, das Kerngehäuse entfernen und das Fleisch in schmale Spalten schneiden. Eier trennen.

➤ **Zubereitung:**
Eidotter mit 2/3 des Zuckers schaumig rühren. Eiklar und Salz zu steifem Schnee schlagen, dabei nach und nach den restlichen Zucker zufügen. Den Schnee zügig mit Eidotterschaum vermischen.
Mehl, Speisestärke und Backpulver sieben und die Eicreme unterziehen.

Eine Auflaufform buttern und mit Semmelbröseln ausstreuen. Apfelspalten hineingeben und mit der Biskuitmasse bedecken. Im vorgeheizten Backofen bei 190 °C 30 bis 35 Minuten backen.

Yvonne Bleischwitz, Borchen

Tipp:

Vor dem Servieren mit Staubzucker bestreuen. Dazu Vanillesauce reichen.

Crêpes Suzette

Zutaten für 4 Personen

100 g Mehl • 90 g Butter • 250 ml Milch • 80 ml Sahne

1 Prise Salz • 10 g Zucker • unbehandelte Zitronen- und Orangenschale

1 unbehandelte Orange • 50 g Würfelzucker • 100 ml Öl

200 ml Orangensaft • 40 ml Zitronensaft • 40 ml Grand Marnier • 25 ml Cognac

➤ **Vorbereitung:**
Mehl sieben und in eine Schüssel geben.
3 Esslöffel Butter schmelzen. Mit Milch,
Sahne, Salz, Zucker und Fruchtschalen
mischen, zum Mehl geben und zu einem
dünnen, glatten Teig verrühren. 30 Minuten
ruhen lassen.
Orange gut waschen und die Schale mit
Würfelzucker abreiben.

➤ **Zubereitung:**
Etwas Öl in einer Pfanne erhitzen und
nacheinander dünne Crêpes backen.
Warm halten.

Die restliche Butter in einer Flambierpfanne
schmelzen. Würfelzucker beigeben und
karamellisieren. Mit Orangen- und Zitronensaft ablöschen und auflösen.
Die Crêpes in der Sauce erwärmen. Grand
Marnier zufügen und alles mit Cognac flambieren. Sofort servieren.

Wilfried Sendzik, Kolzenburg

Tipp:

Mit einer Kugel Vanilleeis anrichten.

228

Dampfnudeln mit Vanillesauce

Zutaten für 4 Personen

500 ml Milch • 60 g Butter • 500 g Mehl • 60 g Hefe

1 TL Zucker • 1 TL Zimt • 1 Ei • 2-3 Eidotter • Salz

½ Vanilleschote • 10 g Speisestärke

➤ **Vorbereitung:**

250 Milliliter Milch erwärmen und die Butter schmelzen. Mehl in eine Schüssel sieben. In der Mitte eine Mulde bilden, Hefe hineinbröckeln, einen Teil der Milch und 35 Gramm Zucker zugeben und mit dem nächstliegenden Mehl zu einem leichten Vorteig verrühren. Zugedeckt an einem warmen Ort 30 Minuten gehen lassen. Die restliche Milch, Butter, Zimt, Ei, 1 Eidotter und 1 Prise Salz zufügen. Alles zu einem glatten Teig verarbeiten und diesen nochmals zugedeckt gehen lassen, bis sich das Volumen verdoppelt hat.

➤ **Zubereitung:**

Den Teig auf einer leicht bemehlten Arbeitsfläche zu dicken Strängen formen und in etwa 50 Gramm schwere Stücke teilen. Mit bemehlten Händen runde Klöße formen, auf ein bemehltes Brett legen und zugedeckt warm stellen. Ruhen lassen, bis der Teig auf leichten Druck langsam zurückfedert. Die Klöße in kochendem, leicht gesalzenem Wasser 25 bis 30 Minuten sieden lassen. Die restliche Milch mit dem Zuckerrest und der Vanilleschote zum Kochen bringen. Das Vanillemark in die Milch kratzen und die Sauce mit kalt angerührter Stärke binden. leicht abkühlen lassen und 1 bis 2 Eigelb unterrühren. Zu den gut abgetropften Dampfnudeln servieren.

Waltraud Koball, Lengerich

Reisauflauf mit Beerenmus

Zutaten für 4 Personen

40 g Rundkornreis • 25 helle Sultaninen

2 Eier • 1 Vanilleschote

40 g Zucker • 1 Prise Salz • 200 ml Milch

unbehandelte Zitronenschale • 15 g Butter

300 g verschiedene Beeren • 100 g Staubzucker

Butter und Mehl für die Form

► **Vorbereitung:**

Reis 10 Minuten in Wasser blanchieren und abgießen.
Sultaninen waschen und einweichen.
Eine Auflaufform mit Butter ausstreichen, mit Mehl bestäuben und im Wasserbad anwärmen .
Eier trennen. Eiklar mit Zucker zu steifem Schnee schlagen.

► **Zubereitung:**

Die Vanilleschote der Länge nach halbieren und mit Zucker sowie Salz in die Milch geben; zum Kochen bringen. Reis zufügen und 30 Minuten bei schwacher Hitze köcheln lassen. Vanilleschote herausnehmen. Sultaninen, Zitronenschale und Butter zugeben. Eidotter nach und nach unter die Masse mischen. Zuletzt vorsichtig den Eischnee unter die Masse ziehen und alles in die warme Auflaufform füllen.
Die Form auf ein tiefes Backblech stellen und in den heißen Ofen schieben. Heißes Wasser auf das Blech gießen und den Auflauf so lange backen, bis ein hineingestochener Holzspieß beim Herausziehen sauber bleibt.
Herausnehmen, abkühlen lassen und stürzen.
Die Beeren im Mixer pürieren, mit dem Staubzucker erwärmen und durch ein feines Sieb passieren. Zum Auflauf reichen.

Lothar Allgaier, Ehlingen

Tipp:

Damit sich die Form gut löst, nach dem Stürzen den Reis kurz ruhen lassen, ehe die Form abgehoben wird.

Apfel im Schlafrock

Zutaten für 4 Personen

300 g Blätterteig • 2 TL Rosinen

2 TL gehackte Mandeln • 1 TL Zimt • 2 TL Rum

4 säuerliche Äpfel • 2 EL Semmelbrösel • 1 EL Zucker • 1 Eigelb zum Bestreichen

Mehl für die Arbeitsfläche • Butter für das Backblech

➤ **Vorbereitung:**

Blätterteig auf einer bemehlten Arbeitsfläche dünn ausrollen. Rosinen waschen und gut abtropfen lassen. Äpfel schälen und Kerngehäuse entfernen. Ei trennen.

➤ **Zubereitung:**

Rosinen mit gehackten Mandeln, Zimt und Rum vermischen und in die Äpfel füllen. Aus dem Blätterteig vier Quadrate ausschneiden; die Quadrate müssen so groß bemessen sein, dass man die Äpfel darin einpacken kann. Die Äpfel auf die Teigquadrate setzen, mit Zucker und Semmelbrösel bestreuen. Die Teigecken vorsichtig über den Äpfeln zusammenschlagen; mit Eigelb bestreichen

und in der Mitte gut andrücken. Die Äpfel auf ein gefettetes Backblech setzen und im vorgeheizten Backofen bei 220 °C etwa 20 bis 25 Minuten backen.

Lothar Allgaier, Ehlingen

Tipp:

Die Reste des Blätterteigs kann man formen und als Dekoration für die Äpfel verwenden. Als „Klebstoff„ verwenden Sie am besten Eigelb.

Kuchen

Böhmischer Kuchen

Zutaten für 2 Kastenformen (ergibt 1 Kuchen)

7 Eidotter • 450 g Puderzucker • 320 g Mehl • 100 ml Öl

1 Pck. Backpulver • 5 Eiklar • 6 EL Kakao • 250 ml Milch • 100 g Zucker

300 g Butter • 3 EL Rum

➤ **Zubereitung:**

5 Eidotter mit 300 Gramm Puderzucker, 300 Gramm Mehl, Öl, Backpulver und 100 Milliliter warmem Wasser vermischen. Eiklar zu steifen Schnee schlagen und vorsichtig unterheben. Den Teig teilen; unter eine Hälfte vorsichtig 3 Esslöffel Kakao unterziehen. Nicht rühren.

Teige in zwei ungefettete Kastenformen einfüllen. Im vorgeheizten Backofen bei 180 °C etwa 35 Minuten backen. Herausnehmen und abkühlen lassen.

Für die Creme Milch, restliche Eidotter und 2 Esslöffel Mehl aufkochen. Zucker und 250 Gramm Butter unterrühren und alles abkühlen lassen.

Beide Kuchen in gleichmäßig dicke Stücke schneiden. Abwechselnd ein helles und ein dunkles Kuchenstück mit Creme bestreichen und aneinandersetzen. Bis alle Zutaten verbraucht sind.

Für die Glasur Butter, Kakao, Rum und Puderzucker aufkochen. Die Masse abkühlen, und den Kuchen gleichmäßig damit überziehen.

Sobald die Glasur getrocknet ist, den Kuchen schräg anschneiden und servieren.

Nadine Halbauer, Tirschenreuth

Tipp:

Um zu prüfen, ob der Kuchen gar ist, sticht man mit einem Holzspieß hinein. Bleibt das Holz beim, Herausziehen sauber, ist der Kuchen fertig.

234

Indianischer Beerenkuchen

Zutaten für 4-6 Personen

4 Tassen Beerenfrüchte • 1 Tasse Zucker • 1 $\frac{1}{2}$ Tassen Mehl

$\frac{1}{4}$ Tasse geschmolzene Butter • 2 Eier • 1 TL Vanillezucker • 1 EL Backpulver • 2 EL Öl

➤ **Zubereitung:**
Dreieinhalb Tassen Beeren nach Geschmack mit Zucker süßen. Je 2 Esslöffel Mehl und Wasser zufügen.
Aus restlichem Mehl und Zucker, Butter, Eier, Vanillezucker und Backpulver einen Eierteig herstellen.
Das Öl in einer ofenfesten Pfanne erhitzen, die Hälfte des Teige hineingießen, glatt streichen, mit der Beerenmischung belegen, mit dem restlichen Eierteig begießen.

Den Beerenkuchen stocken lassen, wenden und auf der anderen Seite fertig backen.

Solweig Mebus, Teltow

Tipp:

Noch einfacher geht es, wenn man den Kuchen nur kurz auf dem Herd lässt und nach dem Stocken im Backofen (180 °C) fertig backt.

Italienischer Kuppelkuchen

Zutaten für 1 Springform

1 Backmischung Schokoladenkuchen mit Schokostückchen (zusätzlich der auf der

Packung angegeben Zutaten) • 5 Kiwis • 4 Blatt weiße Gelatine • 750 ml Sahne

50 g Zucker • 1 Päckchen Vanillezucker • 3 EL Rum • 1 Pck. klarer Tortenguss

➤ **Zubereitung:**
Den Schokoladenkuchen nach Packungsanweisung zubereiten, jedoch ohne die Schokostückchen unterzumischen. Den Teig in eine Springform füllen und nach Anleitung backen. Auskühlen lassen. Den Kuchen in etwa $\frac{1}{3}$ Höhe quer durchschneiden. Den dünneren Teil mit der beiliegenden Glasur bestreichen. Den restlichen Kuchen zerkrümeln. Kiwis schälen, in Scheiben schneiden und eine Springform damit auslegen. Gelatine 5 Minuten in kaltem Wasser einweichen. Sahne steif schlagen. Zucker, Vanil-

lezucker, Rumaroma und die ausgedrückte, aufgelöste Gelatine unterrühren. Kuchenkrümel und Schokostückchen vorsichtig unter die Sahne heben. Die Masse in die Springform füllen.
Den glasierten Kuchenboden mit der Glasur nach unten auf die Sahnemasse legen und leicht andrücken.
Den Kuchen 2 bis 3 Stunden in den Kühlschrank stellen. Stürzen und mit Tortenguss überziehen.

Ines Grabenhorst, Borgholzhausen

Nonnenfürzle

Zutaten für 28 Stück

125 g Mehl • 25 Speisestärke • abgeriebene Schale von 1 unbehandelter Zitrone

50 g Butter • 1 Prise Salz • 4 Eier • 2 kg Kokosfett (ersatzweise 2 l Öl)

50 g Hagelzucker

➤ **Zubereitung:**

Mehl, Speisestärke und Zitronenschale vermischen. 250 Milliliter Wasser mit Butter und Salz aufkochen. Topf vom Herd nehmen (Platte ausschalten) und die Mehl-Zitronen-Mischung auf einmal untermischen. Topf wieder auf die Herdplatte stellen und die Masse so lange rühren, bis sie abbindet und sich am Topfboden eine milchige Haut absetzt.

Den Teig in eine Schüssel geben und sofort ein Ei einrühren. 10 Minuten abkühlen lassen. Dann nacheinander die restlichen Eier unterrühren. Das Kokosfett in einem Fritiertopf auf 180 °C erhitzen. Mit zwei Teelöffeln kleine Kugeln vom Teig abstechen. Dazu die Löffel zwischendurch immer wieder in heißes Wasser tauchen.
Jeweils vier Kugeln gleichzeitig ins heiße Fett geben und 3 Minuten knusprig braun ausbacken. Mit einem Schaumlöffel herausnehmen und auf Küchenkrepp gut abtropfen lassen.
Noch heiß mit Hagelzucker bestreuen und servieren.

Petra Weber, Walldorf

Tipp:

Man kann die Nonnenfürzle nach dem Fritieren zusätzlich mit Konfitüre füllen. Das geht am einfachsten mit einem Spritzbeutel mit langer Lochtülle.

Russischer Zupfkuchen

Zutaten für 1 Springform

300 g Butter • 350 g Zucker • 3 Eier • 400 g Mehl • 1 Pck. Backpulver • 1 Pck. Vanillezucker

2 EL Kakao • 250 g Schmand • 1 Pck. Vanillepudding • Butter für die Form

➤ Zubereitung:

Aus je 200 Gramm Butter und Zucker, 1 Ei, Mehl, Backpulver, Vanillezucker und Kakao einen Rührteig herstellen.
Die restliche Butter mit dem restlichen Zucker und den beiden Eier schaumig rühren, Schmand und Puddingpulver zugeben und gut untermischen. Die Hälfte des Teiges in eine gebutterte Springform streichen und die Füllung darauf verteilen. Den restlichen Teig darüberkrümeln.

den Kuchen im vorgeheizten Backofen bei 190 °C 1 Stunde backen. Herausnehmen und in der Form 2 Tage ziehen lassen.

Christine Ising, Paderborn

Tipp:

Im Heißluftherd ist der Kuchen bei 160 °C nach etwa 45 Minuten fertig.

Schneewittchenkuchen

Zutaten für 1 Blech

450 g Butter • 7 Eier • 200 g Zucker • 300 g Mehl • ½ Pck. Backpulver

1 Glas Sauerkirschen (Abtropfgewicht 370 g; Saft auffangen)

30 g Speisestärke • 500 ml Milch • 1 Pck. Vanillepudding

125 Puderzucker • 100 g Kakao • 250 g Kokosfett

➤ Zubereitung:

Aus 200 Gramm Butter, 4 Eier, Zucker, Mehl und Backpulver einen Teig zubereiten. den Teig auf einem kleinen, gebutterten Backblech ausrollen und mit abgetropfte Sauerkirchen belegen. Den Kirschsaft mit angerührter Stärke eindicken und über die Kirschen gießen.
Den Kuchen im vorgeheizten Backofen bei 190 °C etwa 30 Minuten backen. herausnehmen und abkühlen lassen.
Aus Milch und Puddingpulver einen Pudding

kochen; abkühlen lassen. Butter schaumig rühren und langsam unter den Pudding rühren. Die Buttercreme auf den Kuchen streichen. Kühl stellen.
Für den Guss Puderzucker und Eier schaumig rühren, Kakao zugeben und weiches Kokosfett unterarbeiten. Den alten Kuchen damit beträufeln.
Nochmals kühlen und erst kurz vor dem Servieren aufschneiden.

Ursula Gruber, Bad Elster

Schwiegermutterkuchen

Zutaten für 1 Springform

170 g Mehl • 3 TL Backpulver • 150 g Zucker

1 Pck. Vanillezucker • 150 g Butter

3 Eier • 400 g Äpfel (ersatzweise anderes Obst) • Puderzucker

➤ **Vorbereitung:**
Mehl und Backpulver in ein Schüssel sieben, Zucker und Vanillezucker darüberstreuen. In der Mitte eine Mulde bilden. Weiche Butter flöckchenweise und Eier in die Mitte geben. Mit dem Knethacken des Handrührgerätes zu einem glatten Knetteig verarbeiten und 10 Minuten ruhen lassen.

➤ **Zubereitung:**
Äpfel schälen und vierteln; dabei das Kerngehäuse entfernen.

Die Apfelviertel an der runden Seite mehrmals längs einschneiden.
Eine Springform mit Backpapier auskleiden, Teig einstreichen und die Äpfel mit der eingeschnittenen Seite nach oben auflegen (sie versinken leicht).
Den Kuchen im vorgeheizten Backofen bei 200 °C etwa 45 Minuten backen.
Vor dem Servieren mit Puderzucker bestreuen.

Steffi Stoll, Jena

Teufelskuchen

Zutaten für 1 Kastenform

3 Eier • 250 g Butter • 375 g Zucker

$^1/_2$ Pck. Backpulver

250 g Mehl • 100 g Kakao

250 g Jogurt • 5 EL Milch

➤ **Zubereitung:**
Eier trennen. Butter mit Zucker und Eidotter schaumig rühren. Mit Backpulver, gesiebtem Mehl, Kakao, Jogurt und Milch verrühren. Eiklar zu steifem Schnee schlagen und vorsichtig unter den Teig heben.
Die Teigmasse in eine Kastenform füllen und im vorgeheizten Backofen (Unterhitze) bei 180 °C 40 Minuten backen. Anschließend

mit Ober- und Unterhitze bei 180 °C etwa 15 Minuten fertig backen.

Tipp: Den noch warmen Kuchen mit einer dünnen Zuckerglasur aus 200 Gramm Puderzucker und 1 bis 2 Esslöffel heißem Wasser bestreichen.

Simone Sensfelder, Groß-Gerau

Spanischer Orangenkuchen
(Marquesitas de naranja)

Zutaten für etwa 45 Stück

250 g Mehl • 1 TL Backpulver

70 g Zucker • 1 Pck. Orange-Back

1 Ei • 125 g Butter

100 g sehr fein gehackte Mandeln

25 g Kokosflocken • 100 g Puderzucker

Blutorangensaft

➤ **Vorbereitung:**
Das Mehl mit dem Backpulver, dem Zucker und der Hälfte des Orangenpulvers mischen. In der Mitte eine Mulde drücken und das Ei hineingeben. Die Butter in Flocken auf dem Mehlrand verteilen und alle Zutaten miteinander verkneten. Den Teig in Folie wickeln und 30 Minuten kühl stellen.

➤ **Zubereitung:**
Die Mandeln mit den Kokosflocken und dem restlichen Orangenpulver mischen. So viel Orangensaft zugeben, dass eine streichfähige Masse entsteht.
Den Backofen auf 200 °C vorheizen und ein Backblech mit Backpapier auslegen.

Den Teig halbieren und zwei Platten von etwa 30 x 30 Zentimeter ausrollen. Eine Platte auf das Backblech legen und mit der Mandelmischung bestreichen. Die zweite Platte darauf legen, die Ränder gut andrücken und die Oberfläche mit einer Gabel mehrmals einstechen.
Den Kuchen im heißen Ofen (mittlere Schiene) etwa 20 Minuten goldgelb backen. Herausnehmen und den noch heißen Kuchen in Streifen von 2 x 5 Zentimeter schneiden. Den Puderzucker mit Orangensaft zu einer streichfähigen Glasur verrühren und die Kuchenstückchen damit bestreichen.

Dirk Ehl, Solingen

239

Tschechischer Kokoskuchen

Zutaten für 1 Backblech

6 Eier • 125 g Butter • 560 g Zucker • 500 g Mehl

1 Pck. Backpulver • 125 ml Milch • 250 g Kokosflocken

200 g Marmelade (nach Geschmack) • 250 g Kokosfett • 40 g Kakao

➤ **Zubereitung:**

4 Eier trennen. Die Butter mit 250 Gramm Zucker und Eidotter schaumig rühren.
Mehl mit Backpulver sieben und langsam mit der Milch dazugeben.
Alles gut miteinander vermischen.
Masse auf ein Backblech streichen und im vorgeheizten Backofen bei 175 °C 20 Minuten backen, bis der Kuchen braun wird.
Eiklar mit 250 Gramm Zucker zu steifem Schnee schlagen. Kokosflocken zugeben; gut verrühren.
Den Kuchen aus dem Ofen nehmen, mit Marmelade bestreichen und mit dem Kokos-eischnee überziehen. Nochmals in den Ofen schieben und leicht bräunen lassen. Aus dem Ofen nehmen, abkühlen lassen und in kleine Stücke schneiden.
Für den Guss Kokosfett schmelzen und abkühlen lassen.
Die restlichen Eier, 6 Esslöffel Zucker und den Kakao zugeben und alles mit dem elektrischen Quirl gut verrühren.
2 Esslöffel Wasser unterrühren.
Die Kuchenstücke überziehen.

Josi Juma, Köln

Donauwelle

Zutaten für 1 Backblech

550 g Butter • 320 g Zucker

1 Pck. Vanillezucker • 3-4 Eier

1 Prise Salz • 1 EL Rum • 500 g Mehl • 1 Pck. Backpulver

125 ml Sahne (ersatzweise Milch)

30 g Kakao • 500 ml Milch

1-2 Gläser Schattenmorellen (à 370 g Abtropfgewicht)

1 Pck. Vanillepudding • 100 g Schokoladenglasur

Butter für das Blech

➤ **Zubereitung:**

300 Gramm Butter, 275 Gramm Zucker, Vanillezucker Eier und Salz schaumig rühren. Rum, gesiebtes Mehl, Backpulver und Sahne unterrühren. Die Hälfte des Teiges auf ein gebuttertes Blech streichen.

Kakao, 3 Esslöffel Zucker und 2 bis 3 Esslöffel Milch unter die zweite Teighälfte rühren. Den dunklen Teig auf den hellen streichen. Die abgetropften Kirschen auf dem Teig verteilen und etwas eindrücken.

Den Kuchen im vorgeheizten Backofen bei 190 °C etwa 45 Minuten backen. Herausnehmen und auskühlen lassen.

Aus der Milch, dem restlichen Zucker und dem Puddingpulver nach Packungsanweisung einen Pudding kochen. Auf Zimmertemperatur abkühlen lassen. Gelegentlich umrühren, damit sich keinen Haut bildet. Die ebenfalls zimmerwarme Butter schaumig rühren und den Pudding esslöffelweise zugeben. Die Creme auf den kalten Kuchen streichen.

Schokoladenglasur im Wasserbad schmelzen und den Kuchen damit überziehen.

Bettina Gaukler, Karlsruhe

Französische Zitronentorte

Zutaten für 1 Springform

325 g Butter • 275 g Zucker • 250 g Mehl • 4 Eier • 1 Prise Salz

Saft und abgeriebene Schale von 3 unbehandelten Zitronen • 1 Fl. Zitronenaroma

1 Pck. Puddingpulver • Butter für die Form

➤ **Vorbereitung:**
75 Gramm Zucker, 1 Ei, 125 Gramm Butter, Mehl und Salz verkneten. 30 Minuten kalt stellen.

➤ **Zubereitung:**
Den restlichen Zucker mit den Eiern schaumig schlagen. Zitronensaft und -schale sowie Zitronenaroma zugeben. Die restliche Butter schmelzen. Abkühlen lassen und zusammen mit dem Puddingpulver unter die Masse rühren.
Den Teig auf einer leicht bemehlten Arbeitsfläche ausrollen. Eine Springform mit 24 Zentimeter Durchmesser buttern, den Teig hineinlegen und die Füllung eingießen.
Den Kuchen im vorgeheizten Backofen bei 200 °C 30 Minuten backen.

Isabelle Brumberg, Münster

Kiwitorte

Zutaten für 1 Springform

2 Eiklar • 3 Eidotter • 60 g Butter • 110 g Zucker • ½ Beutel Orange-Back

1 TL Backpulver • 125 g Mehl • 70 g Haselnusskrokant • 250 g Mascarpone

4-6 Kiwis • 1 Pck. klarer Tortenguss • Sahne

➤ **Zubereitung:**
Eiklar steif schlagen und kalt stellen. Butter, 2 Eidotter und 100 Gramm Zucker schaumig rühren. Orange-Back, Backpulver und Mehl zufügen und alles gut miteinander verrühren. Eischnee unterrühren und 50 Gramm Krokant vorsichtig unterheben. Teig in einer mit Backpapier ausgelegten Springform gleichmäßig verstreichen.
Im vorgeheizten Backofen bei 200 °C 25 bis 30 Minuten backen. Herausnehmen und abkühlen lassen.

Mascarpone mit 1 Esslöffel Zucker und dem letzten Eidotter verrühren. Auf dem Krokantboden verstreichen und 1 Stunde kalt stellen.
Kiwis schälen und in Scheiben schneiden. Die Torte damit belegen. Den Tortenguss nach Anweisung anrühren und über die Kiwis ziehen. Sahne steif schlagen und den Tortenrand damit verzieren. Den restlichen Krokant aufstreuen.

Ulrike Pickardt, Kümmersbruck

Hawaiitorte

Zutaten für 1 Springform

1 Biskuit- oder Mürbeteigboden (Fertigprodukt)

1 Dose Ananas (in Scheiben) • 1 Pck. Zitronenpudding • 500 g Magerquark

200 g Zucker • 250 g Sahne • 4 Blatt Gelatine (ersatzweise 6 g Gelatinepulver)

1 Pck. Zitronengötterspeise • 1 Dose Fruchtcocktail (Abtropfgewicht etwa 540 g)

➤ Zubereitung:

Einen Tortenring um den Boden legen. Ananasscheiben abtropfen lassen, halbieren und die Form damit auskleiden (Rundung nach oben). Zitronenpudding nach Anleitung kochen und unter gelegentlichem Rühren erkalten lassen. Magerquark mit Zucker verrühren und den abgekühlten Zitronenpudding esslöffelweise unterrühren. Sahne steif schlagen und kühl stellen. Gelatine 5 Minuten in kaltem Wasser einweichen, ausdrücken, im warmen Wasserbad auflösen und unter die Quarkmasse rühren. Sahne gleichmäßig unterheben. Den Zitronenquark auf den Boden geben, glatt streichen und kalt stellen.

Die Götterspeise mit 250 ml Wasser zubereiten, abkühlen lassen und kurz vor dem Gelieren mit dem Fruchtcocktail vermischen. Über den Zitronenquark geben.

Die Torte in den Kühlschrank stellen. Kalt servieren.

Fabiola R. Geßler, Berlin

Maracujatorte

Zutaten für 1 Springform

200 g Mehl • 50 g Puderzucker • 100 g Margarine • 1 Pck. Vanillezucker

1 Prise Salz • 3 Eiklar • 75 g Zucker • 3 Eidotter • 25 g Speisestärke • ½ TL Backpulver

100 g Maracujamarmelade • 1 Dose Pfirsiche • 500 ml Sahne • 1 Pck. Sahnesteif

3 Pck. Vanillesauce • ½ l Maracujasaft

➤ **Vorbereitung:**
Aus 150 Gramm Mehl, Puderzucker, Margarine, Vanillezucker und Salz rasch einen Teig kneten. Zugedeckt im Kühlschrank 60 Minuten ruhen lassen. damit er fest wird.

➤ **Zubereitung:**
Mürbeteig auf wenig Mehl mit einem bemehlten Rollholz ausrollen. Den Boden einer Springform (26 Zentimeter) buttern, den Teig darauf legen und im vorgeheizten Backofen bei 200 °C Minuten 15 bis 20 Minuten backen. Herausnehmen und abkühlen lassen.
Eiklar mit 3 Esslöffel kaltem Wasser sehr steif schlagen. Nach und nach den Zucker einrieseln lassen. So lange weiterrühren, bis die Eischneemasse wieder fest ist. Eidotter unter den Eischnee ziehen. Restliches Mehl, Stärke und Backpulver darübersieben und mit einem Kochlöffel locker unterheben.
Eine Springform (Durchmesser 26 Zentimeter) mit Pergamentpapier auslegen und den Biskuitteig einfüllen. Im vorgeheizten Backofen bei 180 °C etwa 30 Minuten backen. Herausnehmen und abkühlen lassen.
Mürbeteigboden mit Maracujamarmelade bestreichen. Den Biskuitboden darauf legen. Die Pfirsiche zerteilen, gut abtropfen lassen und auf den Biskuitboden legen. Sahne mit Sahnesteif aufschlagen und über die Pfirsiche verteilen. Die Torte und kühl stellen.
Die Vanillesauce mit Maracujasaft anrühren, abkühlen lassen und über die Sahne streichen.

Doris Koop, Stadtlohn

244

Mascarponetorte

Zutaten für 1 Springform

40 g gehackte Mandeln • 40 g Mandelblättchen • 4 Blatt weiße Gelatine

500 ml Sahne • 100 g Zucker • 4 Eidotter • 2 Pck. Vanillezucker • 500 g Mascarpone

4-6 EL Sambuca (ersatzweise Amaretto) • 150 g Löffelbiskuits

➤ **Zubereitung:**

Gehackte Mandeln und Mandelblättchen getrennt voneinander, ohne Fett und unter ständigem Rühren goldbraun rösten. Gelatine in kaltem Wasser einweichen. Sahne mit etwas Zucker steif schlagen. Ein Viertel der Sahne in einen Spritzbeutel füllen und kalt stellen. Eidotter, restlichen Zucker und Vanillezucker schaumig aufschlagen. Mascarpone, gehackte Mandeln und Likör unterrühren. Gelatine ausdrücken, im warmen Wasserbad auflösen und sofort unter die Creme rühren. Sahne unterheben.

Einen Springformring auf eine Servierplatte stellen. Mit dem Spritzbeutel einen Sahnering in die Form spritzen.
Löffelbiskuits auf die Höhe des Springformrandes kürzen und mit der Zuckerseite nach außen in den Sahnering stellen. Die Mascarponecreme einfüllen und glatt streichen. Die Torte mindestens 3 Stunden kühlen. Kurz vor dem Servieren mit gerösteten Mandelblättchen bestreuen. Den Springformring vorsichtig entfernen.

Christa Henrichs, Werlte

Frischkäsetorte

Zutaten für 1 Springform

1 Biskuitboden (Fertigprodukt, ersatzweise 45 Löffelbikuits) • 125 g Butter

1 Pck. Götterspeise (etwa Waldmeister) • 500 ml Sahne • 2 Pck. Sahnesteif • 500 g Quark

200 g Doppelrahmfrischkäse • 200 g Zucker • 2 Pck. Vanillezucker

2 EL Rum • Saft von ½ Zitrone

➤ **Zubereitung:**

Biskuitboden mit den Finger zerreiben, mit der Butter verkneten und auf den Boden einer Springform drücken. Kühl stellen. Die Götterspeise nach Vorschrift zubereiten, abkühlen, aber nicht steif werden lassen. Die Sahne mit Sahnesteif aufschlagen und beiseite stellen. Quark, Frischkäse, Zucker,

Vanillezucker, Rum und Zitronensaft glatt rühren. Die geschlagene Sahne unterheben. Die Masse auf den Biskuitboden geben und glatt streichen.
Vor dem Servieren einige Stunden kühl stellen.

Barbara Geburek-Schür, Köln

Russische Apfeltorte

Zutaten für 1 Springform

500 g Äpfel • 4 EL Rum • 200 g Butter • 200 g Zucker • 1 Pck. Vanillezucker

4 Eier • 150 g geraspelte Nüsse (ersatzweise Mandeln) • 1 TL Zimt • 1 TL Kakao

150 g Mehl • 100 g Speisestärke • 1 Pck. Backpulver

Butter und Semmelbrösel für die Form

➤ Zubereitung:
Äpfel schälen und vierteln; dabei das Kerngehäuse entfernen. Das Fleisch blättrig schneiden, mit Rum marinieren und 30 Minuten ziehen lassen. Alle übrigen Zutaten zu einem Rührteig verarbeiten. Zuletzt die Äpfel unterheben. Eine Springform buttern und mit Semmelbrösel ausstreuen. Den Teig einfüllen. Im vorgeheizten Backofen bei 200 °C etwa 60 Minuten backen.

Friedel Zinkand, Bad Brückenau-Volkers

Tipp:

Nach 60 Minuten mit einem Holzstäbchen in den Kuchen stechen. Es muss beim Herausziehen sauber bleiben. Sonst ist der Kuchen noch nicht fertig.

Schwedische Sahnetorte

2 Pck. Vanillesauce • 1 Tasse Zucker • 2 Eier • 5 Äpfel

Saft von 1 Zitrone • 1 Tortenboden (Fertigprodukt) • 250 ml Schlagsahne

1 Pck. Sahnesteif • 2 EL Puderzucker • 50 g Schokoflocken

➤ Zubereitung:
Vanillesauce, Zucker und Eier mit 250 Milliliter Wasser vermischen, unter Rühren aufkochen und im kalten Wasserbad abkühlen. Äpfel schälen, raspeln, mit Zitronensaft marinieren und unter die abgekühlte Masse heben. Die Apfelmasse auf den Tortenboden geben und glatt streichen. Kalt stellen. Sahne mit Sahnesteif und Puderzucker aufschlagen, über die Torte geben und glatt streichen. Mit Schokoflocken bestreuen.

Angela Laschewski, Dresden

Tiramisùtorte

6 Blatt Gelatine • 150 g Löffelbiskuits • 125 ml Espresso (ersatzweise starker Kaffee)

4 Eidotter • 100 g Puderzucker • 6 EL Amaretto

750 g Mascarpone • 1 heller Biskuitboden (Fertigprodukt) • Kakao

➤ **Zubereitung:**
Gelatine in kaltem Wasser einweichen.
Löffelbiskuits kurz in kalten Espresso tauchen. Eidotter mit Puderzucker und Amaretto schaumig schlagen. Mascarpone glatt
rühren und untermischen. Gelatine ausdrücken, im warmen Wasserbad auflösen
und unter die Creme ziehen.
Den Tortenboden quer durchschneiden.
Den unteren Boden ebenfalls mit Espresso
tränken. 3 bis 4 Esslöffel Amarettocreme
aufstreichen und den Boden mit Löffelbiskuits belegen. Den zweiten Boden
auflegen und mit der restlichen Creme
bestreichen. Gut kühlen und kurz vor dem
Servieren mit Kakaopulver bestäuben.

Gaby Beltz, Naurod

Haferflockenplätzchen

200 g Butter (ersatzweise Margarine) • 250 g zarte Haferflocken • 80 g Mehl

1 Pck. Vanillepudding • 1 Prise Salz • 1 Pck. Backpulver • 220 g Zucker • 1 Ei

➤ **Zubereitung:**
Butter schmelzen und über die Haferflocken
gießen. Gut verrühren und auf Handwärme
abkühlen lassen. Mehl, Vanillepuddig, Salz,
Backpulver und Zucker unterkneten.
Das Ei mit 1 Esslöffel Milch oder Wasser ver-
quirlen. Mit dem krümeligen Teig in der
Küchenmaschine glatt rühren.
Ein Backblech mit Backpapier auslegen. Mit

zwei Teelöffeln Teig abstechen und etwa ½
Zentimeter dicke Plätzchen auf das Papier
setzen. Nicht zu dicht nebeneinander setzen,
da der Teig beim Backen noch etwas ausein-
ander läuft. Die Plätzchen im vorgeheizten
Backofen bei 200 °C goldgelb backen und
sofort vom Blech nehmen.

Helga Bondzin, Altenbrak

Hobelspäne (Schnelles Schmalzgebäck)

70 g Butter • 280 g Mehl • 2 Eier • 2 Eidotter

3 EL Rum • 1 Prise Salz • 1 kg Butterschmalz • Puderzucker

➤ **Zubereitung:**
Aus Butter, Mehl, Ei, Eidotter, Rum und Salz einen Nudelteig herstellen. Dünn ausrollen und 4 x 4 Zentimeter große Vierecke ausschneiden. In die Mitte je einen Schlitz schneiden und eine Spitze durch den Einschnitt ziehen.

Das Butterschmalz in einem tiefen Topf oder einer Friteuse auf 160 °C erhitzen und die Gebäckstücke schwimmend ausbacken. Mit Puderzucker bestäuben und sofort servieren.

Richard Reger, Vohenstrauß

Schwedische Kaffeekuchen

Zutaten für etwa 50 Stück

850 g Mehl • 50 g Hefe • 250 g Zucker

500 ml lauwarme Milch • ½ TL Salz • 300 g Butter • 1 EL Zimt

➤ **Zubereitung:**
Mehl in eine Schüssel geben. In die Mitte eine Mulde drücken und die Hefe hineinbröckeln. 150 Gramm Zucker darüberstreuen. Mit etwas Milch und etwas Mehl zum Vorteig verrühren. Zugedeckt an einem warmen Platz 10 bis 15 Minuten gehen lassen. Der Teig muß sich dabei etwa verdoppeln. Restliche Milch, Salz, 150 Gramm weiche Butter und verquirlte Eier zugeben. Alles zu einem glatten Teig rühren und so lange schlagen bis er sich vom Schüsselboden löst und Blasen wirft. Zudecken und weitere 20 bis 25 Minuten gehen lassen. Den Teig nochmals kräftig durchkneten und dünn ausrollen. Die restliche Butter, den Zucker und Zimt zu einer streichfähigen Masse vermischen. Den Teig damit bestreichen und in etwa 8 x 12 Zentimeter große Streifen schneiden.

Streifen zusammenrollen und an den Seiten hochklappen. Ein Backblech mit Backpapier auslegen. Jedes Gebäckstück in sich drehen und auf das Papier legen. im vorgeheizten Backofen (mittlere Schiene) bei 250 °C etwa 8 Minuten backen. Die Kuchen sollen keine Farbe annehmen. Warm servieren.

Nicola Vetter, Düsseldorf

Tipp:

Die restlos abgekühlten Kaffeekuchen lassen sich sehr gut einfrieren. Vor dem Servieren muss man sie dann nur noch kurz aufwärmen.

Quarkspitzen

100 g Butter • 125 g Zucker • 1 Pck. Vanillezucker • 4 Eier • 500 g Mehl

1 Pck. Backpulver • 125 ml Milch • 250 g Quark • 1 kg Butterschmalz • Puderzucker

➤ **Zubereitung:**
Aus Butter, Zucker, Vanillezucker, Eiern, Mehl, Backpulver, Milch und Quark einen Rührteig herstellen.
In einem tiefen Topf das Butterschmalz auf etwa 160 °C erhitzen. Mit einem Esslöffel runde Quarkspitzen vom Teig abstechen und in heißem Butterschmalz ausbacken.

Vor dem Servieren mit Puderzucker bestreuen.
Elke Schärner, Hof

Tipp:
Die Quarkspitzen kann man warm oder kalt servieren.

Milchbrötchen

Zutaten für 8-10 Stück

500 g Mehl • 30 g Hefe • 1 EL Zucker

250 ml lauwarme Milch

1 kräftige Prise Salz • Fett für das Blech

➤ **Zubereitung:**
Mehl in eine Schüssel geben. In die Mitte eine Mulde drücken. Die Hefe hineinbröckeln und mit Zucker bestreuen. Etwas Milch zugeben, etwas Mehl aufstäuben und einen Vorteig anrühren. Zugedeckt an einem warmen Platz 10 bis 15 Minuten gehen lassen. Der Teig muss sich dabei ungefähr verdoppeln.
Restliche Milch sowie das Salz zugeben und alles zu einem glatten Teig verkneten. So lange weiterschlagen, bis sich der Teig vom Schüsselboden löst und Blasen wirft. Nochmals zugedeckt 20 bis 25 Minuten gehen lassen. Mit bemehlten Händen Kugeln von 4 Zentimeter Durchmesser

formen. Die Brötchen an der Oberfläche kreuzweise einschneiden und auf ein gut gefettetes Backblech setzen. Weitere 15 Minuten gehen lassen.
Im vorgeheizten Backofen (mittlere Schiene) bei 200 °C 40 Minuten backen.

Angela Brömmel, Raesfeld

Tipp:
Einen Topf oder eine Pfanne mit Wasser füllen und unter dem Backblech in den Ofen stellen. Das erhöht die Luftfeuchtigkeit und die Brötchen werden schön weich.

Ostfriesisches Schwarzbrot

1100 g Roggenschrot (fein gemahlen) • 125 g Sauerteig

1 kg Roggenschrot (grob gemahlen)

1 Pck. Trockenhefe • 100 g Zuckerrübensirup • 2 EL Salz

500 g Sonnenblumenkerne • 2 TL Brotgewürz

➤ **Vorbereitung:**
600 Gramm feinen Roggenschrot mit Sauerteig und 600 Milliliter warmem Wasser über Nacht ansetzen.

➤ **Zubereitung:**
Die restlichen Zutaten mit dem Sauerteigansatz verkneten und zwei Brotlaibe formen. Das Brot zuerst 15 Minuten bei 50 °C backen. Die Temperatur auf 220 °C erhöhen. Nach 60 Minuten wieder auf 175 °C

herabschalten und das Brot in 15 Minuten fertig backen.

Hanna Bontjer, Uplengen

Tipp:

Das frisch gebackene Brot erst am nächsten Tag in Scheiben schneiden.

Zypernbrot

1 kg Mehl • 2 Würfel Hefe • 1-2 TL Salz • 1-2 TL Kümmel

1 Bund Koriander • 4 gewürfelte Zwiebeln • 400 g geriebenen Gouda

750 ml Wasser

➤ **Zubereitung:**
Alle Zutaten verkneten, abdecken und 1,5 Stunden ruhen lassen. Backofen auf 220 °C vorheizen.

Ein Backblech mit Backpapier auslegen. Mit bemehlten Händen einen Brotlaib formen und auf das Papier setzen. Mit dem Messerrücken einige Kerben eindrücken und den Teig nochmals 20 Minuten gehen lassen.
Backblech in den heißen Ofen (mittlere Schiene) schieben. Die Temperatur nach 10 Minuten auf 150 °C reduzieren und das Brot in 30 Minuten fertig backen.

Christine Hahn, Duisburg

250

Pitabrot

Zutaten für 24 Stück

500 g Weizenmehl • 100 Maisgrieß • 30 g Hefe • 1 TL Zucker

1 TL Salz • 3 EL Öl • 2 Eier • 1 EL grobes Salz • 2 Zwiebeln (fein gehackt)

100 g Sesam • 240 ml Olivenöl

➤ **Zubereitung:**

Mehl und Maisgrieß in eine Schüssel geben. In die Mitte eine Mulde drücken. Die Hefe hineinbröckeln und den Zucker darüberstreuen. Mit 4 Esslöffel lauwarmem Wasser und etwas Mehl zum Vorteig verrühren. Zugedeckt an einem warmen Platz 10 bis 15 Minuten gehen lassen. Der Teig muss sich dabei etwa verdoppeln.

Salz, Öl, verquirlte Eier und 160 Milliliter lauwarmes Wasser zugeben. Alles zu einem glatten Teig rühren. So lange schlagen bis er sich vom Schüsselboden löst und Blasen wirft. Zugedeckt weitere 20 bis 25 Minuten gehen lassen.

Den Teig mit den Händen durchkneten und 24 walnussgroße Kugeln formen. Diese auf einer bemehlten Arbeitsfläche sehr dünn ausrollen.

Ein Backblech mit Backpapier auslegen und die Fladen daraufsetzen. Etwa 15 Minuten ruhen lassen.

Jeden Fladen mit etwas grobem Salz, gehackten Zwiebeln und Sesam bestreuen. Je 1 Esslöffel Olivenöl darüberträufeln. Im vorgeheizten Backofen bei 250 °C etwa 8 Minuten hellbraun backen.

Kurt Behre, Osnabrück

Tipp:

Die Brote kurz vor dem Servieren nochmals unter dem Grill erhitzen. Besonders gut schmeckt das Pitabrot zu Salat, Tzatziki und zu Fleischspießen.

251

Seelen (Bayerische Vollwertbrötchen)

Zutaten für 8-10 Stück

1 Würfel Hefe • 500 ml Wasser • 350 g Dinkel (fein gemahlenen)

250 g Roggen (fein gemahlenen) • 150 g Weizen (fein gemahlenen) • 1 ½ TL Salz

grobes Salz • Kümmel • Fett für das Blech

➤ **Zubereitung:**
Hefe im Wasser auflösen und etwa
25 Minuten ruhen lassen.
Dinkel-, Roggen-, Weizenmehl, Salz und
flüssige Hefe 10 Minuten mit einer Küchen-
maschine kneten.
Anschließend an einem warmen Ort 30
Minuten gehen lassen.
Mit angefeuchteten Händen 15 bis 20 Zen-

timeter lange, 3 bis 4 Zentimeter dicke Teig-
stangen formen. Die Seelen nicht zu dicht
auf ein gefettetes Backblech legen und im
vorgeheizten Backofen bei 220 °C etwa 30
Minuten backen.
Herausnehmen, mit Wasser bestreichen und
mit grobem Salz und Kümmel bestreuen.

Annie Holland, Kevelaer

Zisterzienserbrot

Zutaten für 16 Stücke

350 g durchwachsenen Speck • 5 Zwiebeln

1 kg Backpflaumen ohne Stein (nicht zu süß) • 1750 g Hackfleisch

225 g Mehl • 2 TL Backpulver • 10 Eier • 500 ml Milch • Salz, Pfeffer

2 kg Backfett • 2 Bund Brunnenkresse

➤ **Vorbereitung:**
Speck und geschälte Zwiebeln fein würfeln.
Backpflaumen in kleine Stücke schneiden.
Backofen auf 200 °C vorheizen (Umluftherd
170 °C).

➤ **Zubereitung:**
Speck- und Zwiebelwürfel, Backpflaumen,
Hackfleisch, Mehl, Backpulver, Eier und
Milch vermischen. Mit Salz und Pfeffer
abschmecken.

Den Teig zu einem Laib formen und auf
einem gefetteten Backblech etwa 60 Minuten backen. Backofen auf die höchste Stufe
einstellen und das Brot in 5 Minuten fertig
backen. Herausnehmen, leicht abkühlen lassen, in Scheiben schneiden und mit Brunnenkresse garnieren. Sofort servieren.

Gerda Schuster, Lindau

Rezeptregister

Rezeptregister

Impressum

Das Werk einschließlich aller seiner Teile ist urheberrechtlich geschützt. Jede Verwertung außerhalb des Urhebergesetzes ist ohne Zustimmung des Verlages unzulässig und strafbar. Das gilt insbesondere für Vervielfältigungen, Übersetzungen, Mikroverfilmungen und die Einspeicherung und Verarbeitung in elektronischen Systemen.

Der Inhalt dieses Buches ist sorgfältig recherchiert und erarbeitet worden.
Dennoch können weder Autoren noch Verlag für alle Angaben im Buch eine
Haftung übernehmen.

Weltbild Buchverlag
© 1998 by Weltbild Verlag GmbH, Augsburg
Alle Rechte vorbehalten

Einbandgestaltung:
Beatrice Schmucker, Augsburg
Titelbild und Illustrationen:
Manuela Sacher, Augsburg
Redaktionelle Bearbeitung:
Hans-Georg Hecker, Sylvie Hinderberger
Layout und Satz:
Fischer's DTP-Studio, München
Lithoarbeiten:
PHG Lithos, Martinsried
Druck und Bindung:
Franz Spiegel Buch GmbH, Ulm

Gedruckt auf chlorfrei gebleichtem Papier

Printed in Germany

ISBN 3-89604-273-4